"十四五"职业教育国家规划教材

保教知识与能力
（第2版）

主　编　汪　薇
副主编　李小平　王晓娟　邱　实

北京理工大学出版社
BEIJING INSTITUTE OF TECHNOLOGY PRESS

版权专有　侵权必究

图书在版编目（CIP）数据

保教知识与能力 / 汪薇主编 . -- 2 版 . -- 北京：北京理工大学出版社，2022.1（2024.1 重印）

ISBN 978 - 7 - 5763 - 0970 - 6

Ⅰ . ①保… Ⅱ . ①汪… Ⅲ . ①学前教育 - 幼教人员 - 资格考试 - 教材 Ⅳ . ① G61

中国版本图书馆 CIP 数据核字（2022）第 028986 号

责任编辑：李慧智　　**文案编辑**：李慧智
责任校对：周瑞红　　**责任印制**：施胜娟

出版发行 /	北京理工大学出版社有限责任公司
社　　址 /	北京市丰台区四合庄路 6 号
邮　　编 /	100070
电　　话 /	（010）68914026（教材售后服务热线）
	（010）68944437（课件资源服务热线）
网　　址 /	http: // www.bitpress.com.cn
版 印 次 /	2024 年 1 月第 2 版第 5 次印刷
印　　刷 /	定州市新华印刷有限公司
开　　本 /	787 mm × 1092 mm　1/16
印　　张 /	18.5
字　　数 /	503 千字
定　　价 /	55.50 元

图书出现印装质量问题，请拨打售后服务热线，负责调换

再版前言

党的二十大报告提出,"我们要办好人民满意的教育,全面贯彻党的教育方针,落实立德树人根本任务,培养德智体美劳全面发展的社会主义建设者和接班人,加快建设高质量教育体系,发展素质教育,促进教育公平。"没有高水平的教师,就没有高质量的教育。为了保障我国教育事业健康发展,不断提高教师的素质,严把教师准入资格,2011年,我国开始试点中小学教师资格考试和定期注册制度改革,公布《中小学教师资格考试暂行办法》。从2015年开始,教师资格考试实行全国统考,由教育部统一制定考试标准和考试大纲,统一组织笔试和面试。

改为国考后的教师资格考试,分为幼儿园、小学、中学3个学段。为了帮助准备参加幼儿园教师资格考试的考生学习和掌握考试大纲规定的知识,达到幼儿教师职业从业要求的教育教学能力的要求,我们组织了4位长期从事学前教育的专家,编写了《保教知识与能力》一书。

本教材自2018年出版发行以来,为广大参加幼儿园教师资格考试的考生所使用。2021年,几位编者对本教材进行了修订,在遵循现行教育部制定的《保教知识与能力》的考试大纲基础上,本着不改变结构,微调具体内容的原则,修订后的教材更加方便考生掌握考试知识重点,提高备考效率。主要修订包括:修改了原有教材中表述方式不够准确的内容;增加了课程思政的内容;删减了课后原有的真题回放内容,增加真题链接。

本书具有以下特点:

1. 针对性强

本书是为了帮助幼儿园教师资格申请者有效地准备考试而编写的学习用书。所以本书严格依照教育部发布的《保教知识与能力》(幼儿园)考试大纲和历年考试真题情况进行编写,全面解读知识要点,紧扣考纲,针对性强。

2. 科学严谨

本书的编写,按照大纲的要求,以考核模块为单位,采用章节的形式,以点带面,将考试应知应会的内容融入其中。

3. 知识翔实全面

本书根据《保教知识能力》大纲要求的7个方面来进行编写,内容主要包括学前儿童发展、学前教育原理、生活指导、环境创设、游戏活动的指导、教育活动的组织与设计、教育评价 7 个模块。对相对应知识进行了一定的扩展和延伸，结构清晰、内容翔实全面。

本书的编写分工：模块一、模块二、模块三由汪薇编写；模块四、模块六的第二章、模块七由邱实编写；模块五由王晓娟编写；模块六的第一章、第三至第八章由李小平编写。汪薇负责全书统稿。

本书在编写的过程中，借鉴了许多学者的研究成果，在此深表感谢。

编　者

目 录

模块一　学前儿童发展

第一章　婴幼儿发展的概述 ········· 3
　　考点与解析 ················· 3
　　考点一　婴幼儿发展的含义 ········· 3
　　考点二　婴幼儿心理发展的过程 ······· 3
　　考点三　影响心理发展的因素 ········ 4

第二章　儿童心理发展理论 ········· 7
　　考点与解析 ················· 7
　　考点一　成熟势力说 ············ 7
　　考点二　行为主义的观点 ·········· 8
　　考点三　精神分析理论 ··········· 9
　　考点四　认知发展理论 ··········· 12
　　考点五　文化历史理论 ··········· 14

第三章　婴幼儿身心发展年龄特征与发展趋势 ······ 16
　　考点与解析 ················· 16
　　考点一　心理发展年龄特征 ········· 16
　　考点二　婴幼儿心理发展规律和特征 ····· 17

第四章　幼儿身体发育与动作发展的基本规律和特点 ······ 22
　　考点与解析 ················· 22
　　考点一　幼儿身体发育的规律与特点 ····· 22
　　考点二　婴幼儿动作发展的规律和特点 ···· 23

第五章　幼儿认知的发展 ·········· 26
　　考点与解析 ················· 26

考点一　幼儿感觉的发展 ·· 26
考点二　幼儿知觉的发展 ·· 29
考点三　幼儿记忆的发展 ·· 34
考点四　幼儿想象的发展 ·· 39
考点五　幼儿思维的发展 ·· 43
考点六　幼儿注意的发展 ·· 48
考点七　幼儿言语的发展 ·· 53

第六章　幼儿情绪情感的发展 57
考点与解析 ··· 57
考点一　情绪情感概述 ··· 57
考点二　婴幼儿情绪的发生与发展 ······································ 59
考点三　幼儿良好情绪的培养 ·· 61

第七章　幼儿个性和社会性的发展 63
考点与解析 ··· 63
考点一　幼儿个性的发展 ·· 63
考点二　幼儿社会性的发展 ··· 71

第八章　幼儿发展的个体差异 76
考点与解析 ··· 76
考点一　幼儿发展的个别差异 ·· 76
考点二　个别差异形成的原因 ·· 76
考点三　幼儿发展个别差异的具体表现 ································ 77
考点四　针对个别差异的适宜性教学 ··································· 79

第九章　幼儿教育研究的基本方法 81
考点与解析 ··· 81
考点　　幼儿教育研究的基本方法 ······································ 81

第十章　幼儿身心发展中出现的问题 83
考点与解析 ··· 83
考点一　幼儿身体发育中常见的问题 ··································· 83
考点二　幼儿心理发展中常见的问题 ··································· 86

模块二　学前教育原理

第一章　教育概述 93
考点与解析 ··· 93
考点一　教育的本质 ··· 93
考点二　教育的目的和作用 ··· 95
考点三　教育与社会的发展 ··· 97

第二章 幼儿教育 …………………………………………………………………… 100
  考点与解析 ……………………………………………………………………… 100
  考点一 幼儿教育概述 …………………………………………………………… 100
  考点二 幼儿教育目的 …………………………………………………………… 101

第三章 中外幼儿教育思想的发展 ……………………………………………… 103
  考点与解析 ……………………………………………………………………… 103
  考点一 中外幼儿教育发展简史 ………………………………………………… 103
  考点二 国内外著名的教育家 …………………………………………………… 105

第四章 学前教育的原则和特点 ………………………………………………… 109
  考点与解析 ……………………………………………………………………… 109
  考点一 学前教育的原则 ………………………………………………………… 109
  考点二 学前教育的基本特点 …………………………………………………… 110

第五章 幼儿园以游戏为基本活动的依据 ……………………………………… 112
  考点与解析 ……………………………………………………………………… 112
  考点 幼儿园以游戏为基本活动的依据 ………………………………………… 112

第六章 幼儿园环境创设的意义与功能 ………………………………………… 114
  考点与解析 ……………………………………………………………………… 114
  考点 幼儿园环境创设的意义与功能 …………………………………………… 114

第七章 幼儿园班级管理 ………………………………………………………… 116
  考点与解析 ……………………………………………………………………… 116
  考点 幼儿园班级管理 …………………………………………………………… 116

第八章 《幼儿园教育指导纲要（试行）》 ……………………………………… 118
  考点与解析 ……………………………………………………………………… 118
  考点一 《幼儿园教育指导纲要（试行）》的总则 …………………………… 118
  考点二 《幼儿园教育指导纲要（试行）》中规定的教育内容与要求 ……… 118
  考点三 《幼儿园教育指导纲要（试行）》中的第三部分——组织与实施 … 122
  考点四 《幼儿园教育指导纲要（试行）》中的教育评价部分 ……………… 123

第九章 我国幼儿教育的改革动态与发展趋势 ………………………………… 125
  考点与解析 ……………………………………………………………………… 125
  考点 我国学前教育的改革动态与发展趋势 …………………………………… 125

模块三 生活指导

第一章 幼儿园一日生活 ………………………………………………………… 129
  考点与解析 ……………………………………………………………………… 129
  考点一 幼儿园一日生活 ………………………………………………………… 129

考点二　幼儿园一日生活的主要环节 ·· 130

第二章　幼儿生活常规 ·· 135
　　考点与解析 ·· 135
　　考点　幼儿生活常规教育 ·· 135

第三章　幼儿保健常规、疾病预防与营养 ·· 138
　　考点与解析 ·· 138
　　考点一　幼儿园卫生保健工作常规 ·· 138
　　考点二　学前儿童一般常见病及预防 ·· 146
　　考点三　学前儿童常见传染病及其防治 ·· 149
　　考点四　幼儿的营养 ·· 155

第四章　幼儿园安全问题 ·· 161
　　考点与解析 ·· 161
　　考点一　幼儿园安全教育 ·· 161
　　考点二　幼儿园常见安全问题 ·· 162

模块四　幼儿园环境创设

第一章　幼儿园环境创设概述 ·· 170
　　考点与解析 ·· 170
　　考点一　幼儿园环境概述 ·· 170
　　考点二　幼儿园环境创设概述 ·· 171
　　考点三　幼儿园室内外环境的创设 ·· 173

第二章　幼儿园各学习领域的环境创设 ·· 175
　　考点与解析 ·· 175
　　考点一　健康领域的环境创设 ·· 175
　　考点二　语言领域的环境创设 ·· 176
　　考点三　社会领域的环境创设 ·· 178
　　考点四　科学领域的环境创设 ·· 179
　　考点五　艺术领域的环境创设 ·· 180

第三章　幼儿园活动区的环境创设 ·· 181
　　考点与解析 ·· 181
　　考点一　幼儿园活动区环境创设概述 ·· 181
　　考点二　活动区的设计与材料投放 ·· 182
　　考点三　常见活动区的环境创设 ·· 184

第四章　幼儿园与家庭、社区的配合与合作 ·· 186
　　考点与解析 ·· 186
　　考点一　幼儿园与家庭的配合 ·· 186

考点二　幼儿园与社区的合作 ……………………………………………………… 187

模块五　游戏活动的指导

第一章　幼儿游戏概述 …………………………………………………………… 190
考点与解析 ………………………………………………………………………… 190
考点一　幼儿游戏的类型 …………………………………………………………… 190
考点二　幼儿游戏的特点 …………………………………………………………… 194
考点三　幼儿游戏的功能 …………………………………………………………… 195
考点四　幼儿游戏的理论流派 ……………………………………………………… 198

第二章　幼儿游戏指导 …………………………………………………………… 200
考点与解析 ………………………………………………………………………… 200
考点一　教师对幼儿游戏的指导策略 ……………………………………………… 200
考点二　幼儿园各类游戏活动的特点及指导 ……………………………………… 205

模块六　幼儿园教育活动的组织与设计

第一章　幼儿园教育活动概述 …………………………………………………… 212
考点与解析 ………………………………………………………………………… 212
考点一　幼儿园教育活动的概念 …………………………………………………… 212
考点二　幼儿园教育活动设计的指导思想及要求 ………………………………… 212
考点三　幼儿园教育活动指导（设计）的一般方法 ……………………………… 213
考点四　幼儿园教育活动的组织形式 ……………………………………………… 215
考点五　幼儿园教育活动计划 ……………………………………………………… 215

第二章　幼儿园健康教育活动 …………………………………………………… 217
考点与解析 ………………………………………………………………………… 217
考点一　学前儿童健康教育活动的特点 …………………………………………… 217
考点二　学前儿童健康教育活动设计的原则 ……………………………………… 218
考点三　学前儿童健康教育活动设计的基本要求 ………………………………… 219
考点四　学前儿童身体生长发育教育 ……………………………………………… 220
考点五　学前儿童生活常规教育 …………………………………………………… 221
考点六　学前儿童饮食与营养教育 ………………………………………………… 223
考点七　学前儿童安全生活教育 …………………………………………………… 224
考点八　学前儿童心理健康教育 …………………………………………………… 225
考点九　幼儿园体育教育 …………………………………………………………… 228

第三章　幼儿园语言教育活动 …………………………………………………… 230
考点与解析 ………………………………………………………………………… 230
考点一　幼儿园语言教育活动概念 ………………………………………………… 230

考点二　幼儿园语言教育总目标 ································· 230
　　考点三　幼儿园语言教育活动的内容 ····························· 231
　　考点四　幼儿园语言教育活动的主要类型 ························· 232

第四章　幼儿园社会教育活动 ·· 238
考点与解析 ·· 238
　　考点一　幼儿园社会教育的概念 ································· 238
　　考点二　幼儿园社会教育的目标、内容、特点及原则、方法 ········· 238
　　考点三　幼儿园社会领域教育的形式 ····························· 241

第五章　幼儿园科学教育活动 ·· 242
考点与解析 ·· 242
　　考点一　幼儿园科学教育的含义 ································· 242
　　考点二　幼儿园科学教育的目标与内容 ··························· 243
　　考点三　学前儿童科学活动分类设计与指导 ······················· 244

第六章　幼儿园数学教育活动 ·· 248
考点与解析 ·· 248
　　考点一　幼儿数学教育 ··· 248
　　考点二　幼儿数学教育的目标和内容 ····························· 249
　　考点三　幼儿园数学教育的途径、方法 ··························· 251
　　考点四　幼儿园数学教育活动的设计与组织 ······················· 254

第七章　幼儿园音乐教育活动 ·· 256
考点与解析 ·· 256
　　考点一　幼儿园音乐教育的概念和目标 ··························· 256
　　考点二　幼儿园音乐教育的内容与方法 ··························· 257
　　考点三　幼儿园音乐教育活动的设计与指导 ······················· 258

第八章　幼儿园美术教育活动 ·· 261
考点与解析 ·· 261
　　考点一　幼儿美术能力的发展 ··································· 261
　　考点二　幼儿园美术教育活动的目标、内容、方法 ················· 263
　　考点三　幼儿园美术教育活动的设计与指导 ······················· 265

模块七　幼儿园教育评价

第一章　幼儿园教育评价概述 ·· 271
考点与解析 ·· 271
　　考点一　幼儿教育评价的概念 ··································· 271
　　考点二　幼儿园教育评价的功能 ································· 271
　　考点三　幼儿园教育评价的目的 ································· 272

考点四　幼儿园教育评价的原则 …………………………………………………… 272
第二章　幼儿园教育评价的类型与内容 …………………………………………………… 274
　　考点与解析 …………………………………………………………………………… 274
　　考点一　幼儿园教育评价的类型 …………………………………………………… 274
　　考点二　幼儿园教育评价的内容 …………………………………………………… 276
第三章　幼儿园教育评价的方法 …………………………………………………………… 278
　　考点与解析 …………………………………………………………………………… 278
　　考点一　观察法 ……………………………………………………………………… 278
　　考点二　调查法 ……………………………………………………………………… 279
　　考点三　测验法 ……………………………………………………………………… 281

模块一　学前儿童发展

【前言】

　　《幼儿园教育指导纲要（试行）》的总则部分强调，幼儿园教育应尊重幼儿的人格和权利，尊重幼儿身心发展的规律和学习特点，以游戏为基本活动，保教并重，关注个别差异，促进每个幼儿富有个性地发展。学前儿童发展是研究儿童身心发展特点及其规律的，想要更好地学习和研究学前教育科学，就必须掌握学前儿童身心发展的基本知识。

【考纲解析】

考纲要求	1. 理解婴幼儿发展的含义、过程及影响因素等。 2. 了解儿童发展理论主要流派的基本观点及其代表人物，并能运用有关知识分析论述儿童发展的实际问题。 3. 了解婴幼儿身心发展的年龄阶段特征、发展趋势，能运用相关知识分析教育的适宜性。 4. 掌握幼儿身体发育、动作发展的基本规律和特点，并能够在教育活动中应用。 5. 掌握幼儿认知发展的基本规律和特点，并能够在教育活动中应用。 6. 掌握幼儿情绪、情感发展的基本规律和特点，并能够在教育活动中应用。 7. 掌握幼儿个性、社会性发展的基本规律和特点，并能够在教育活动中应用。 8. 理解幼儿发展中存在个体差异，了解个体差异形成的原因，并能够运用相关知识分析教育中的有关问题。 9. 掌握观察、谈话、作品分析、实验等基本研究方法，能运用这些方法初步了解幼儿的发展状况和教育需求。 10. 了解幼儿身体发展和心理发展中容易出现的问题或障碍，如发育迟缓、肥胖、自闭倾向等
常见题型	单项选择题+简答题+材料分析题

【内容导读】

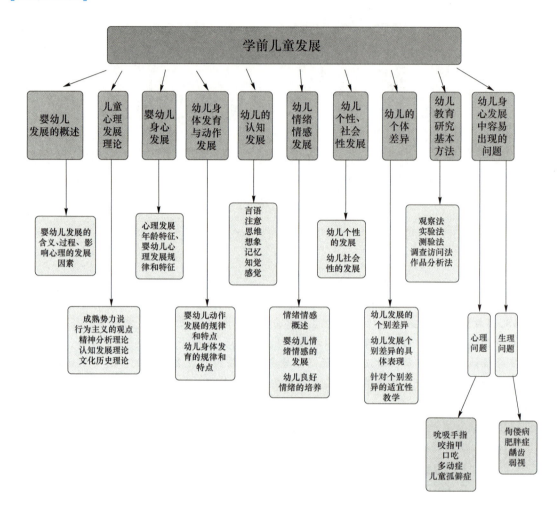

第一章

婴幼儿发展的概述

考点与解析

考点一 婴幼儿发展的含义

考点解析

发展理论中指出发展是由一种新结构的获得或从一种旧结构向一种新结构的转化组成的过程。它是一种变化,是一种连续的、稳定的变化。婴幼儿发展即是个体从出生到成熟这一过程中,身心日益完善的过程,即个体的生理和心理在成长过程中有规律地进行量变和质变的过程。

考点二 婴幼儿心理发展的过程

1. 心理发展的阶段划分
2. 心理发展的基本特征

考点解析

一、心理发展的阶段划分

我国心理学家按照个体在一段时期内所具有的共同的、典型的心理特点和主导活动,将人的发展划分为 8 个阶段。

1. **乳儿期（0~1 岁）**

2. **婴儿期（1~3 岁）**

乳儿期和婴儿期即 0~3 岁,是人的心理发生发展的初期阶段,心理活动从无到有,从被动到主动,是人生发展的第一个非常重要的时期。

3. **幼儿期（3~6 岁,也称学龄前期）**

这一阶段是人的心理迅速发展的时期,各种心理过程已发展完备,心理活动有明显的幼儿特征,对抽象事物尚不十分理解。

4. 童年期（6~12岁，也称学龄初期）

人的心理继续发展，许多方面已相当成熟，如语言、记忆、注意等，有能力学习大量的间接知识和较为抽象的知识。

5. 少年期（12~15岁，也称学龄中期）

这一时期的心理过程接近成熟，独立性明显增强，已开始准备脱离父母，进入"心理断乳期"。

6. 青年期（15~25岁，也称学龄晚期）

7. 成年期（25~65岁）

8. 老年期（65岁~死亡）

二、心理发展的基本特征

（一）连续性与阶段性

连续性是指个体的心理发展是一个逐渐由低级向高级有序前进的过程，高级的心理是在低级的心理发展的基础上进行的，而且又萌发着下一阶段的新特征，表现出心理发展的连续性。同时，心理发展又是一个逐渐地由量变到质变的过程，当新质逐渐占据发展的优势地位时，心理发展也就达到了一个新的阶段，表现为心理发展的阶段性。

（二）稳定性和可变性

心理发展具有一定的稳定性，诸如发展的阶段、阶段的变化等，大体都遵循一定的规律，具有相对的稳定性；但同时，各个阶段的心理特点总是处于不断变化之中，可变性是绝对的。

（三）普遍性和差异性

个体的心理发展具有一定的普遍性和规律性，但各种心理机能发展的进程、达到的水平则是因人而异的。发展既有共同规律，又表现出个别差异，共性中包含着特殊性。

（四）发展的不平衡性

发展的不平衡性主要表现为发展的不同阶段、不同方面。在发展进行的速度、到达某一水平的时间以及最终达到的高度等方面都表现出多样化的发展模式。即使对同一个体而言，不同心理的各组成成分的发展速度有所不同，达到成熟水平的时期也不尽相同。

考点三　影响心理发展的因素

1. 生物因素
2. 环境和教育
3. 主观因素

考点解析

一、生物因素

（一）遗传因素

遗传是一种生物现象，是指遗传物质从上代传给下代的现象。即将那些与生俱来的机体的形态构造、感官特征和神经系统的结构与机能等解剖生物特点传给下一代。遗传对儿童心理发展的作用表现在：

1. 为幼儿心理发展提供最基本的自然物质前提

人类在进化过程中，机体得到高度的发展，特别是脑和神经系统高级部位的结构和机能达到高度发达的水平，这是人类心理活动最基本的物质前提。遗传因素使儿童在成长过程中有可能成为具有高度心理发展水平的人。遗传是个体心理发展的生物前提。

2. 奠定儿童心理发展个别差异的最初基础

遗传素质不同，人出生时就已经存在了其心理发展的不同的可能性。例如，通过遗传素质影响能力和智力的发展等。遗传素质差异越大，心理发展的差异也就越大。

(二) 生理成熟

生理成熟即身体上各种器官的形态、结构和机能发展到完备状态，生长已停止。生理成熟也是影响人心理发展的重要因素。

1. 生理成熟为儿童的心理发展提供了新的可能性

生理成熟使心理活动出现或发展处于准备状态，当某种器官尤其是脑达到一定的成熟水平时，只要适时地给予一定的刺激和训练，就会使儿童的新的行为模式有效地产生。美国心理学家格赛尔用"双生子爬楼梯"的实验证实儿童的生理发展在一定程度上制约着其心理和行为的发展。双生子 T 和 C 在不同年龄开始学习爬楼梯。先让 T 在出生后第 48 周起开始接受爬楼梯训练，每日练习 10 分钟，连续练习 6 周；而 C 则在出生后第 53 周才开始学习，即比 T 晚 5 周开始，C 仅训练了 2 周，就赶上了 T 的水平。

2. 生理成熟的程序制约着儿童心理发展的顺序性

在整个儿童期的发展过程中，身体的各系统、各器官都是有固定的发展顺序的。各系统的成熟顺序是：神经系统最早成熟，骨骼肌肉系统其次，最后是生殖系统。儿童心理活动的产生和发展是在一定生理成熟的基础上实现的。所以说，生理成熟的顺序性，为儿童心理活动的出现与发展的顺序性提供了基本的前提。

3. 生理成熟的个别差异制约着儿童心理发展的个别差异

由于先天的遗传和后天的环境教育不同，所以，儿童生理成熟的时间、速度等方面就具有个别差异。这些生理成熟的个别差异制约着儿童心理发展的个别差异。

二、环境和教育

环境指围绕在人们周围的客观世界，环境在一定条件下对儿童心理发展起决定作用。它包括自然环境和社会环境。自然环境是指提供幼儿生存所需的物质条件，如阳光、空气、水等。社会环境指儿童的社会生活条件，包括社会生产力发展水平、社会制度、儿童所处的社会经济地位、家庭状况、周围的社会气氛等。对儿童心理影响大的是社会环境。社会环境的作用表现在：

(一) 社会环境使遗传和生理成熟所提供的心理发展的可能性变为现实

人的后代如果不生活在社会环境里，那么，虽然遗传提供了发展儿童心理的可能性，但这种可能性也不会变成现实。野兽哺育长大的孩子，虽然具有人类遗传素质，却不具备儿童的心理。典型的例子如印度狼孩卡玛拉和阿玛拉、法国的阿威龙野男孩等。直立行走和说话本来是人类的特征，但是，对每一个具体儿童来说，遗传只提供了直立行走和说话的可能性，没有人类的社会环境，这种可能性不能变为现实性。许多正常儿童似乎是自然而然地学会了走路和说话，其实都是社会生活环境影响的结果，不过有时不被人察觉而已。

(二) 社会生活条件和教育制约着儿童心理发展水平和方向

在众多的社会环境因素中，生产方式对个体心理发展起着根本性的决定作用。社会生产力的发展水平，影响国民经济生活，影响科学文化和教育水平，从而影响到儿童心理的发展水平。在遗传素质的基础上，不同的社会环境与教育条件决定了个体心理发展的方向、水平、速度和内容，具体社会生活条件和教育条件是形成儿童个别差异的最重要条件。

（三）教育是幼儿心理发展的重要条件，对幼儿心理发展起主导作用

教育受到社会性质的制约是一种独特的社会环境，它们为儿童的成长开辟了广阔的空间，决定了儿童发展的速度和水平。

家庭是幼儿出生后最初的社会环境，它为儿童心理开始形成提供了最初的社会因素，因此，家庭环境的质量是影响孩子心理发展的重要因素。

幼儿园教育是由教育者按着一定教育目的、一定的教育内容采取一定的教育方法对儿童施加有目的、有计划、有系统的积极影响的过程，比社会和家庭那种对幼儿分散的、自发的影响有更大的作用。这种影响在儿童的心理发展中占据了主导地位。

三、主观因素

影响幼儿心理发展的因素不仅有遗传、生理成熟、环境和教育等客观因素，还有幼儿自身的积极性和主动性等主观因素。

马克思主义哲学强调，内因和外因在事物发展过程中的地位和作用是不同的。内因是事物变化发展的根据。内因是事物发展的源泉，是事物发展的根据，是事物发展的根本原因，决定着事物的性质和发展方向。在儿童心理发展过程中，外在的环境、教育等因素会产生一定影响，但是主观因素对于儿童心理发展同样重要，是儿童心理发展的动力和源泉。

（一）内部矛盾是幼儿心理发展的动力

需要是人对生存和发展条件的追求。个体新的需要总是否定着已有的心理水平和状态，而随着心理水平和状态不断发展，个体总会产生新的需要。儿童心理发展的内部矛盾就是指在儿童不断积极活动的过程中，由社会和教育向儿童提出的要求所引起的新的需要和儿童已有的心理水平或心理状态之间的矛盾。这个内部矛盾是儿童心理不断向前发展的动力。

（二）主观努力

需要是行为的内在推动力，但是需要的满足与个体的主观努力分不开。离开了主观努力，任何外在的优良环境条件都无法发挥作用。另外，这种主观努力还体现在是否主动积极地参与实践活动，幼儿的心理是在活动中形成和发展的。

模块一第一章　真题回放

第二章

儿童心理发展理论

考点与解析

考点一 成熟势力说

考点解析

成熟势力说简称成熟论,主要代表人物是美国心理学家格塞尔(A.G)。格塞尔认为,个体的生理和心理发展,都是按照其基因规定的顺序有规则、有次序地进行的。成熟是心理发展的主要动力,没有足够的成熟,就没有真正的发展与变化。脱离了成熟条件,学习本身并不能推动发展。格赛尔的成熟势力说是典型的遗传决定论。

格赛尔通过自己所设计的双生子爬楼梯实验来证明其观点。双生子 T 和 C 在不同的年龄开始学习爬楼梯。先让 T 在出生后第 48 周起开始接受爬楼梯训练,每日练习 10 分钟,连续练习 6 周;而 C 则在出生后第 53 周才开始学习,C 仅训练两周就赶上了 T 的水平。因此,格赛尔得出结论,不成熟就无从产生学习。

格赛尔通过大量的观察,提出儿童行为发展的基本原则:

(一)发展方向的原则

由上而下,由中心向边缘,由粗大动作向精细动作发展。

(二)相互交织的原则

人类的身体结构是建立在左右两侧对称的基础之上的。如大脑有左右半球,眼有左右双目,手有左右手等。对称的解剖结构保证了机体平衡的活动。

(三)机能不对称的原则

格赛尔注意到,对于人类而言,从一个角度面对世界可能更有效,所以出现了一只眼、一只手、一条腿更占优势的结果。

(四)个体成熟的原则

格塞尔认为,个体的发展取决于成熟的程度,而成熟的顺序取决于基因决定的时间表。儿童在成熟之前,处于学习的准备状态。所谓准备,就是由不成熟到成熟的生理机制的变化过程。只要准备好了,学习就会发生。

（五）自我调节的原则

婴儿能自我调节自己的吃、睡等的周期。如果婴儿自己决定自己吃、睡的时间，则会减少吃的次数、增加睡眠的时间。这种现象还能加强成长天性的不平衡和波动，"进两步，退一步，然后再进两步"。当儿童突然向前进入一个新的领域后，会出现退却的现象，这是他在巩固一下取得的成绩，然后再前进。格塞尔称这种现象为"行为周期"。

基于成熟论的观点，格赛尔的同事阿弥士曾向父母提出以下忠告：

①不要认为你的孩子成为怎样的人完全是你的责任，不要抓紧每一分钟去"教育"他。

②学会欣赏孩子的成长，观察并享受每一周、每一月出现的发展新事实。

③尊重孩子的实际水平，在尚未成熟时，要耐心等待。

④不要老是去想"下一步应发展什么了？"应该让你和孩子一道充分体验每一个阶段的乐趣。

考点二 行为主义的观点

1. 华生的观点
2. 斯金纳的观点
3. 班杜拉的观点

考点解析

行为主义产生于20世纪初期的美国，创始人是美国心理学家华生。到20世纪30年代后逐渐发展为新行为主义，新行为主义的主要代表人物是托尔曼、斯金纳、班杜拉。这一学派的基本观点是，儿童的行为是由环境中的刺激引起的，学习即是刺激与学习者行为之间的联结过程。其学习理论主要是"刺激-反应"理论。

一、华生的观点

美国心理学家华生（J. B. Watson）是行为主义的创始人。他认为心理的本质就是行为，心理学研究的对象就是可观察到的行为。华生否认遗传在个体成长中的作用，认为一切行为都遵循着刺激（S）-反应（R）的学习过程，通过刺激可以预测反应，通过反应可以推测刺激。认为环境和教育是行为发展的唯一条件。条件反射是外部刺激，而外部刺激是可以控制的，不论多么复杂的行为都可以通过控制外部刺激而形成。华生将条件反射广泛运用于对儿童行为的研究上。

二、斯金纳的观点

美国心理学家斯金纳（B. F. Skinner）在华生行为主义的基础上，用操作性条件作用来解释行为的获得。斯金纳将行为分为两种：一种是应答性行为，它是由刺激引起的行为；另一种是操作性行为，它是个体自发出现的行为。他认为人的行为大部分是操作性的，行为的习得与及时强化有关。因此，可以通过强化来塑造儿童的行为，得不到强化的行为就会逐渐消退。强化分为正强化和负强化，所谓正强化（也称"积极强化"），是由于一个刺激的加入而增强了某一个操作行为发生的概率。所谓负强化（又称"消极强化"）是由于一个刺激的撤除而加强了某一个操作行为发生的概率。无论正强化还是负强化，其结果都是增强反应的概率。因此，这一理论不仅适用于儿童新行为的获得与塑造，而且也同样对不良行为的矫正具有指导意义。最常用的方法就是对儿童的不良行为予以"忽视"，即不予强化。

三、班杜拉的观点

班杜拉是美国新行为主义心理学家，他着重研究人的行为学习，在他看来，儿童总是"张着眼睛和耳朵"观察和模仿那些有意义和无意义的反应，因此，他强调观察学习在行为发展中的作用。班杜拉认为，儿童通过观察学习而习得新行为。观察学习不同于模仿。因为，模仿只是学习者对榜样的简单复制，而观察学习则是通过观察从他人的行为及其结果中获取信息。观察学习比模仿更复杂。班杜拉把它定义为："即经由对他人的行为及其强化性结果的观察，一个人获得某些新的反应，或现存的行为反应特点得到矫正。同时在这一过程中，观察者并没有外显性的操作示范反应。"也就是通过观察他人所表现的行为及其结果而习得新行为。这种学习不需要学习者直接地做出反应，也不需要亲自体验强化，只需要通过观察他人在一定环境中的行为，观察他人接受的强化就能完成学习。班杜拉把他人所接受的强化对学习者本人的影响称为"替代强化"，而学习者通过对别人的行为和结果的观察所完成的学习又称为"无偿式学习"。

考点三 精神分析理论

1. 弗洛伊德的观点
2. 埃里克森的观点

考点解析

精神分析学派是西方现代重要的学术思潮之一，它是由奥地利精神病学家弗洛伊德于19世纪末在精神疾病的治疗实践中创立的一种独特的心理学理论。这一理论体系主要包括潜意识论、泛性论和人格论等。代表人物有弗洛伊德和埃里克森。

一、弗洛伊德的观点

（一）弗洛伊德的人格结构

弗洛伊德认为人格由本我、自我与超我3个部分组成。

本我，是最原始的系统，人出生时，人格的全部就是本我。其主要功能就是最大限度地满足与生俱来的生物本能。它包括人类本能的性的内驱力和各种被压抑的习惯倾向。本我遵循"快乐原则"，追求最大的快乐，争取最小的痛苦。

自我，是人类人格中的理性水平，它处在本我和外部世界之间，一面产生于本我，一面连接着现实。儿童随着年龄的增加，逐步学会不凭冲动随心所欲，学会考虑后果、考虑现实作用，其主要功能就是寻求更为实际的、被社会允许的方式来满足本能的需求。自我遵循"现实原则"，是人格的心理成分，它一方面使本我适合现实的条件，从而调节、控制或延迟本我欲望的满足，另一方面还要协调本我与超我的关系。

超我，是人格结构的最高层次，是道德化的自我，它从自我中分化出来，是人格的社会成分。其主要功能有3个：一是抑制本我的冲动；二是对自我进行监控；三是追求完善的境界。超我遵循的是"道德原则"。

人格中本我、自我、超我分别代表3种不同的力量。本我追求快乐，自我面对现实，超我则追求完美。当三者处于协调状态时，人格表现出一种健康状况；当三者互不相让、产生敌对关系时就会产生心理疾病。

（二）弗洛伊德的心理发展阶段论

弗洛伊德是本能决定论者，他认为人格发展的基本动力是本能，尤其是性本能的驱动。人在不同的年龄，性的能量——力比多投向身体的不同部位。儿童在成长的过程中，引起快感的部位主要是口腔、肛门、生殖器。它们在儿童心理性欲的发展中相继成为兴奋中心。以此为依据，弗洛伊德将儿童心理发展分为以下5个阶段：

1. 口唇期：0~1岁

这一时期儿童的快感区是口唇区域。新生儿的吮吸动作即使他获得了食物和营养，也使他产生快感。因此，口唇是这一时期产生快感最集中的区域，婴儿是从吸吮动作中获得快乐，即使不饿，也会把手指或其他能抓到的东西塞到嘴里去吮吸。弗洛伊德认为，寻求口唇快感的性欲倾向性一直会延续到成人阶段，接吻、咬东西、抽烟或饮酒的快乐，都是口唇快感的发展。

2. 肛门期：1~3岁

这一时期儿童的兴趣集中到肛门区域，排泄时产生的轻松与快感，使儿童体验到了操纵与控制的作用。儿童的任务就是学会控制生理排泄过程，使他们的功能符合社会要求。此时期是对儿童进行大小便训练的最好时期，弗洛伊德认为儿童受到的大小便排泄训练对其未来人格形成有很大的影响。

3. 性器期：3~6岁

这一时期，儿童的快感集中在生殖器上，性器官成为儿童的愉快区。在这个阶段，儿童的行为开始有了性别差异，开始对生殖器感兴趣，产生对异性父母的爱恋，出现"俄狄浦斯情结"（Oedipus Complex），即男孩对自己母亲有性兴趣（又可称"恋母情结"），而女孩则过分迷恋自己的父亲，出现伊莱克特拉情结（Electra Complex，又可称为"恋父情结"）。恋父（母）情结最终要受到压抑，因为儿童惧怕同性父母的惩罚，同时也惧怕社会的批评。

4. 潜伏期：6~11岁

这一时期儿童的力比多冲动处于潜伏期，性欲的发展呈现出一种停滞或退化的现象。这一时期的儿童深知他们在婴幼儿时期的一些获取快乐的行为，如公开地抚摸、玩弄生殖器等是被社会看不起的，与道德、文化等不相容，所以放弃这种获取快感的方式，而被压抑到潜意识中，并一直延续到青春期。这时的儿童将性兴趣转向外部世界，如参与游戏、学习知识、同伴交往等。

5. 青春期：11~20岁

这一时期也称生殖期，儿童性兴趣转向异性，异性恋的行为明显，性需求从两性关系中获得满足，成为较现实的和社会化的人。

二、埃里克森的观点

埃里克森（1902—1994年）是美国的精神分析医生。他继承了弗洛伊德的人格结构理论，同时改进了弗洛伊德的个性发展理论，他并不主张把一切活动和人格发展的动力都归结为"性"的方面，埃里克森强调个体发展的社会文化因素的影响，强调个体与社会文化、外界环境相互作用的影响。他认为人从出生到死亡一共经历8个阶段，这8个阶段的先后顺序不变，普遍存在于不同文化中，这是遗传因素决定的，但每一个阶段能否顺利地度过，是由社会环境决定的。他的8个心理社会发展阶段是与弗洛伊德的发展阶段平行的，在每一个阶段都有一个明确的发展危机或任务，要想顺利进入下一个发展阶段，人就必须要解决好当前所面临的危机。

（一）基本信任对不信任（0~1岁或1岁半）

这个时期的任务是获得信任感，克服不信任感，体现着希望的实现。在生命的第一年，儿童的需要是多方面的，他们从生理需要的满足中，从与母亲、主要看护者的交往中体验到身体的康宁，感到了安全，对周围的人和环境产生了一种信任感；反之，照顾者常以拒绝的态度或不一致的方式来照顾儿童，其基本需要得不到适度的满足，儿童可能会认为这个世界是个危险的地方，便对周围环境和人产生怀疑，形成不信任感。埃里克森认为第一阶段非常重要，获得信任感是以后各阶段，特别是青年期的同一性的发展基础。

(二)自主感对羞怯或疑惑(1.5~3岁)

这个时期的任务是获得自主感,克服羞怯和疑虑,体验意志的实现。这个阶段的儿童想做一些事情,有了自主选择和决定的意愿,典型的表现是"让我自己做!"如果父母积极地支持、表扬与鼓励儿童做他们力所能及的事,那么,儿童将体验和认识到自己的能力以及自己对环境的影响力,逐渐养成自主、自立的人格特征;反之,父母过分保护和限制,儿童无法自己独立,可能会使儿童怀疑自己的能力,产生羞怯、疑惑等。

(三)主动感对内疚感(3~6岁)

这个时期的任务是获得主动感,克服内疚感,体验目的的实现。这个阶段的儿童能够进行各种活动,语言和思维能力得以发展,他们可以把自己的活动扩展到超出家庭的范围。如果父母对儿童主动提出的问题耐心予以解答,不嘲笑,不禁止,那么,儿童的主动性就会得到加强;反之,儿童就会对自己的行为出现内疚感。埃里克森认为,对幼儿而言,鼓励他们的进取感,并且培养他们的责任感,十分重要。

(四)勤奋感对自卑感(6~11岁)

这个时期的任务是获得勤奋感和克服自卑感,体验能力的实现。这个时期的孩子已经进入小学,开始逐步掌握按规则游戏及学习的能力。只要勤奋,就能学到社会技巧及学习技巧,从而有掌握大量知识和技能的可能。这个阶段的儿童也常会和同伴比较,认为在众多的同伴中,应占有一席之地,于是努力改善自我,追求自己学习上获得成功和得到赞许。如果当孩子努力学习或做一些事情时,得到成人的支持和赞许,勤奋感就会加强,他们就会继续勤奋努力,乐观进取,养成勤奋学习、勤奋工作的品质。反之,如果儿童的努力经常遭到贬低,并且很少得到表扬,就会使其丧失自信和进取心,产生自卑感。

(五)同一性对角色混乱(11~18岁)

这个时期的任务是建立同一感,防止角色混乱,体验忠诚的实现。这个时期的孩子进入青春期,除产生家庭、爱情的新觉醒,还发展了对周围世界新的观察和思考的方法。这时候儿童在前4个阶段发展的基础上,把自己的各种印象综合成一个有意义的整体,即自己究竟是一个什么样的人,自己与别人的异同,在社会上应占有什么地位,将来成为什么样的人和怎样成为理想的人,以及认识自己的过去、现在和将来在社会生活中的关联方式,这需要在各种各样潜在的自我中进行选择。如果在前4个阶段建立起信任、自立、主动、勤奋等品质,所想所做的符合自己的实际身份,就能获得或建立起同一性。反之,就会产生同一性混乱或角色混乱。

(六)亲密感对孤独感(18~25岁)

这个时期的任务是获得亲密感,避免孤独感,体验爱情的实现。这个时期的人们进入求爱和过起家庭生活的时期。年轻人致力于与配偶、同事、伙伴和其他社会成员之间建立起良好的亲密关系,体验着友情和爱情。如果一个人不能在朋友之间、夫妻之间建立一种友爱的关系,就会产生孤独感。

(七)繁殖感对停滞感(25~50岁)

这个时期的任务是获得繁殖感,避免停滞感,体验关怀的实现。这个时期男女建立了家庭,开始把他们的兴趣扩展到下一代。有些人虽然自己并不生孩子,但他们在自己的专业领域内发挥自己的才智,指导和关心着下一代,为下一代创造更美好的社会生活。这些人同样也能获得繁殖感;反之,只一心专注自己则会产生停滞感。

(八)完善对失望(老年期)

这个时期的任务是获得完善感,避免失望感,体验智慧的实现。这是人生最后阶段,老年人面临人生的终结,往往会回首往事,对自己的一生做出一个价值的判断,若感到一生充实、有意义,就会产生一种完善感;反之,就会产生悲观情绪。

考点四　认知发展理论

1. 皮亚杰对认知发展的观点
2. 皮亚杰关于影响儿童认知发展的观点
3. 皮亚杰的儿童认知发展阶段理论

考点解析

这一理论的主要代表人物是瑞士的心理学家皮亚杰(J. Piajet),他是当代国际著名的儿童心理学家、瑞士日内瓦大学教授。他对儿童思维和智力的研究闻名于世。

一、皮亚杰对认知发展的观点

皮亚杰认为,儿童心理发展的本质和原因就是主体通过动作完成对客体的适应。儿童的认知是在个体与环境的不断相互适应和建构中,在已有图式基础上,通过同化和顺应来达到与环境的平衡,认知逐渐成熟起来。皮亚杰用4个基本概念阐述了认知发展的本质,即图式、同化、顺应和平衡。

(一) 图式

图式即认知结构。皮亚杰认为人之所以能获得知识、认识世界,是因为人脑中存在着一个认知结构。所谓结构,就是一个系统,一个整体,它不仅指具有解剖学意义的实际结构,也包括功能意义上的结构。它是个体在对某一特定环境做出适应时的认知结构。每当个体遇到类似情境时,他就运用认知结构去核对、处理。认知结构决定着人能否获得知识以及获得什么样的知识。

(二) 同化

同化是指个体将环境中的信息纳入并整合到已有的认知结构的过程。其实,同化就是图式发生量变的过程。

(三) 顺应

顺应是指有时候个体不能利用原有图式适应新环境,必须改变头脑中的图式以适应新的概念、技能或信息时,顺应的过程就发生了。顺应就是图式发生质变的过程。

(四) 平衡

皮亚杰认为,个体通过同化与顺应,达到个体与环境相适应的协调状态,就叫"平衡"。

二、皮亚杰关于影响儿童认知发展的因素

皮亚杰认为,儿童的发展既不是先天结构的展开,也不完全取决于环境的影响。在他看来,发展受4个因素的共同影响,这4个因素分别是:

(一) 成熟

主要指机体的成长,特别是神经系统和内分泌系统等的成熟。

(二) 经验

主要是通过与外界物理环境的接触而获得知识,可分为两类:一是物理经验,它是指关于客体本身的知识,是客体本来具有的特性的反映,如物体本身的大小、轻重、软硬、颜色等;另一

类是数理逻辑经验，是主体自身动作协调的经验，是在反复的主客体相互作用的基础上建立起来的。

（三）社会环境

指在社会相互作用和社会传递过程中获得经验，主要指他人与儿童之间的社会交往和教育的影响作用。

（四）平衡化

皮亚杰认为只有上述3个因素还不够，还必须有一个内部机制把它们整合起来，儿童心理的发展就是通过儿童心理或行为图式在环境影响下不断通过同化、顺应而达到适应的平衡过程。正是由于平衡过程，个体才有可能以一种有组织的方式，把接收到的信息联系起来，使认知得到发展，从而使儿童心理不断由低级向高级发展。

三、皮亚杰的儿童认知发展阶段理论

皮亚杰将儿童心理的发展划分为4个年龄阶段：

（一）第一阶段：感知运动阶段（0~2岁）

这个阶段儿童的主要认知结构是感知运动图式，儿童只能依靠感知觉和动作来适应外部世界，在接触外界事物时能利用或形成某些低级行为图式。

（二）第二阶段：前运算阶段（2~7岁）

这个阶段，儿童已开始从具体动作中摆脱出来，将感知动作内化为表象，词的功能开始出现，使儿童能用表象和语言作为中介来描述外部世界。皮亚杰指出前运算阶段思维有4个特点：

1. 泛灵论

儿童不能区别有生命和无生命的事物，认为外界的一切事物都是有生命的、有感情的，这集中体现在他们的游戏、绘画作品中。

2. 自我中心主义

儿童把注意力集中在自己的观点和自己的动作上，只从自己的观点看待世界，很难站在别人的角度看待问题。皮亚杰用"三山实验"说明儿童的自我中心倾向。

3. 不能理顺整体和部分的关系

通过要求儿童考察整体和部分关系的研究发现，儿童能把握整体，也能分辨两个不同的类别，但是，每当要求他们同时考虑整体和整体的组成部分的关系时，儿童多半给出错误答案。这说明他们的思维受物体的显著知觉特征的局限，而意识不到整体和部分的关系。

4. 不可逆性

这个时期的儿童没有守恒概念，认识不到在事物的表面特征发生某些改变时，其本质不发生变化。不可逆性是前运算阶段儿童的重要特征。

（三）第三阶段：具体运算阶段（7~12岁）

这一阶段儿童开始出现"守恒"，开始独立组织各种方法进行正确的逻辑运算（如分类等），但是只限于具体事物或熟悉的经验。具体运算思维的特点：具有守恒、去自我中心和可逆性。

（四）第四阶段：形式运算阶段（12~15岁）

这一阶段儿童思维发展到抽象逻辑推理水平。儿童可以在头脑中将形式与内容分开，离开具体事物的束缚，根据假设对各种命题进行逻辑推理的能力不断发展，开始接近成人的思维水平。

考点五 文化历史理论

1. 文化历史发展理论
2. 心理发展本质
3. 内化学说
4. 最近发展区
5. 最佳期

考点解析

这一理论的创始人是苏联著名的心理学家维果茨基（Vygotsky），他以马克思主义哲学为指导思想建构了一套全新的儿童心理发展理论体系，学术界称之为社会文化历史学派的发展理论。随着时代的发展，这一流派得到越来越多的重视，成为当代最有影响的发展与教育心理学理论之一。

一、文化历史发展理论

维果茨基认为人的心理机能分为低级心理机能和高级心理机能两类，低级的心理机能包括感觉、知觉、不随意注意、形象记忆、直观的动作思维与情绪冲动等，它受个体的生物成熟所制约；高级的心理机能包括观察、随意记忆、词语逻辑记忆、抽象思维和高级情感等，它是社会文化历史发展的产物，是受社会规律支配，通过语言符号的掌握和运用使儿童心理机能不断内化的结果。个体的心理在低级心理机能的基础上逐渐向着高级心理机能发展。儿童主体和社会环境的相互作用（社会交往）决定着儿童个体的心理发展。因此，儿童活动的质量、社会交往的质量也就决定着儿童成长的质量。这种观点认为，就儿童心理发展而言，儿童与教养者、儿童与同伴之间的共同活动是儿童心理发展的社会源泉。

二、心理发展本质

维果茨基认为，心理发展是指一个人的心理自出生到成年，在环境与教育的影响下，在低级心理机能的基础上，逐渐向高级心理机能转化的过程。心理机能由低级向高级发展的标志有4个方面：

①心理活动的随意性增强。心理活动的随意性表现为人按照自己的预定目的和意志保障心理活动的正常进行。如儿童的注意是从无意注意发展到有意注意，儿童的记忆是从无意记忆发展到有意记忆。

②心理活动的抽象概括机能增强。

③形成以符号或词为中介的心理结构。

④心理活动个性化。

三、内化学说

智力过程起源于活动，先是外部的活动，然后才转化为内在心理活动，最终默默地在头脑中进行。在外部的实际动作向内部智力动作转化的过程中，语言符号系统起了至关重要的作用。

四、最近发展区

提出最近发展区是维果茨基对儿童心理学的另一个重要贡献。他认为儿童的任何一种行为都有两个水平：一种是儿童独立解决问题的实际水平，也就是儿童能独自达成的行为；另一种是儿童在成人指导下或与有能力的同伴合作中达到的解决问题的发展水平。在这两个行为水平之间构成了一个区域，维果茨基把这个区域，即儿童独立解决问题的实际水平和在他人帮助后所能达到的潜在发展水平之间的差距称为最近发展区。

最近发展区的大小是儿童心理发展潜能的主要标志。维果茨基的最近发展区理论强调了教学在儿童发展中的主导性、决定性作用，提出只有走在发展前面的教学才是好教学，即教学应着眼于学生的最近发展区，把潜在的发展水平变成现实的发展，并创造新的最近发展区。教学只有不断地创造最近发展区，才能促进儿童心理发展。因此，教师所设计的教学任务要适当，不应过难，也不要过于简单，教学任务落在最近发展区内的教学是良好的教学。

五、最佳期

对于儿童而言，任何广义的教学都与年龄相关联，儿童只有达到一定的成熟程度才能使某一学科的学习成为可能。从发展的观点看，儿童学习任何内容时，都存在一个最佳年龄。忽视儿童的学习最佳期，过早或过晚地学习就很难发挥教学的最大作用，对儿童认知发展造成不利的影响。因此，在儿童的成熟和发育的基础上开始某一种教学，需要考虑将教学建立在儿童正在开始形成的心理机能的基础上，教学应走在心理机能形成的前面。

模块一第二章　真题回放

第三章

婴幼儿身心发展年龄特征与发展趋势

考点与解析

考点一 心理发展年龄特征

1. 心理发展年龄特征的定义
2. 儿童心理年龄特征的稳定性和可变性

考点解析

一、什么是心理发展年龄特征

心理年龄特征是指在儿童心理发展的各个不同年龄阶段所形成和表现出来的那些一般的、典型的和本质的心理特征。

二、儿童心理年龄特征的稳定性和可变性

（一）年龄特征的稳定性

一般来说，儿童心理年龄特征具有一定的稳定性。如阶段的顺序、每一阶段变化的过程和速度，大体上都是稳定的、共同的。儿童心理年龄特征具有稳定性的原因，在于它受下列因素所制约：

①儿童的脑的结构和机能的发展是有一个大致稳定的顺序和阶段的，在头脑中建立神经联系是有一定次序的。

②人类知识经验本身是有一定顺序性的，儿童掌握人类知识经验也必须遵循这一顺序。儿童从掌握知识经验到心理机能发生变化，也要经过一个大体相同的不断地从量变到质变的过程。

（二）年龄特征的可变性

由于社会和教育条件不同，儿童心理发展的情况有各种差别，构成儿童心理年龄特征的可变性。这里所说的可变性不是指心理发展阶段的省略、逆转，而是在发展的速度上的可变。儿童心理年龄特征具有可变性的主要原因，在于儿童心理年龄特征受外界条件，主要是社会和教育条件的制约，而社会和教育条件是经常在变化的。

考点二 婴幼儿心理发展规律和特征

1. 婴幼儿心理发展一般规律
2. 婴幼儿心理发展的一般特征
3. 各个不同年龄阶段儿童心理发展的特征

考点解析

一、婴幼儿心理发展的一般规律

婴幼儿心理发展是一个从出生到成熟心理发展的变化过程，其表现如下：

(一) 心理活动从简单向复杂方向发展

婴幼儿最初的心理活动是非常简单的反射活动，随着婴幼儿的成长，心理活动越来越复杂，由不齐全到齐全，由笼统到分化，逐步出现概括性表现。

(二) 心理活动从无意向有意方向发展

在婴幼儿身上最初出现的心理活动大多是无意性的，是由外部环境刺激而引发的，随着年龄的增长，婴幼儿逐渐开始出现了自己能意识到的、有明确目的的心理活动。婴幼儿心理发展的许多方面都表现出从无意向有意发展。

(三) 心理活动从笼统向分方向发展

婴幼儿最初的心理活动是笼统而不分化的，无论是动作、认知活动和情感态度，发展的趋势都是从混沌或暧昧到分化和明确。婴幼儿最初的发展是简单和单一的，后来逐渐复杂和多样化。

(四) 心理活动从凌乱向形成体系方向发展

婴幼儿心理活动最初是零散杂乱的，心理活动之间缺乏有机的联系。随着年龄的增长，婴幼儿的心理活动逐渐组织和发展起来了，有了系统性，形成了整体。

二、婴幼儿心理发展的一般特征

(一) 婴幼儿心理随年龄增长而逐渐发展

婴幼儿的心理发展与年龄的增长有着密切的关系。随着年龄的增长，幼儿的心理在逐渐发展。如幼儿园小班（3~4岁）、中班（4~5岁）与大班（5~6岁）的孩子心理水平就明显不同，这说明，幼儿时期心理的发展显示出阶段性特征。

(二) 婴幼儿的认识活动以具体形象为主，抽象逻辑思维开始萌芽

婴幼儿往往是通过自己的视觉、听觉、嗅觉、味觉、肤觉来认识周围世界。他们在认识事物、理解事物时离不开对事物的直接接触，所以，他们对事物的认识常常停留在事物的表面现象上，婴幼儿认识活动表现为具体形象性。在整个幼儿期，思维的主要特点是具体形象，但是5~6岁的幼儿已明显地出现了抽象逻辑思维的萌芽。

(三) 婴幼儿的心理活动以无意性为主，开始向有意性发展

主要表现在：婴幼儿认识过程以无意性为主；记忆也是以无意记忆为主；想象也以无意想象为主；婴幼儿的情绪由易变、外露开始向稳定和有意控制发展；婴幼儿的个性开始向稳定的倾向性发展。

三、各年龄儿童心理发展的主要特征

(一) 婴儿期 (0~1岁)

人出生后的第一年,称为婴儿期,这一年是儿童心理开始发生和一些心理活动开始萌芽的阶段。这个时期的儿童心理发展可分为3个小阶段:

1. 第一阶段:初生到满月(新生儿期)

(1) 适应新生活

胎儿时期,孩子生活在母体内,生活环境非常安全和舒适,很少受到外界刺激的直接影响。出生以后,环境发生了质的变化,新生儿必须独立地进行维持生命的活动。胎内和胎外环境的骤变,就要求新生儿要付出努力来适应新生活。

(2) 依靠无条件反射

婴儿出生后先是依靠无条件反射应付外界刺激。无条件反射是个体在种族发展过程中形成而遗传下来的,其神经联系是固定的,是人本能的不学就会的反射。比如,吸吮反射、抓握反射、眨眼反射、迈步反射,等等。

(3) 条件反射出现和心理发生

由于无条件反射的种类有限,再加上无条件反射只能对固定的刺激做出固定的反应,而生活中的刺激众多,单单凭借无条件反射,婴儿是无法应付多变的生活环境的。所以,婴儿出生后不久,就开始出现条件反射。条件反射是个体在无条件反射的基础上,经过反复学习和训练而获得的反射。人学会的一切本领都是条件反射。婴儿出生后第1个月心理已经发生,条件反射的出现就是心理的发生,另外,婴儿出生后,就有感知活动,注意、记忆也都已经出现。

(4) 认识世界和人际交往开始

婴儿最初对外界的认知活动,突出表现在感觉的发生和视觉、听觉的集中上。感觉既是一种生理现象,也是一种心理现象。婴儿出生后就有感觉。明显的视觉集中和听觉集中出现在出生后的2~3周左右。出生后第一个月内,孩子逐渐出现和母亲的"眼睛对话",在吃奶时,眼睛不时地看看母亲。这说明,婴儿已经出现了人类特有的人际交往的需要。

2. 第二阶段:满月到半岁(婴儿早期)

(1) 视觉、听觉迅速发展

这个时期心理的发展,突出表现在感知的发生和视觉、听觉的发展上。如婴儿的视线能够追随移动的物体,稍大点婴儿还能主动地去寻找视觉的目标。2~3个月以后,婴儿对声音的反应也比以前积极。这个时期儿童认知周围事物,主要依靠视觉和听觉。

(2) 定向反射的作用增加

出生后第1个月,婴儿所建立的条件反射,往往是以无条件反射作为基础的。随着婴儿的长大,无条件事物反射和防御反射对建立条件反射的作用已逐渐减少,而定向反射的作用逐渐增加。婴儿越来越多地依靠定向反射认识世界,在定向反射的基础上建立条件反射。

(3) 手眼协调动作开始发生

手眼协调动作是指眼和手的动作能够配合,手的运动能够和眼球运动——视线一致,按照视线去抓住所看见的东西。

(4) 开始认生

5~6个月的孩子开始出现认生现象。认生是婴儿认识能力发展过程中的重要变化。一方面表现了感知辨别和记忆能力的发展;另一方面,也表现了儿童情绪和人际关系的发展。

3. 第三阶段：半岁到周岁（婴儿晚期）

（1）身体动作迅速发展

坐、爬、站等动作都是在这一时期发展起来的。在婴儿的发展中，动作的发展非常重要，这与儿童心理发展有密切的关系。

（2）手的动作开始形成

从6个月到1岁，儿童的手日益灵活。主要表现在：五指分工动作逐渐灵活；开始双手配合拿东西；摆弄东西；重复连锁动作等。

（3）语言开始萌芽

婴儿阶段是人的语言的萌芽期，婴儿从理解别人说话和牙牙学语中为掌握语言做准备。满半岁以后，婴儿喜欢发出各种声音，发出的音节比较清楚，能重复、连续。

（4）依恋关系日益发展

6个月左右的婴儿开始产生对离其最近的人的依恋或排斥，主要表现为愉快、舒适、有安全感，或紧张、哭闹、不安等情绪特点，开始用没有真正形成的语言和亲人交往。

（二）1～3岁（先学前期）

1～3岁称为先学前期。这时期是真正形成人类心理特点的时期。这一时期的特征如下：

1. 学会直立行走

满周岁时，孩子开始迈步，但还走不稳。2岁以后便能行走自如，并开始学习跑、跳和攀登等动作。

2. 使用工具

1岁以后，孩子逐渐能够准确地拿各种东西。1.5岁左右的孩子，已不再是把手里的任何东西都拿来敲敲打打，单纯摆弄，而是根据事物的特性来使用，这就是把事物当作工具来使用的开端。

3. 语言和表象思维的发展

这个时期的幼儿语言能力突破性地发展，许多研究表明，1.5～2.5岁是幼儿掌握母语基本语法的关键期，到了3岁末基本上掌握了母语的语法规则系统。也就是说，儿童出生后的头3年就基本掌握了人类复杂的语言。思维活动是在幼儿前期开始观察到的另一种智力活动。由于表象的出现，孩子已能够根据已有的记忆表象进行最初的概括和推理。

4. 独立性出现

独立性一般出现在2～4岁期间，多在3岁左右。这一期间的独立性主要表现在，要求按自我的意识行事，其重点是要求行为、动作自主和行事自由，反抗父母的控制，希望父母和亲近的人接纳自己"我长大了"并"很能干"的现实。独立性的出现是儿童心理发展非常重要的一步，是幼儿自我意识开始出现的表现。

（三）3～4岁（幼儿初期）

3～4岁是幼儿期的最初阶段。这一时期的特征如下：

1. 生活范围扩大

由于这时幼儿的身体比以前更加结实、健壮，睡眠相对减少，语言发展起来，所以3岁孩子具有了进入新的社会环境——幼儿园的可能性。进入幼儿园后儿童接触的人和环境都发生了巨大的变化。生活范围的扩大，引起幼儿心理的诸多变化，使幼儿的认识能力、生活能力以及人际能力都得到了迅速的发展。

2. 认识依靠行动

3~4岁幼儿的认识活动往往依靠动作和行动来进行，他们的认识特点是先做好再想。如这个时期的孩子画画时，画之前并不知道自己要画什么，没有目的，画好后，看着自己画的东西才会说："我画的是太阳。"

3. 情绪不稳定

这一时期幼儿的情绪不稳定，很容易受周围人的感染，幼儿的日常行为也明显地受情绪的支配。他们对喜爱的东西抓在手里不肯放开，在情绪激动或高兴时又喊又叫，又蹦又跳，不高兴则大哭。这时，任何制止或安慰他们可能都听不进去。

4. 模仿性强

这一时期的幼儿喜欢模仿周围人的行为、动作和语言等。模仿是3~4岁幼儿的主要学习方式，他们主要通过模仿他人来掌握和学习别人的经验。

（四）4~5岁（幼儿中期）

4~5岁是幼儿期的中期阶段，比3~4岁幼儿的心理有很大的发展。这一时期的特征如下：

1. 活泼好动

活泼好动的特点在幼儿中期尤为突出，幼儿园中班的孩子明显地比小班孩子活泼好动，他们的动作更灵活，头脑里主意也多了。他们总是不停地看、听、摸、碰，见到新鲜东西，总是要用手去拿或摸。在自由活动时，在相当长时间内持续地跑跑跳跳，都不感到疲倦。

2. 思维具体形象

这一时期的幼儿依靠事物在头脑中的形象来思维，即依靠生动的表象来思维，他们能够掌握代表实际事物的概念，不易掌握抽象概念。

3. 开始能够遵守一定的行为规范和生活规则

在进行集体活动时，能初步遵守集体活动规则。在游戏中，他们已能理解一些游戏规则，能够在与他人合作时，遵守游戏规则。

4. 不但爱玩，而且会玩

4岁左右是幼儿游戏的高潮时期，这时的幼儿不但爱玩，而且会玩，他们已经能够理解和遵守游戏规则，自己组织游戏，确定游戏主题。

（五）5~6岁（幼儿晚期）

5~6岁是幼儿期的结束阶段。这一时期的特征如下：

1. 好学好问

这一时期，孩子的认知水平有了很大的提高，他们好学好问，非常爱问各种各样的问题，不但要知道"是什么"，而且还要知道"为什么"。

2. 抽象逻辑思维开始萌芽

5~6岁幼儿的思维仍然是具体的，但是明显地出现抽象逻辑思维的萌芽。随着年龄的增长和求知欲的发展，幼儿不再满足于对事物的表面关系和形象联系的认识水平，开始追求对事物的内在关联和本质特征的认识。这就促使思维的具体形象中萌发出逻辑性。5~6岁的幼儿能运用词语和已获得的知识、经验进行分析综合，形成对外界事物的初步概念。

3. 开始掌握认知方法

这一时期的幼儿已表现出有意地自觉控制和调节自己心理活动的情况。在认知方面，无论是观察、注意、记忆还是思维和想象过程都有了自己一定的方法。5~6岁幼儿不仅在认知活动中能够采取行动计划和行动方法，在意志行动中也往往采用各种方法控制自己。

4. 个性初具雏形

5~6岁幼儿对事物已经开始有了自己比较稳定的态度，情绪也不像以前那么容易变化，思想情感也不那么外露了，会对自己的行为产生顾虑。这些都说明此时期幼儿的心理活动已经开始形成系统，也就是说幼儿个性开始初具雏形。不过，此时幼儿所形成的个性，只是个性最初的雏形，其可塑性还相当大。

模块一第三章　真题回放

第四章

幼儿身体发育与动作发展的基本规律和特点

考点与解析

考点一　幼儿身体发育的规律与特点

1. 婴幼儿身体发育的规律
2. 不同年龄阶段儿童身体发育的特点

考点解析

一、婴幼儿身体发育规律

（一）婴幼儿生长发育具有连续性和阶段性

生长发育是一个连续的过程，在这一过程中有量的变化，也有质的变化，因而形成了不同的发展阶段，虽然婴幼儿生长发育的各个阶段没有明显的界线，但各个阶段不可逾越，譬如，会走路之前必先经过抬头、转头、翻身、直坐、站立等发育步骤。前一阶段的生长发育为后一阶段奠定基础，若前一阶段的发展出现障碍，那么，会对后一阶段产生不良影响。

（二）各系统器官发育不平衡

各系统发育快慢与不同年龄生理功能有关。如神经系统发育先快后慢，生殖系统先慢后快。

（三）生长发育的速度是波浪式的，身体各部的生长速度也不均等

个体生长发育的速度呈波浪式，在整个生长发育期间，全身和大多数器官、系统有两次生长突增高峰，第一次生长突增在胎儿中后期至1岁以内，年龄越小体格增长越快。出生后6个月内生长最快，尤其在出生3个月内。第二次生长突增是在青春发育初期，其间身高和体重有着最为明显的变化。

在出生至整个生长发育过程中，身体各部的增长幅度不均等，譬如，头颅增1倍、躯干增2倍、上肢增3倍、下肢增4倍，因而，身体形态从出生时的头颅特大、躯干较长和四肢短小，发育到成人时的头颅较小、躯干较短和四肢较长。

（四）生长发育具有个体差异性

由于遗传基因及环境条件的差异，即使是同年龄、同性别的幼儿，其发育速度、发育水平等也都存在差异。可以说，没有两个幼儿的发育过程和发育水平是完全一样的。但是，一般情况下，幼儿个体的发育水平在群体中上下波动的幅度是有限的，幼儿个体的发展过程基本稳定，生长发育水平不应远离同龄群体幼儿，否则应视为生长发育异常。

二、婴幼儿生长发育的特点

（一）乳儿期

乳儿期为从1个月到1岁这段时期，这段时期正是儿童的哺乳时期。这一时期，儿童身体发育非常快，身高和体重成倍增长。到1岁末，男婴的身高中位数已达76.5厘米，女婴的身高中位数已达75.0厘米，比出生时身高约增长50%。体重增速更快，到1岁末，男婴的体重中位数为10.05千克，女婴的体重中位数为9.40千克，约为出生时的3倍。婴儿的骨骼肌肉系统发育得也较快，从2~3个月开始能抬头，到1岁开始行走，脊柱的4个生理弯曲全部形成，这便扩大了婴儿的视野，是其心理快速发展的生理基础。

（二）幼儿早期

儿童的生长发育是一个连续的过程，幼儿早期是从1岁到3岁的时期。此时期，儿童身体继续成长，但较婴儿期有所减慢。平均身高第二年约增加10厘米，2岁时，身高中位数男孩为88.5厘米，女孩为87.2厘米，头部占身高的比例已经降到1/5；第三年平均身高约增加8厘米，身高中位数男孩为97.5厘米，女孩为96.3厘米。体重第二年增加2.5~3千克，第三年增加2千克。3岁时，儿童体重约为14千克。儿童胸围增长迅速，胸围逐渐接近头围，最后超过头围的尺寸。

（三）幼儿期

幼儿期指儿童从3岁到6、7岁的时期。身高每年增加4~5厘米，7岁时儿童平均身高为120厘米左右。6岁时，儿童头部与身高的比例为1∶6。体重每年增加2千克左右，7岁儿童平均体重达20千克以上。因大肌肉群发展，幼儿能不知疲倦地活动。小肌内群也开始发展，使得6、7岁的幼儿能进行写字、绘画等活动。

考点二　婴幼儿动作发展的规律和特点

1. 婴幼儿动作发展的规律
2. 婴幼儿动作发展的特点

考点解析

一、婴幼儿动作发展的规律

（一）从整体混乱的动作到局部准确的和专门化的动作

婴儿最初的动作多是手脚乱动，全身参与，用手抓东西，也是满手一把抓，不会用食指与大拇指捏起来。随着婴儿的长大，其动作逐渐分化为局部准确的动作和专门化的动作。

（二）从上部动作到下部动作

从身体动作的发展顺序看，婴儿是先会抬头，然后俯撑、翻身、坐、爬、站、最后学会走。这种发展趋势可称为"首尾规律"。

（三）由粗大动作到精细动作

儿童的动作先出现的是大肌肉动作，如头部、躯体、双臂及腿部的动作等，最后才是手的精细动作，如手指捏东西、拿筷子等。

（四）从无意动作到有意动作

婴儿的动作是无意的，当他做出各种动作时是无目的的，也不知道自己在做什么，虽然婴儿碰到东西会用手去抓，但他不能意识到自己在做什么动作。随着年龄的增长，儿童在动作时越来越多地受心理、意识的支配，从无意向有意发展。

二、婴幼儿动作发展特点

根据所涉及的全身各部位的活动，可以将其分为有关个体全身大肌肉活动的大动作（粗大动作）和主要涉及手部小肌肉活动的精细动作。

（一）大动作的发展

1. 头颈部动作

人类自主动作的获得是从头部开始的。刚出生时，头颈部只存在一些先天反射性动作。1个月时，头仍不能竖直；2~3个月时，婴儿能在俯卧时自主地向左右转头；3个月时，婴儿通常能在坐和站立的状态下自主将头竖直；近5个月时，婴儿能在俯卧时抬头，抱着时头能保持平稳。

2. 躯体动作

躯体动作主要表现为翻身和坐的动作的发展。出生2个月后的婴儿，已经能在手臂的帮助下俯卧抬胸；大约在3个月后出现了翻身（由仰卧转为俯卧）动作；到约8个月时，婴儿既能仰卧翻身，也能俯卧翻身。在翻身动作之后，婴儿发展起来的一个重要动作即独立坐。

随着腰部控制能力的发展，5个月大的婴儿坐立时已不需要腰部支撑物的帮助。但由于背的下半部和腹部的控制力较差，婴儿必须用手抓住外物以维持坐姿的平衡；7个月时，不管是在仰卧还是俯卧状态下，婴儿都可以自己独立坐起来；在近8个月时，婴儿可以在不需要任何帮助的情况下，独立坐直；约9个月时，婴儿开始表现出将自己由坐的姿态向上拉的倾向，婴儿经常想让自己扶着其他物体站起来。

3. 爬行动作的发展

随着个体翻身动作的日益熟练及手部和腿部力量的提高，出现了最早的自主位移动作——爬行，这是个体在俯卧状态下的重要自主运动形式。

从婴儿爬行时其躯干与地面的距离而言，可分为腹地爬和手膝爬两种姿势。一般而言，婴儿刚开始学习爬行时为腹地爬，表现为婴儿的胸腹部着地，先将手伸向前方的地面，然后用手臂弯曲的力量拖动身体前进，腿几乎不发挥作用。由于爬行动作发展初期，腿向前蹬的力量不够，并且婴儿的手向前推的力量往往大于往后拖的力量，婴儿还可能出现向后退爬的阶段，但这种移动方式存在的时间非常短暂。随着手臂力量的发展，婴儿的肩部和胸部离开了地面，并且已经能利用腿部弯曲的力量有目的地向前移动，但在爬行中仍用腹部作为支撑点，即表现为腹地爬的姿势。在7~9个月时，随着腿的有效使用和手部力量的增强，婴儿逐步由腹地爬向手膝爬发展，表现为腹部逐渐离开地面以及腿部力量参与爬行过程。

4. 行走动作的发展

一般而言，个体需要经历以下4个阶段的行走动作模式的发展过程。

第一阶段，12~14个月，总体表现：身体僵硬，行进时身体不平稳，儿童尽力想保持身体平衡，有明显的左右摇晃的动作。

第二阶段，约2岁，总体表现：较少有明显的肌肉紧张表现，行进时也比前一阶段要平稳一些。

第三阶段，4~5岁，总体表现：成熟的运动模式中所应有的因素都已经出现，腿部动作连贯，每步只有轻微的颠簸。

第四阶段，约7岁以后，成熟的行走模式，有节奏且流畅，步长保持一定，手臂和腿随着身体的扭动在两侧做方向相反的运动。

（二）手的精细动作的发展

掌握了坐和爬的动作，有利于手的动作的发展。从半岁到1岁，儿童的手日益灵活，其中最重要的是，五指分工动作发展起来了。所谓五指分工，是指大拇指和其他四指的动作逐渐分开，而且活动时采取对立的方向，而不是五指一把抓，五指分工动作和眼手协调动作是同时发展的，这是人类拿东西的典型动作。3~4个月的孩子，在抓东西的时候，主要不是用手指的动作，而是把整只手弯起来，好像一个大钩子。这时，大拇指和其他四指的动作处于相同方向，一起大把抓。7个月左右，孩子在拿东西的时候，五指分工动作已经逐渐灵活。这样，不仅能够把东西抓得比较紧，而且可以按照物体的不同形状、大小或所在位置等变换手的姿势，可以拿起以前不能抓起来的东西。

除了五指分工动作以外，6个月以后，手的动作的发展还表现在以下几个方面：

1. 双手配合

6个月以后，孩子开始用两只手配合着拿东西，能够把一只手里拿着的东西放在另一只手里。在6个月以前，如果孩子右手拿着一块积木，再把另一块积木放在他前面，他会把先前手里拿着的积木丢下，或者用右手拿着积木去敲打旁边的这块积木，而不会用左手去拿，似乎在他的左右手之间有一个"神秘的中线屏障"。

2. 摆弄物体

这时期婴儿的手已不是无意乱动，而是开始针对物体来活动，喜欢把东西搬来搬去，敲打或摇晃。这时期，孩子抓住玩具也喜欢送到嘴里咬。

3. 重复连锁动作

到了1岁末，婴儿喜欢拿着物体做重复的动作。例如，让他在小床上玩，他会把小玩具扔到地上，然后要成人来捡，你捡起来，交给他，他又扔下。他喜欢的是这种动作。一个7个月的孩子，伸手去拿小盒子的盖子，把它盖上，再拿，又盖上。如此反复，成人认识到这种年龄特征，不要去责怪他，而要耐心地和他玩。儿童的思维正是在这个过程中发展起来的。

抓握动作是最基本的手部动作之一，是各种复杂的工具性动作发展的基础。

模块一第四章　真题回放

第五章

幼儿认知的发展

考点与解析

考点一　幼儿感觉的发展

1. 感觉的定义
2. 感觉的种类
3. 感觉的特性
4. 幼儿感觉的发展

考点解析

一、什么是感觉

感觉是人脑对直接作用于感觉器官的客观事物的个别属性的反映。

我们看到颜色、听到声音、闻到气味、尝到味道、觉得冷或热等都是感觉。感觉是一种最简单的心理现象，它虽然简单，但是对于人的生活是十分重要的，因为一切高级复杂的心理现象都是在感觉的基础上产生的。

二、感觉的种类

根据刺激物的来源和产生感觉的分析器的不同，可以把感觉分为两大类，即外部感觉和内部感觉。

（一）外部感觉

外部感觉是由外界刺激所引起来的，这类感觉反映的是外界事物的个别属性，它们的感受器都位于身体的表面或接近身体表面的地方。

外部感觉包括视觉、听觉、嗅觉、味觉、皮肤觉。

（二）内部感觉

内部感觉是由机体内部发生变化所引起的。这类感觉反映的是我们身体位置、运动和内脏器官状态及其变化的特征。它们的感觉器位于内脏器官或体内的组织里。

内部感觉包括平衡觉、运动觉和机体觉（内脏觉）。

1. 平衡觉

平衡觉又叫静觉，其感受器是内耳中的前庭器官，包括耳石和3对半规管，反映了人体的姿势和地心引力的关系。通过平衡觉我们能够对头部和身体的移动、上下升降、翻身倒置、摇晃震动等状态做出识别。

2. 运动觉

运动觉又叫动觉，其感受器分布在肌肉、筋腱和关节中，凭借运动觉人们能够知道自己身体所处位置、运动和运动强度以及肌肉的紧张程度等情况。

3. 机体觉

机体觉又叫内脏觉，其感受器分布在内脏器官的壁上，包括饥饿、渴、饱、胀、呕、窒息、疲劳、便意、性、疼痛等感觉。当各种内脏器官的工作处于正常状态时，引不起内脏感觉。

三、感觉的特性

感觉特性主要研究的是感受性的变化规律。

（一）感受性

1. 感受性与感觉阈限的定义

并不是任何强度的刺激都能引起我们的感觉，刺激只有达到一定的量值时才能引起人的感觉。感觉器官对于适宜刺激的感觉能力就是感受性。引起感觉的这个适宜刺激的量，就是感觉阈限。

不同人的感受性是不同的，如同样一盘菜，有人觉得咸，有人觉得味道正好。感受性高的人，很弱的刺激就能引起其反应，感觉阈限就低；感受性低的人，比较强的刺激才能引起其反应，感觉阈限较高。感受性是用感觉阈限的大小来度量的，两者在数值上成反比关系。

2. 感受性与感觉阈限的种类

人的每一种感受性都有两种形式，即绝对感受性和差别感受性；感觉阈限也有两种形式，即绝对感觉阈限和差别感觉阈限。

绝对感受性是指刚刚能觉察出引起感觉的最小刺激量的能力。而刚刚能引起感觉的最小刺激量，就叫绝对感觉阈限。绝对感觉阈限值越小，绝对感受性就越大；反之，则越小。

当引起感觉的刺激在强度上有所变化时，我们的感觉器能够察觉出来。这种刚刚能觉察出两个同类刺激之间最小差异的能力，就叫差别感受性。刚刚能引起差别感觉的两个同类刺激之间的最小差别量，就叫差别感觉阈限。

（二）感受性变化规律

1. 感觉适应

感觉适应是指在刺激物的持续作用下，感受性会发生变化的现象。这种变化可以是感受性提高，也可以是降低。

视觉适应是一种最常见的感觉适应现象。视觉适应有明适应和暗适应两种。从光亮处到暗处，开始什么都看不见，随着时间的延长，原来看不见的慢慢就看见了，这就是暗适应，暗适应是感受性提高的过程。相反，如果我们从暗处走到光亮处，最初的瞬间会觉得光线特别强，照得眼睛都睁不开，看不清周围的东西，经过几分钟后，觉得光线不那么刺眼了，视觉开始恢复正常，这就是明适应。明适应是感受性降低的过程。听觉适应表现为在强音或单调声音的作用下，听觉器官感受性暂时降低。嗅觉也存在着适应。"入兰芝之室，久而不闻其香；入鲍鱼之肆，久而不闻其臭。"这句话说的就是嗅觉适应。在肤觉中，触压觉的适应最为明显。戴着眼镜找眼镜、戴着手表找手表，都是肤觉适应的表现。

感觉适应的一般规律是：除视觉适应的感受性有时提高（暗适应）有时降低（明适应）外，其他感觉的适应都基本上表现为感受性降低或暂时消失。痛觉除外，痛觉很难适应。

2. 感觉相互作用

感觉相互作用是指一种感觉的感受性因其他感觉的影响而发生变化的现象。感觉相互作用可以发生在同一种感觉之间，也可以发生在不同感觉之间。

发生在同一种感觉之间的相互作用，最有代表性的是感觉对比。感觉对比有两种：一种是同时对比，一种是相继对比。当不同的刺激物同时作用于某一感受器时，便产生同时对比。如把米色的方形纸放在黑色背景下比放在白色背景下更清晰。这就是同时对比。当不同的刺激物先后作用于某一感受器时，便产生相继对比。如吃完糖后，再吃苹果，会觉得苹果酸；吃完苦药之后吃糖，会觉得糖格外甜。

同一种感觉相互作用引起感受性变化的一般规律是：在同一分析器中，不管是同时或是先后所产生的各种感觉，会由于对比的作用，使其差别格外明显。

不同感觉的相互作用是指不同感受器因接受不同刺激而产生的感觉之间的相互影响。如微弱的声音可以提高视觉的感受性，震耳欲聋的声音则会降低视觉的感受性。

不同感觉相互作用引起感受性变化的一般规律是：微弱的刺激能够提高另一种感觉的感受性；反之，强烈的刺激则降低另一种感觉的感受性。

3. 感觉后像

感觉后像是指外界刺激停止作用后，还能暂时保留一段时间的感觉形象。如灯灭了之后，眼睛里还有灯泡的形象。感觉后像有正后像和负后像两种。正后像是指感觉后像和刺激物的性质相同，如看到的灯泡是亮的，灯灭了之后留下的视觉形象还是亮着的灯。负后像是指感觉后像和刺激物的性质相反，如灯灭了，留下的是一个灭着的灯的形象。

4. 联觉

联觉是指一种刺激不仅引起一种感觉，同时还引起另一种感觉的现象。如看到红色会觉得温暖，看到白色会觉得清凉。

5. 感受性在实践中的发展

人的各种感受性都是在实践中发展起来的。由于人与人之间的生活实践不同，因此，其感受性也有很大差异。人的各种感受性都有极大的发展潜力，通过实践活动和专门训练可以得到发展和完善。

有些人由于某一感觉器官有缺陷，他们可以从其他健全的感官中得到补偿。如有的盲人的听觉感受性特别高，有的盲人嗅觉感受性高。这种现象叫作感觉补偿。

四、幼儿感觉的发展

（一）视觉

幼儿视觉的发展主要表现在两个方面，即视觉敏度的发展和颜色视觉的发展。

1. 视觉敏度

视觉敏度就是我们所说的视力，是指幼儿在一定距离内感知和辨别细小物体的视觉能力。出生后6个月以内是视觉发展的敏感期。根据对4~7岁幼儿的视觉敏度进行调查，测量幼儿能看出某同一圆形图上缺口所需的平均距离，不同年龄的幼儿结构是不同的：4~5岁幼儿的平均距离为2.1米；5~6岁则为2.7米；6~7岁则为3米。我国也有的研究指出：1~2岁，视力为

0.5~0.6;3 岁,视力可达 1.0;4~5 岁后,视力趋于稳定。可见,随着儿童年龄的增长,视觉敏度也在不断提高,但发展速度是不均衡的。

2. 颜色视觉

颜色视觉是用视觉区分颜色细微差别的能力,也叫辨色能力。

3~4 岁儿童已经能认清基本颜色,如红、黄、蓝、绿等颜色,但是不能很好地区别各种颜色的色调。如蓝和天蓝,红和粉色等,对颜色的明度和饱和度也不敏感。

4~5 岁儿童区别各种色调细微差别的能力逐渐发展起来。4 岁儿童开始认识一些混合色。按范样选取明度和饱和度相同图片的正确率,也只有 40%。

5~6 岁儿童不仅注意色调,而且注意到颜色的明度和饱和度,能够辨别更多的混合色。

6~7 岁区别色调明度和饱和度细微差别能力有了进一步的提高。

(二)听觉

1. 纯音听觉

儿童的听觉在生活条件和教育影响下不断发展,听觉感受性随年龄增长而不断完善。阿尔金的研究指出,5~6 岁儿童平均能在 55~65 厘米的距离外听到钟表的摆动声,6~8 岁儿童则在 100~110 厘米之外就能听到,说明 6~8 岁儿童的听觉感受性比 5~6 岁儿童高了一倍左右。

2. 语音听觉

幼儿对词的语音听觉也在发展。研究表明,幼儿中期可以辨别语音的微小差别,到了幼儿晚期,几乎可以毫无困难地辨明本民族语言包含的各种语音。

(三)触觉

儿童从出生时起就有触觉反应,天生的无条件反射,如吸吮反射、抓握反射,等等,都可以说是触觉的表现。儿童对物体的触觉探索最初是通过口腔的活动进行的。当婴儿的手的触觉探索活动发展起来以后,口腔的触觉探索逐渐退居次要地位。

(四)运动觉

幼儿期运动觉的感受性不断提高,运动觉和皮肤觉的结合,可以使人在触摸中感知事物的大小、形状、轻重、软硬、弹性、光滑等属性。这种感觉在儿童很小的时候就发展起来,感受性逐渐提高。

模块一第五章 真题回放(一)

考点二 幼儿知觉的发展

1. 知觉的定义
2. 知觉的特性
3. 幼儿知觉的发展
4. 幼儿观察力的发展

考点解析

一、什么是知觉

知觉是人脑对直接作用于感觉器官的客观事物的整体属性的反映。

知觉是在感觉的基础上产生的,它来自感觉,但它是比感觉更复杂的心理反应形式。感觉只反映事物的个别属性,知觉反映的是事物的各种属性与各部分之间的相互联系和关系,即认识了事物的整体;感觉是单一感觉器官活动的结果,知觉却是各种感觉器官协同活动的结果;感觉不依赖于个人的知识与经验,知觉却受个人知识和经验的影响。

在现实生活中,当人们形成对某一事物的知觉的时候,就已经把对它的各种感觉结合到一起了。各种感觉结合成知觉的过程,是随着心理的发展,在生活实践中自然而然发生的,所以,人们没法回忆起这些经历。因为有了这种结合,在现实生活中很难有单独存在的感觉。研究表明,只有半岁之前的儿童有过独立的感觉存在,成人只有在实验室里,用人为的方式才能被诱发出独立存在的感觉。

感觉和知觉都只是反映事物的外部特征和外部联系。它们是人类认识世界的初级形式,都属于认识的感性阶段。

二、知觉特性

(一) 知觉的选择性

在日常生活中,同一时间内,作用于人的感觉器官的客观事物是多种多样的,人们不可能把所有作用于其感觉器官的事物都纳入自己的意识范围,人们总是有选择地以个别或少数事物作为知觉的对象,把它们从背景中区分出来,对它们知觉得格外清晰,而把其他对象当作背景,知觉就比较模糊。这就是知觉的选择性。

在知觉过程中,对象和背景不是固定不变的,在一定的条件下,原来的知觉对象可以变为背景,产生模糊的知觉映像,而作为知觉的背景可以变为对象,形成清晰的映像。

对知觉选择性产生影响的因素有客观和主观两个方面。客观因素主要是刺激物的结构特点。一般来说,对象与背景差别大、强度大,活动的、新鲜奇特的刺激物容易引起人的注意,即容易成为知觉对象。主观因素包括人的兴趣、需要、经验和个人当前的生理心理状态等。也就是说,符合人的需要、兴趣和经验的刺激物容易成为知觉对象。

根据知觉选择性的规律,在教学中,教师应注意加大对象与背景的区别,把形象化语言集中使用在对象部分,对背景尽量淡化,教学内容要符合幼儿的需要和兴趣,对年龄小的幼儿,知觉对象不能太复杂。

(二) 知觉的整体性

知觉对象由许多具有不同特征的部分组成,但人并不认为它是许多个别孤立的部分,而总是把它看作一个统一的整体,这就是知觉的整体性。如下页图,白色背景中的白色三角形和黑色背景中的黑色三角形是作为一个整体被知觉的,尽管背景图形似乎支离破碎,但构成的却是一个整体。

影响知觉的整体性产生的因素也有客观和主观两个方面:

客观因素包括:

①知觉对象自身的特点,如接近(时间或空间上接近的刺激物容易被知觉为一个整体)、相似(彼此相似的刺激物容易被知觉为一个整体)、连续(连续的刺激物容易被知觉为一个整体)。

②对象各部分的强度关系。组成刺激物的各部分和各种属性的刺激强度并不是同等的,虽

然各部分刺激因素都在起作用，但是刺激强度大的因素更具有重要的作用，它往往决定知觉对象的整体认识。

③对象各部分的结构关系。知觉映像的整体性往往不是由个别刺激因素的单一性质决定的，而是受各个组成部分、各种属性之间结构的相互关系所制约。同样的组成部分，如果结构关系不变，知觉的整体性就稳定。

主观因素主要包括人的知识储备、已有经验，等等。

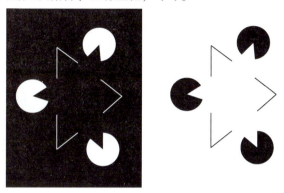

知觉的整体性图示

（三）知觉的理解性

在知觉过程中，个体根据自己已有的知识经验，对感知的事物进行加工处理，并用语词加以概括，赋予其确定意义的过程，就是知觉的理解性。如"仁者见仁，智者见智"就是知觉理解性的体现。

影响知觉的理解性的因素包括：

①个体的知识经验。知识经验越丰富，知觉的印象越完整、越精确。

②言语的指导。对于外部特点比较复杂、不容易识别的事物，言语指导能有助于人们对知觉对象的理解。

（四）知觉的恒常性

人们在知觉事物时，知觉对象所处的条件是经常变化的。在知觉条件发生一定变化时，知觉的印象仍然保持相对不变，这种现象称为知觉的恒常性。如放在暗室里的白纸我们仍感知它是白色的；我们在一楼看见一个人和上到六楼后看仍在一楼的这个人，其在我们的视网膜上的成像大小不一，但我们总是把他看成是有特定大小的形象；我们不管站在哪个位置看挂在墙上的圆形的钟表，总是把这个钟表看成是圆形，这些都是恒常性的表现。恒常性包括亮度恒常性、颜色恒常性、形状恒常性、大小恒常性。知觉的恒常性依赖于我们的经验。客观事物具有相对稳定的结构和特征，经过我们的感知后，其关键特征会存储在我们的大脑中，当它们再次出现时，虽然外界条件发生了变化，但通过大脑对新旧映像的模式与功能特征的"匹配"，在允许的范围内，我们也能正确地把它识别出来。

三、幼儿知觉的发展

（一）空间知觉

空间知觉是人脑对物体空间特性的反映。它包括形状知觉、大小知觉、深度与距离知觉、方位知觉等。

1. 形状知觉

形状知觉是对物体形状或几何图形的反应，是个体对物体各部分的排列组合的反应。

研究表明，儿童的形状知觉水平逐年提高。3岁幼儿已能认识圆形、正方形、三角形；4岁幼儿能进一步认识长方形（矩形）、菱形、梯形和椭圆形；5~6岁幼儿能认识圆柱体、正方体、正五边形、正六边形和平行四边形。对几何图形的分解、组合能力也随年龄而增长。3岁幼儿懂得将正方形沿对角线对折可以变成两个三角形；4~5岁幼儿懂得梯形可以分割成一个正方形（或矩形）和一两个三角形等；6岁幼儿在良好的教育条件下，能将各种物品分解成各种基本几何图形及其组合。对复杂图形的知觉辨认能力也随年龄而增长。幼儿按直观范例选择图形的正确率要高于按图形名称选择图形的正确率，而能正确说出图形名称的百分率最低。也有研究表明4岁到4岁半是儿童辨认几何图形正确率增长最快的时期。

2. 大小知觉

大小知觉，是个体对外界物体大小的反应。

研究表明，幼儿大小知觉的能力随着年龄的增长而提高。3岁幼儿一般已能辨别图形大小，但完全不能辨别不相似图形的大小（如正方形和三角形），即使到了6岁也很困难。3岁幼儿在判别较复杂的物体的大小时，只凭简单的目测决定；4岁幼儿能先找出两个物体的相应部分进行比较；5~6岁幼儿甚至有个别儿童能借助其他中介物作为比较的量尺来判别大小。研究还指出，幼儿判别大小的能力的发展和教育条件密切相关，可以通过日常生活和游戏，特别是搭积木等活动来培养。

3. 方位知觉

方位知觉是指对物体的空间关系和自己的身体在空间所处位置的知觉。幼儿的方位知觉水平不高，发展趋势是：3岁儿童已经能正确辨别上下方位；4岁儿童开始能正确辨别前后方位，对于辨别左右方位还感到困难；5岁儿童开始能以自身为中心辨别左右方位；6岁儿童虽然能正确地辨别上、下、前、后4个方位，但在以左、右方位的相对性来辨别左右时仍感困难。因此，老师在进行音乐、体育等教育活动时，要用"照镜子式"的示范动作，即以幼儿的角度来做示范动作。教师在教育实践活动中通过各种教学活动，为幼儿提供认识空间特性的机会，教会幼儿关于空间特性的词语，如对右利手的幼儿，家长就会教他："拿饭碗的手是左手，使筷子的手是右手。"通过方位词语与具体事物的结合，儿童就容易记住了。

4. 距离知觉

距离知觉是辨别物体远近的知觉。美国心理学家吉布森曾进行过一个著名的"视崖"实验，以测查婴儿的这一发展。研究人员设计了一个所谓"视崖"的装置：一个透明的玻璃板平台，平台离地面3英尺①高，平台的表面用横木分隔成两个区域：浅区和深区。在浅区的玻璃板下直接贴上了棋盘格子图案，而在深区，该图案则贴在地面上，从浅区边缘向深区望去，让人产生一种人站在崖边的深度视觉效果。把一个6~7个月大、正在学爬行的婴儿放在"崖边"，如母亲在浅区一端呼唤他，他会毫不犹豫地很快爬过去；如母亲在深区一端呼唤他，很少有婴儿敢于"冒险"跨越横木，爬向深区，因为他害怕掉下去。在幼儿期，视力正常儿童的距离知觉能力发展很快，可以分清他们所熟悉的物体或场所的远近，但是对于比较广阔的空间距离，他们还不能正确地认识。为促进幼儿距离知觉的发展，教师可引导幼儿在现实中分析、比较或用实际动作来配合，如用手比一比、走步量一量。

(二) 时间知觉

时间知觉就是对事物发展的延续性、顺序性的知觉。据我国学者研究4~7岁和5~8岁儿童知觉时间顺序的发展特点发现，儿童首先感知一日内早、中、晚的时序，然后认识一周之内的时

---

① 1英尺=0.304 8米。

序,最后认识一年之内季节的时序。4岁幼儿认识一日之内的时序还很困难;5~6岁已能认知一日之内以及一周之内的时序,但对一年之内的时序认知还有困难。儿童首先认知时序的固定性,然后认知时序的相对性。4岁幼儿基本上还不具有时间相对性概念。5、6岁幼儿对一日前后延伸的时序相对性认知水平也很低。他之所以能够正确认知一日之内的时序,是因为一日之内的早上、中午、晚上是固定的。幼儿把这种时序看作孤立、静止的,把它从整个时间流中割裂开来。而"昨晚"是在今天早上之前,"明早"则在今天晚上之后,这种具有相对性的时间概念,要求既认识时间顺序的固定性,又认识时间概念的相对性,到7岁时才能掌握。幼儿对时间单位不能正确理解,6岁儿童还不能真正了解"一分钟""一小时""一个月"的意思。教师在给幼儿讲时间问题时,应结合具体事情,如结合有规律的幼儿园生活常规,音乐、体育活动中有节奏的动作,观察自然界中的规律性变化等对幼儿进行时间知觉能力的训练,这对幼儿时间知觉的发展很有帮助。

马克思说,一切节约归根到底都是时间的节约。"一寸光阴一寸金,寸金难买寸光阴",时间买不到也租不来,惜时就是增进财富,分秒必争就是创造价值增量。

四、幼儿观察力的发展

观察是一种有目的、有计划、比较持久的知觉过程。

(一) 幼儿观察力的发展

1. 观察的目的性:从无意性向有意性发展

观察的目的性是指观察者善于将自己的感知活动指向明确的观察对象及结果。幼儿初期还不能进行有组织、有目的的观察,知觉和观察常受无关事物或细节的干扰,致使原来的任务不能完成。到了中班,尤其是大班儿童,观察的有意性加强,能够排除一些干扰,完成规定的任务。

2. 观察的持续性:持续时间从短向长发展

观察的持续性是指观察者将自己的感知活动保持在观察对象上的时间。幼儿观察的持续性的发展与观察的目的性的提高联系密切。幼儿初期,观察持续性的时间很短。在一项实验里,3~4岁的幼儿持续观察某一事物的平均时间为6分8秒;5岁的幼儿有所提高,平均时间为7分6秒;从6岁以后观察持续的时间显著增加,平均时间为12分3秒。

3. 观察的细致性:从笼统模糊的知觉向比较精确的知觉发展

幼儿观察一般是笼统的,看得不细致是幼儿观察时的特点和突出问题。一般幼儿在观察时只看实物的表面特点,而不去看实物隐蔽的、细致的特征;只看轮廓,不看内在的关系。随着儿童年龄的增长,加上学习活动的要求,儿童观察的细致性不断提高,对事物的知觉越来越精确。

4. 观察的概括性:从知觉事物的表面特征向知觉事物的本质特征发展

观察的概括性是指能够发现事物之间的内在联系。年龄小的孩子,他们的知觉往往是孤立、零碎的,仅仅知觉事物的表面特征和现象,不善于从整个事物中去发现其内在的联系,观察概括性水平低。随着儿童年龄的增长,观察的概括性也不断增长。

(二) 幼儿观察能力的培养

1. 培养幼儿观察的兴趣

好奇好问是幼儿的一个特点,对幼儿的问题成人有时不必急于回答,可以引导幼儿自己去观察,去发现,让他在观察中得到答案,从而得到观察的乐趣。兴趣是观察的动力,培养幼儿观察的兴趣,会使他更积极主动地去观察,养成爱观察的好习惯。

2. 帮助幼儿明确观察的目的和任务

由于幼儿的观察目的性不强,观察时抓不住要领,所以,成人首先要有意识地向幼儿提出观察要求，使幼儿明确观察的对象是什么，让幼儿的观察具有明确的选择性和针对性。在幼儿观察的过程中教师要进行提示及有针对性的讲解，引导幼儿观察未注意到的事物，以更好地帮助幼儿明确观察的目的，提高观察的稳定性。

3. 提供丰富的观察材料，引导幼儿观察概括

让幼儿观察某种事物时，所提供的材料要丰富。如让幼儿观察兔子时，不仅要提供白色的兔子，还要让他们观察灰色或黑色的兔子，以便让幼儿更好地来概括兔子的本质属性。也就是说教师为幼儿提供感知材料，在材料本质属性不变的情况下，要经常变化其非本质属性，以利于幼儿在观察中学习概括事物的本质属性。

4. 让幼儿用多种感官方式参与观察

在观察过程中，引导幼儿运用视觉、听觉、嗅觉、味觉、肤觉等多种感官方式进行观察。例如，观察苹果时，要用眼看它的形状、颜色，用鼻子闻气味，用手摸质感，用嘴尝味道等，从而帮助幼儿形成有关苹果的完整印象。

5. 教给幼儿有效的观察方法

观察方法直接影响观察效果。在观察中，教师要按照事物本身的特点，教给幼儿有效的观察方法。如顺序观察法：从上到下、从前到后、从左到右、从头到尾、从近到远等有顺序的观察。观察动物时就要采用有顺序的观察法。典型特征观察法：即先观察最明显的特征，再过渡到一般特征。例如，观察蝴蝶时，幼儿首先注意的是蝴蝶的翅膀和美丽的颜色，可以让幼儿先观察这些特征部分，再过渡到观察其他部分。分解观察法：即将较复杂的物体分成几个部分，逐部分仔细观察，再综合起来了解全貌。例如，观察汽车，可让幼儿先看一下汽车的外形，再分别看车头、车厢、车轮，搞清每部分内有些什么，有什么用，然后综合起来，对汽车有一个整体的了解。比较观察法：即同时观察两种或两种以上的事物，比较其异同。例如，观察男孩与女孩、鸭和鹅等。追踪观察法：即观察事物的发展变化规律过程。例如，观察种子的生长发育过程。

模块一第五章　真题回放（二）

考点三　幼儿记忆的发展

1. 记忆的定义
2. 记忆的种类
3. 记忆的过程分析
4. 遗忘
5. 幼儿记忆的特点
6. 促进幼儿记忆发展的策略

考点解析

一、什么是记忆

记忆是人脑对经历过的事物的反映。

记忆并不是瞬间完成的活动，而是一个从"记"到"忆"的过程，它包括识记、保持和回

忆 3 个环节。其中，识记就是信息的输入和加工；保持是信息的储存；回忆就是信息的提取和输出。没有识记和保持，就没有回忆，识记和保持是回忆的前提，回忆是识记和保持的表现。

二、记忆的种类

（一）根据记忆的内容不同，可以把记忆分为形象记忆、情绪记忆、运动记忆、逻辑记忆

1. 形象记忆

以感知过的事物的具体形象为内容的记忆就是形象记忆。我们看见过的人和物、听到过的声音、闻到过的气味、尝过的味道、触摸过的物体等的记忆都属于形象记忆。例如，看到天安门后印象中天安门的形象，闻过臭豆腐的气味后印象中臭豆腐的气味，吃山楂后印象中山楂的味道，触摸过大理石后印象中大理石的光滑与冰凉等，都属于形象记忆。

2. 情绪记忆

以体验过的某种情绪、情感为内容的记忆就是情绪记忆。例如，对过去一些美好事情或伤心难过事情的记忆；对过去受到惊吓事情的记忆等都属于情绪记忆。

3. 运动记忆

以做过的运动或动作为内容的记忆就是运动记忆。例如，会骑自行车的人，很长时间不骑，再骑时也能骑走；会游泳的人，多年不游，下水后仍然能游走。这些都属于运动记忆。

4. 逻辑记忆

以概念、判断、推理等抽象思维为内容的记忆就是逻辑记忆。例如，对公式、原理、定义的记忆都属于逻辑记忆。

（二）根据记忆保持时间的不同，可以把记忆分为瞬时记忆、短时记忆和长时记忆

1. 瞬时记忆

瞬时记忆又称感觉记忆，是外界刺激通过感觉器官时，按刺激信息的原样，以感觉痕迹的形式在人脑中被暂留的过程。特点是：存储信息的数量无限大；信息保留的时间是 0.25~2 秒；记忆的信息是没被加工的原始信息。

2. 短时记忆

短时记忆是指所获得的信息在头脑中储存不超过 1 分钟的记忆。特点是：短时记忆存储信息的数量是有限的，大约是 7±2 组块；信息保留的时间是 1 分钟以内。

3. 长时记忆

长时记忆是指保持 1 分钟以上甚至终身的记忆。特点是：存储信息的数量无限大；信息保留的时间是 1 分钟以上；是短时记忆经过加工和重复的结果。

三、记忆的过程分析

（一）识记

识记是把所需信息输入头脑的过程，这是记忆的第一步。按照不同的标准，识记可以分为不同的类别。根据识记时的自觉性和目的性的不同，可以把识记分为无意识记和有意识记。

1. 无意识记和有意识记

事先没有预定目的，也不需要任何意志努力的记忆就叫无意识记。例如，你曾经听到过的一个故事，你至今仍然记得。而听这个故事时，并没有要记住它的意图。儿童的一些不教而能的行为和表现，就是通过"潜移默化""耳濡目染"这样的无意识记途径获得的。

事先有预定目的，采用一定的方法和步骤，必要时还需要一定的意志努力所进行的识记，就叫有意识记。如我们背诵古诗、原理、定义等。

2. 机械识记和意义识记

根据记忆的理解性，可以把记忆分为机械识记和意义识记。机械识记是指在不理解材料意义的情况下，采用机械重复的方法进行的记忆。机械识记也就是我们平时所说的"死记硬背"。意义识记是指在理解材料意义的基础上，根据材料内在联系结合自己的知识经验而进行的记忆。

（二）保持

保持是指识记过的信息在头脑中的存储和巩固的过程。这是记忆的第二步。

识记的材料在头脑中的保持并不是一成不变的，会发生量上和质上的变化。在量上的变化主要表现在记忆过的内容减少；质的变化是指对内容的加工改造，改造的情况因个人经验不同而不同。

（三）回忆

回忆是人对识记过的信息提取的过程。回忆有两种不同的水平：再认和再现。再认是人们对经历过的事物再度出现时能够正确地把它识别出来的过程；再现是人对过去经历过的事物不在眼前，而在头脑中使这些事物的形象和内容重现的过程。例如，试卷中的选择题考查的就是再认能力，问答题考查的就是再现的能力。

四、遗忘

遗忘是指在识记正确的前提下，不能对识记的材料进行再认或再现，或者是进行错误的再认和再现。

（一）遗忘规律

德国心理学家艾宾浩斯最先用实验法对人类的遗忘过程进行了系统的研究，他先学习一组无意义音节的材料，计算出记住它所需的时间。隔一定时间后重新学，计算出重新记住它时可以节省多少时间。节省的时间多即表示保持得多。根据实验数据绘制了一条曲线，这就是著名的艾宾浩斯遗忘曲线。（见下图）艾宾浩斯遗忘曲线揭示了遗忘的规律：遗忘的进程是不均衡的，其速度是先快后慢。在学习停止后的短时期内，遗忘特别迅速，后来逐渐缓慢，到了相当的时间，几乎不再遗忘了。

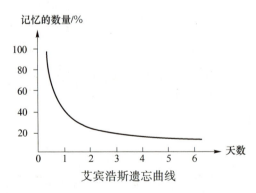

艾宾浩斯遗忘曲线

（二）遗忘的原因

1. 衰退说

衰退说认为，遗忘是记忆痕迹得不到强化而逐渐减弱、衰退以至消失的结果。识记后的信息如果加以强化，记忆的痕迹就会继续保持；反之，识记后的信息不加以强化，记忆的痕迹就会随着时间而逐渐减退、消失。

2. 干扰说

干扰说认为，遗忘是由于在学习和回忆时受到其他刺激干扰的结果。只要排除干扰，记忆就能恢复。这种干扰分为两种形式，即前摄抑制和倒摄抑制。前摄抑制是指先学习的材料对识记和回忆后学习的材料的干扰作用。倒摄抑制是指后学习的材料对保持和回忆先学习的材料的干扰作用。例如，期末我们记忆复习材料时，记得最不好的一般是中间部分的记忆材料，这是因为前面的材料对中间的材料产生前摄抑制，而后面的材料对中间的材料又产生了倒摄抑制。这就是我们识记时的系列位置问题。

3. 压抑说

压抑理论认为，遗忘是由于情绪或动机的压抑作用引起的，如果这种压抑被解除了，记忆也就能恢复，这种现象首先是由弗洛伊德在临床实践中发现的。他在给精神病人施行催眠术时发现，许多人能回忆起早年生活中的许多事情，而这些事情平时是回忆不起来的。他认为，这些之所以不能回忆，是因为回忆它们时，会使人产生痛苦、不愉快和忧愁，于是便拒绝它们进入意识，将其储存在无意识中，也就是被无意识动机所压抑。只有当情绪联想减弱时，这种被遗忘才能回忆起来。在日常生活中，由于情绪紧张而引起遗忘的情况，也是常有的。例如，考试时，由于情绪过分紧张，致使一些学过的内容怎么也想不起来。

4. 提取失败

有的研究者认为，储存在长期记忆中的信息是永远不会丢失的。我们之所以对一些事情想不起来，是因为我们在提取有关信息的时候没有找到适当的提取线索。例如，我们常常有这样的情况，明明知道对方的名字，但就是想不起来。提取失败的现象提示我们，从长时记忆中提取信息是一个复杂的过程，而不是一个简单的"全或无"的问题。如果没有关于某一件事的记忆，给我们很多的提取线索我们也想不出来。但同样，如果没有适当的提取线索，我们也无法记住信息。

五、幼儿记忆的特点

（一）从记忆保持的时间看，保持时间长度随年龄的增长而增长

记忆保持时间是指从铭记材料开始到能对材料再认或再现之间的间隔时间，有时也可称为潜伏期。幼儿在记忆时表现出记得快、忘得快的特点，幼儿很容易记住一些新的学习材料。一来因为他们的神经系统具有极大的可塑性，很容易在大脑皮层上留下记忆痕迹；二来因为他们缺乏经验，许多事物对他们来说都是新鲜的，能够引起他们的惊讶、兴奋等情绪体验，从而加深对新事物的印象，而且较少受以往经验的干扰，但忘得也快。一般来说，在再认方面，2岁幼儿能再认几个星期以前的事；3岁幼儿可以再认几个月以前的事；4岁儿童保持时间为1年。在再现方面，2岁幼儿可以再现几天前的事；3岁幼儿可以再现几个星期前的事；4岁幼儿可以再现几个月前的事。从总体上看，幼儿记忆保持的时间长度随年龄的增长而增长。

在幼儿记忆保持时间的发展中，有两个有趣现象，即幼儿期健忘和记忆恢复现象。人在成年以后很少能直接回忆起三四岁以前发生的事情，甚至有人最早只能回忆到9岁左右的事，这种缺乏回忆幼年期事物之能力的现象就是所谓"幼儿期健忘"。记忆恢复是指识记某种材料后经过若干时间（一般为数天）测得的保持量，大于识记后马上测得的保持量。记忆恢复现象，年幼幼儿比年长幼儿普遍。

（二）在记忆正确性方面，随年龄增长逐年提高

记忆正确性，主要指幼儿再现的内容与识记对象相符合的程度，即指记忆精确率的发展。记

忆不精确是幼儿记忆的一个显著特点，它主要表现在以下两方面：

①完整性较差。幼儿的记忆常常支离破碎、主次不分，年龄越小，这种情况越明显。他们回忆时常出现脱节、遗漏、颠倒顺序等现象，只记住他们自己感兴趣的某个环节，而遗忘了本质内容。

②容易混淆。幼儿的记忆有时似是而非，常常混淆相似的事物。例如，幼儿整体认识了"眼睛"两个字，就会把单独出现的"睛"字再认为"眼"。幼儿还会把主观愿望与客观现实混为一谈，使记忆失实，这样会被成人误解为故意撒谎，这其实是不对的。幼儿记忆的精确性，一般而言，是随其年龄的增长而逐渐提高的。

（三）从记忆态度上看，无意识记效果较好，有意识记逐渐发展

记忆态度是指记忆活动的有意性和无意性。幼儿期虽是心理活动的有意性开始发展的时期，但水平较差，记忆也是如此。幼儿所获得的知识、经验大都是无意识记的结果。特别是幼儿初期，儿童的识记还难以服从于一定的目的，那些形象鲜明、生动、新奇的或是能够满足幼儿个体需要和能够引起幼儿的兴趣和强烈的情绪反应的事物，却很容易自然而然地被幼儿记住。幼儿的有意识记一般发生在学前中期，四五岁的时候才可观察到。幼儿最初的有意识记都是被动的，往往由成人提出识记的任务。

（四）从记忆内容的发展看，形象记忆占优势，语词逻辑记忆逐渐发展

记忆内容的发展，主要指形象记忆和语词逻辑记忆的发展。在幼儿的记忆中，形象记忆占主要地位，他们最容易记住的是那些具体的、直观形象的材料。其次，易记住那些关于某些实物的名称、事物的形象和行动的语词材料。最难记住的是那些概括性比较高、比较抽象的语词材料。

在整个幼儿期，幼儿形象记忆和语词逻辑记忆都随着年龄的增长而不断发展。

（五）从记忆方法的发展看，较多运用机械识记

记忆方法主要是指机械识记和意义识记。机械识记即所谓"死记硬背"，幼儿较多运用机械识记。这是因为幼儿的知识经验比较贫乏，理解能力较差，不善于在新旧知识间建立联系，也不善于发现材料本身的内在联系，因此，常常只能孤立地、机械地去识记，而且，确实能够记住一些根本不理解的东西。但许多材料显示，幼儿意义识记的效果优于机械识记。在整个幼儿期，儿童的机械识记和意义识记都在不断发展，其效果都随着年龄的增长而有所提高。

六、促进幼儿记忆力发展的策略

（一）提供形象鲜明的记忆材料

幼儿的记忆以无意识记和形象记忆为主。那些色彩鲜艳、形象生动夸张、内容新颖有趣、活动着的对象，那些使幼儿感兴趣的和能引起其情感体验的事物，幼儿容易记住。因此，教师要为幼儿提供形象鲜明的材料，以让幼儿留下深刻印象。此外，教师还要注意采用生动活泼、受幼儿喜爱的教学形式与方法，提高幼儿记忆的效果。例如，开展游戏，演木偶戏，放映幻灯、录像，等等。

（二）帮助幼儿理解记忆的材料

虽然幼儿较多运用机械识记，但许多实验表明幼儿意义识记的效果要优于机械识记。所以，教师应该采用多种方法，让幼儿通过对学习材料的分析理解和运用理解记忆内容，记住内容。同时，还要指导幼儿在记忆过程中进行积极的思维活动，逐渐学会从事物的内部联系上去识记材料。

（三）帮助幼儿进行复习

要记住，就必须避免遗忘，而同遗忘做斗争最有效的办法就是复习。在幼儿识记材料之后，

成人必须帮助幼儿进行复习和巩固，同一内容要经过多次的反复，以免遗忘。同时，复习要根据遗忘规律的先快后慢来进行，在大量遗忘发生之前提醒、帮助幼儿及时复习，开始时的复习，次数要多些，每次复习之间的间隔要短些，以后次数可以逐渐减少，间隔也可逐渐延长。复习的方式方法应该灵活多样，不能单调地重复。

（四）多种感官参与记忆过程

一些实验证明，在识记活动中，多种感觉器官的参与对识记效果具有促进作用。因此，教师要创造机会，尽力调动幼儿的视、听、嗅、味、肤等多种感官都参与到记忆活动中，保证记忆达到良好的效果。

（五）正确对待幼儿"说谎"的问题

幼儿的记忆存在着记忆不精确，容易把现实与记忆相混淆的特点，这种现象常被人们误认为幼儿在说谎，这是不对的。幼儿因为记忆与现实相混淆而发生语言描述与实际情况不符的现象，没有任何道德上的意义，教师应该正确对待这种现象，不能随意给幼儿扣上"说谎"的帽子，要耐心地帮助孩子把事实弄清楚，把现实的东西和记忆的东西区分开来。

（六）增强幼儿记忆的兴趣和信心

幼儿的记忆效果与其情绪状态有很大的关系，因此，鼓励幼儿记忆方面的每一点成绩和进步，对促进幼儿记忆力的发展有重要作用。

模块一第五章　真题回放（三）

考点四　幼儿想象的发展

1. 想象的定义
2. 想象的过程
3. 想象的种类
4. 幼儿想象发展的特点
5. 幼儿想象的培养

考点解析

一、什么是想象

想象是人脑对已有表象进行加工改造而创造新形象的过程。

想象的产生需要具备两个基本条件：

①头脑中要具有相当数量的表象存储，以作为想象加工的材料。表象是我们曾感知过的事物不在面前，而在脑中出现事物的形象。表象具有形象性和概括性的特点。它是感性认识过渡到理性认识的桥梁，也是我们正确识别外界事物的参照物。

②要具有能够对脑中的表象进行加工改造的能力。通常认为1.5岁至2岁的儿童基本具备了想象基础。

二、想象的过程

人脑对表象的加工、改造有以下 4 种基本方式:

(一) 黏合

就是把两种或几种事物的特征、属性等合并在一起,从而产生新事物的过程。例如,猪八戒、美人鱼等形象的形成。

(二) 夸张

夸张就是把事物的某一特点或某一部分突出出来,从而建构出一种新的事物。例如,千手观音、七个小矮人、千里眼、顺风耳等形象。

(三) 典型化

典型化就是把某一类事物中最有代表性的特点提取出来,集中到某一事物上,而形成新事物的形象。例如,鲁迅笔下的阿Q形象。

(四) 联想

由一个事物想到另一个事物,也可以创造新事物形象。

三、想象的种类

根据想象时有无预定目的,可以把想象分为无意想象和有意想象。

(一) 无意想象

事先没有预定的目的,由一定的刺激引起的、不由自主进行的想象,叫无意想象。例如,抬头看到天上的一片白云,不由自主想到它的形状像一匹马、一头牛;低头看到道路边的一块石头,不由自主想到它像一条鱼等。这些都是无意想象。

梦是无意想象的极端形式。

(二) 有意想象

事先有预定的目的,自觉地进行的想象,叫有意想象。例如,老师让学生们想象着几年后自己站在教室里给孩子们上课的情景;设计师设计新的楼房等都属于有意想象。

有意想象可分为再造想象、创造想象和幻想。

1. 再造想象

再造想象是根据词语的描述或图像、符号的示意在脑中形成相应事物形象的过程。例如,我们在读小说《红楼梦》时,根据语词描述,在头脑中出现林黛玉的形象,当我们读到贺知章的《咏柳》时,头脑中出现柳树的形象等都属于再造想象。进行有效再造想象的条件:

①正确理解词语与各种图像、符号的意义。

②要有足够的记忆表象储备。

2. 创造想象

创造想象是独立地在脑中形成新事物形象的过程。例如,曹雪芹创作《红楼梦》时进行的就是创造想象。创造想象需要具备以下的条件:

①社会需要与个人的创造欲望。

②高水平的表象建造能力。

③原型启发。

④积极的思维活动。

3. 幻想

幻想是与个人的生活愿望相结合,并指向未来的一种想象。

幻想有两种：切合实际、符合事物发展规律、具有社会意义的幻想，是积极的幻想，也叫理想。脱离现实生活实际、违背事物发展规律的幻想是消极的幻想，也叫空想。

500米口径球面射电望远镜被誉为"中国天眼（FAST）"，它是由我国天文学家南仁东于1994年提出构想，历时22年建成，于2016年9月25日落成使用。2019年9月17日，国家主席习近平签署主席令，授予南仁东"人民科学家"国家荣誉称号。2019年9月25日，南仁东被评为"最美奋斗者"。自1994年起，他一直负责FAST的选址、预研究、立项、可行性研究及初步设计。作为项目首席科学家、总工程师，负责编订FAST科学目标、全面指导FAST工程建设，并主持攻克了索疲劳、动光缆等一系列技术难题。他打开了中国人追问宇宙的"天眼"，在世界天文史上镌刻下新的高度。他是勇担民族复兴大任的天眼巨匠，为崇山峻岭间的"中国天眼"燃尽了一生。他的爱国情怀、科学精神、高尚的情操和杰出品格堪称楷模。

四、幼儿想象发展的特点

儿童在2岁以后想象迅速发展，幼儿期是想象最为活跃的时期。

（一）无意想象占重要地位，有意想象初步发展

整个幼儿期的想象是以无意想象为主的，小班儿童表现尤为突出。幼儿无意想象的发展主要有以下特点：

1. 想象目的不明确

幼儿的想象没有明确的目的，常常由外界刺激直接引起。例如，看到布娃娃，就抱起来拍；看到枪，就想到自己是军人，拿枪打敌人；看到听诊器，就把自己想成医生。如果要求幼儿在活动开始之前就设定活动的目的，幼儿初期的儿童往往不能完成任务。

2. 想象主题不稳定

幼儿的想象由外界刺激引起，想象的方向也常常随着外界刺激的变化而变化，主题不稳定。例如，幼儿画画时，看到别人画什么他也就画什么；在游戏中，他本来当司机，看到别的小朋友当乘客，他也跑去当乘客。

3. 想象内容零散、无系统

由于想象没有预定目的，主题不稳定，所以幼儿想象的内容也是比较零散的，所想象的形象之间不存在有机的联系。

4. 想象受情绪和兴趣影响

幼儿的想象不仅容易被外界刺激所左右，还容易受自己的情绪和兴趣的影响。幼儿的情绪和兴趣常常能够引起某种想象的过程，也能够改变幼儿想象的方向。

有意想象在幼儿期开始萌芽，幼儿晚期有了比较明显的表现。如在活动中出现了有目的、有主题的想象；想象的主题逐渐稳定；为了实现主题，能够克服一定的困难等。

（二）再造想象占主要地位，创造想象初步发展

幼儿期再造想象占主要地位，主要表现出以下特点：

1. 幼儿想象常常依赖于成人的语言描述

幼儿在听故事的时候，其想象随着成人的讲述而展开。如果讲述时加上直观的图像，幼儿的想象会进行得更好。在游戏中，幼儿的想象往往也是根据成人的语言描述来进行的，这一点，在年龄较小的幼儿身上表现得尤为突出。

2. 想象具有复制性和模仿性

幼儿想象的内容基本上重现一些生活中的经验或作品中所描述的情节。例如，幼儿玩娃娃家，扮演父母时，往往重复的就是自己父母的举止。幼儿园小班的儿童甚至在玩具和游戏材料的使用上都缺乏灵活性，例如，喂娃娃吃饭，必须用小勺子；"洗手"得在水龙头下，否则就认为不像。到了中、大班，尽管儿童仍以再造想象为主，但较之小班儿童想象的灵活性有所增加，他们可以不受具体事物的限制。例如，喂娃娃吃饭，没有玩具小勺，就会用长形积木等来代替；洗手也不需要在水龙头下，只要在洗手动作的前后假装开关龙头即可。

随着幼儿言语的发展和抽象概括能力的提高，幼儿的想象开始出现一些创造性的因素。

（三）想象常常脱离现实，或者与现实相混淆

幼儿想象的一个突出特点就是喜欢夸张，这种夸张性主要有两点表现：

一是夸大事物某个部分或某种特征。幼儿夸大事物，和幼儿的认知水平以及情绪有关。由于幼儿在观察事物时，常常只感知到事物的某些突出特点，而非本质特点，所以，他们所保存的形象比较贫乏，常常认识不到事物的正常比例，例如，幼儿在画一个人踢毽的时候，脚和毽比人画得还大。夸大还和幼儿的情绪有关，幼儿喜欢的或憎恨讨厌的内容都会被夸大。

二是想象容易和现实相混淆，幼儿容易把想象的东西当成现实的东西，把自己想象的事当成真实的事，把渴望得到的东西说成是已经得到的东西。例如，看到别的小朋友的遥控飞机，他会说："我也有，我爸爸也给我买了。"

五、幼儿想象的培养

（一）激发幼儿的好奇心，鼓励、引导幼儿大胆想象

幼儿对世上的一切都是好奇的，总是怀有一种要发现世界奥秘的热望，到处探索。心理学研究表明，幼儿的好奇心和创造力的发展是成正比的，好奇心强的儿童，一般创造性也比较强。因此，为使幼儿想象更富有创造性，教师必须特别珍视幼儿的好奇心，并能够进一步激发他们的好奇心，使幼儿的想象始终处于活跃状态。

叶圣陶曾说"教师之为教，不在全盘授予，而在相机诱导"。

（二）丰富幼儿的感性知识和生活经验

想象虽然是新形象的形成过程，然而这种新形象的产生也是在过去已有的记忆表象基础上加工而成的。也就是说想象的内容是否新颖，想象发展的水平如何，取决于原有的记忆表象是否丰富，而原有表象丰富与否又取决于感性知识和生活经验的多少。因此，知识和经验的积累，就是幼儿想象发展的基础。

（三）积极组织幼儿开展各种创造性活动

幼儿园要充分利用美术、音乐、文学等活动，通过文学艺术等活动促进幼儿想象的发展。另外，游戏是幼儿的主要活动，积极组织开展各种各样的游戏，让幼儿以玩具、各种游戏材料代替真实物品，在游戏活动中，扮演各种角色，想象故事情节，都可以促进幼儿想象的发展。

模块一第五章　真题回放（四）

考点五　幼儿思维的发展

1. 思维的定义
2. 思维的过程
3. 思维的形式
4. 思维的种类
5. 幼儿思维发展的特点
6. 幼儿思维能力的培养

考点解析

一、什么是思维

思维是人脑对客观事物的本质属性与内部规律性的间接和概括的反映。思维是人类所特有的认识世界的高级形式。思维具有两个特征：间接性和概括性。

（一）思维的间接性

对感官所不能直接把握的或不在眼前的事物，借助于已有的知识经验或其他媒介来反映客观事物，这就是思维的间接性特征。例如，昨晚睡觉时，天还是晴的，早晨拉开窗帘一看，地上湿了，房顶湿了，树上也湿了，你会说昨晚下雨了。下雨时，你并没有看到，但是可以通过眼前的景象推断出雨是昨晚下的，这就是思维间接性的反映。

（二）思维的概括性

思维的概括性是指把同一类事物的共同属性抽取出来，形成概括性的认识。例如，把各种鱼的共同特点抽取出来加以概括，形成鱼的概念。

二、思维的过程

（一）分析与综合

分析与综合是思维过程的基本环节。分析就是在头脑中把事物整体分解成各个部分或各种属性的过程。例如，把动物分解成头、躯干、四肢、尾。综合就是在头脑中把事物的各个部分、各种属性结合起来，形成一个整体的过程。

（二）抽象与概括

抽象是把事物的本质属性和共同特征抽取出来，并舍弃非本质特征和属性的过程。例如，人们从鲫鱼、鲤鱼、带鱼、草鱼等对象中，抽取出它们的共同本质特征，即"用鳃呼吸，靠鳍行动"，舍弃它们的非本质特征，如生活在水里等。概括是把抽取出来的事物的本质属性和共同特征综合起来，并推广到同类事物中去的过程。

（三）比较与分类

比较是在脑中确定事物或现象之间存在异同的思维过程。分类是在脑中依据事物或现象的本质特征，把它们归入适当的类别中去的思维过程。

（四）具体化与系统化

具体化是在头脑中把抽象、概括出来的概念、原理、理论运用到实际中去的思维过程。系统化是在头脑中把具有相同本质特征的事物，按一定顺序归入一定类别系统中去的思维过程。

三、思维的形式

（一）概念

概念是人脑对客观事物的本质属性，以及对具有这些属性的事物的概括反映的思维形式。

（二）判断

判断是用概念去肯定或否定某事物具有某种属性的思维形式。

（三）推理

推理是从已知判断推出新的判断的思维形式。

四、思维的种类

（一）直观动作思维、具体形象思维、抽象逻辑思维

根据思维的凭借物和解决问题的方式，可以将思维分为直观动作思维、具体形象思维、抽象逻辑思维。

1. 直观动作思维

直观动作思维是依靠直接感知和实际动作来解决具体问题的思维过程。实际动作便是这种思维的支柱。例如，儿童在计算1+2等于几的时候，通过摆弄手指头来进行计算；自行车的车链子出现问题时，我们一边检查一边思考问题原因，并动手解决问题，这些都属于直观动作思维。

2. 具体形象思维

具体形象思维是依靠头脑中所具有的事物的形象（表象）来解决具体问题的思维过程。表象便是这种思维的支柱。例如，儿童在计算1+2等于几的时候，通过在头脑中出现1个苹果加上2个苹果等实物表象相加而计算出来。

3. 抽象逻辑思维

抽象逻辑思维是依靠概念、判断、推理的方式来解决问题的思维过程。概念是这种思维的支柱。例如，科学家进行科学推理，学生进行几何题运算等。

（二）聚合思维和发散思维

根据解决问题时的思维方向，可以把思维分为聚合思维和发散思维。

1. 聚合思维

聚合思维又称求同思维，是把问题所提供的各种信息集中起来得出解决问题的唯一正确答案的思维。例如，算数题中的一题一解就是聚合思维。

2. 发散思维

发散思维又称求异思维，是根据问题所提供的各种信息，沿着不同的途径去思考探求解决问题的多种答案的思维。例如，解应用题时的一题多解就是发散思维。

（三）常规思维和创造性思维

根据思维创新成分的多少，可以分为常规思维和创造性思维。

1. 常规思维

常规思维是指人们运用已获得的知识经验，按惯常的方式解决问题的思维。

2. 创造性思维

创造性思维是指运用新颖的、独创的方法，创造性地解决问题，产生新思想、新假设、新原

理的思维。

五、幼儿思维的发展

（一）幼儿思维发展的趋势

从思维方式的变化来看，幼儿的思维从直观行动思维，到具体形象思维，再过渡到抽象逻辑思维。

1. 直观行动思维（0~3岁）

直观行动思维，是依靠对事物的感知，依靠人的动作来进行的思维。这种思维离不开儿童对物体直接的感知，也离不开儿童自身的动作，语言只是行动的总结。直观行动思维是最低水平的思维，这种思维方式在2~3岁儿童身上表现最为突出，在3~4岁儿童身上也常有表现。

2. 具体形象思维（3~6岁）

具体形象思维是指依靠事物的具体形象或表象来进行的思维。它是介于直观行动思维和抽象逻辑思维之间的一种过渡性的思维方式。一般认为，2.5~3岁是幼儿从直观行动思维向具体形象思维转化的关键年龄。3~6岁幼儿的思维主要就是具体形象思维。

3. 抽象逻辑思维（6岁以后）

抽象逻辑思维是反映事物本质属性和规律性联系的思维，是通过概念、判断和推理来进行的，是高级的思维方式。严格地说，学前期还没有这种思维方式，只有这种方式的萌芽。

（二）幼儿思维发展的一般特点

儿童思维的真正形成是在2岁左右，3~7岁是思维开始发展的时期。幼儿思维的主要特点是具体形象性，它是在直观行动思维的基础上演化而来的。在幼儿晚期，抽象逻辑思维开始萌芽。

1. 具体形象思维明显发展

具体形象思维是幼儿期思维发展的最主要特点。随着幼儿生活范围的扩大，知识经验的积累，语言的丰富和发展，他们的思维方式也发生了变化，从原来的直觉行动思维过渡到具体形象思维。但幼儿期的具体形象思维与成人的有所不同，幼儿的具体形象思维具有一系列派生的特点。

（1）形象性

幼儿思维的形象性表现在幼儿依靠事物在头脑中的形象来思维。幼儿的头脑中充满着颜色、形状、声音等生动的形象。比如，兔子总是"小白兔"、猪总是"大肥猪"、奶奶总是白头发的、儿子总是小孩。

（2）具体性

思维的具体性指幼儿的思维内容是具体的。幼儿在思考问题时，总是借助于具体事物或具体事物的表象。他们能够掌握代表实际物体的概念而不易掌握抽象概念，如"苹果"这个概念较为具体，"水果"这个概念比较抽象，因此，幼儿掌握"苹果"这个概念比"水果"要容易。所以，跟幼儿说去拿些水果过来，他往往就不知道拿什么了，但是要是说，去拿个苹果过来，他就能做到。

（3）经验性

幼儿的思维常根据自己的生活经验来进行。比如，3岁的孩子把热水倒入鱼缸中，问他为什么时，他说老师说了喝开水不生病，小鱼也应该喝开水。幼儿是从他自己的具体生活经验去思维的，而不是按逻辑推理进行思维。还有就是幼儿会拒绝"假设情景"下的推理，因为那超出他的生活经验，他无法假设。

（4）拟人性

幼儿往往会把动物或一些物体当人来对待。他们赋予小动物或玩具以自己的行动经验和思想感情，和它们说话并把它们当成好朋友。

（5）表面性

幼儿思维只是根据具体接触到的表面现象来进行的，往往只是反映事物的表面联系，而不是事物的本质联系。比如，幼儿听妈妈说"看那个女孩子长得多甜！"他问："妈妈，你舔过她吗？"由于幼儿的思维只从事物的表面出发，不能反映事物的本质，因此，幼儿思维常常具有片面性，所以，幼儿难以理解"反话"。如有位幼儿园的教师看有些小朋友在说话，班级很闹，就说："都别说话了，我看谁还说话。"说完之后，说话的孩子更多了，他们解读为"他说话，老师就会看他"，而没有感受到这句话背后愤怒的情绪。因此，在幼儿的教育过程中，老师一定要说"正话"，采用正面例子教育孩子。

（6）固定性

幼儿思维缺乏灵活性。在日常生活中，幼儿常常"认死理"，比如，在美工活动中，小朋友都在等着教师发剪刀，可是发到中途剪刀发完了，教师又去拿。另一位老师给他们拿手工区的剪刀，他们说什么都不肯要。这时，他们的老师回来说："没有剪刀了，你们就用手工区的吧！"可是这几个小朋友仍然不愿意用手工区的剪刀。

2. 抽象逻辑思维开始萌芽

幼儿期的思维主要是具体形象思维，到幼儿晚期才出现抽象逻辑思维的萌芽。这时儿童能够凭借一些抽象概念进行思维，了解一些事物的本质属性。随着抽象逻辑思维的萌芽，自我中心的特点逐渐开始消除，儿童开始学会从他人以及不同的角度考虑问题，开始获得守恒的观念，开始理解事物的相对性。

3. 幼儿思维形式的发展

思维形式包括概念、判断和推理。

（1）幼儿概念的发展

儿童对概念的掌握受其概括能力发展水平的制约。

①掌握的概念数量有限，以掌握实物概念为主向掌握抽象概念发展。

幼儿最初掌握的概念大多是日常生活中经常接触的、具体的各类事物的名称，如人称、动物、玩具、生活用品等。幼儿晚期，开始能够掌握一些生活中常遇到的抽象概念，比如，"凶恶""勇敢""团结"，以及掌握一些数的概念。

②幼儿最初掌握的概念往往不能反映事物的本质特征。

研究者曾用"下定义"的形式研究幼儿掌握实物概念的特点。研究结果发现，幼儿初期儿童下定义时多属"直指型"或"列举型"。例如，在回答"什么是狗"这一问题时，他们就会指着图片上的狗或玩具架上的玩具狗说"这就是"，或者列举出各种狗，如说"某某家的黄狗"。幼儿时期掌握概念的能力在不断发展，但就其整体发展水平看，还处于低级阶段。

③幼儿数概念的发展。

数概念是一种比实物概念更抽象的概念，因而幼儿掌握数概念总迟于实物概念。

第一阶段：对数量的感知阶段，两三岁。

这个阶段的特点是：对大小、多少有笼统的感知；对明显的大小、多少的差别能区分；能唱数，但一般不超过10；逐步学会口手协调地点数，但范围不超过5；而且点数后说不出物体的总数。

第二阶段：数词和物体数量之间建立联系阶段，3~5岁。

这个阶段的特点是：点数后能说出物体的总数，即有了最初的数群概念；能分辨大小、多少、一样多;中期能认识第几,前后顺序;能按数取物;逐步认识数与数之间的关系。能开始做简单的实物运算。

第三阶段:数运算的初期阶段,5~7岁。

这个阶段的特点是:大多数幼儿能对10以内的数保持守恒;计算能力发展较快,大多数儿童从逐个计数向按群计数过渡,从表象运算向抽象数字运算过渡。序数概念、基数概念、运算能力等各方面均有不同程度的扩展和加深。通过教学,一般儿童到幼儿晚期时可以学会计数到100或100以上,并学会20以内的加减运算。

可以看出,幼儿数概念的掌握遵循着下列顺序:最初从实物的感知来认识数,其后凭借实物的表象来认识数,最后在抽象概念的水平上真正掌握数的概念。

(2) 幼儿判断推理的发展

幼儿的判断推理往往不合逻辑,常从事物的表面联系出发,受到自身生活经验的局限。

①判断推理直接化。

幼儿常把直接观察到的事物的表面现象如颜色、形状、大小等或事物之间偶然的外部联系作为因果关系来认识。例如,把一些形状、颜色、大小质地各不相同的物体放在水里,让儿童观察后说出什么样的东西可能浮起来。3~4岁的幼儿基本倾向于根据知觉特征进行判断,有的说"红的东西浮上来""方的东西浮上来",有的说"大的东西浮上来",极少有人能说出"木头的东西能浮上来"。

②判断推理主观化,常以自身的生活经验作为依据。

幼儿初期进行的判断和推理往往不符合逻辑,常常按照自身的经验来进行。例如,有的小孩子认为给书包上皮是因为怕它冷,球从桌子上滚到地上是因为它"不想待在上面"。随着幼儿知识经验的丰富,就能够初步学会从客观事物本身的内在关系中寻找判断的依据。

③判断推理有时不能服从于一定的目的和任务。

幼儿的思维过程常常离开推论的前提和内容,例如,做算术题时,问:"你有4块糖,给奶奶2块,还剩几块?"答:"奶奶不吃糖,她吃糖牙痛,糖都留给我吃。"这说明幼儿还不能自觉地进行逻辑推理。

④判断推理的依据逐渐明确化。

幼儿最初常常意识不到判断的依据,有时他们虽然能做出某种判断或推理,却不能说出依据,或根本不知道判断推理还需要有依据。大些的幼儿似乎开始明白做出判断要有根据,也意识到应该自己去寻找依据,但最初所找到的根据常常是主观猜测性或直观感性的。

(3) 幼儿理解的发展

理解是个体运用已有的知识经验去认识事物的联系、关系乃至其本质和规律的思维活动。幼儿对事物的理解呈现以下的发展趋势:

①从理解个别的、孤立的事物发展到理解事物之间的内在关系。

从幼儿对图画和对故事的理解中,可以看到这种发展趋势。幼儿对图画的理解,起先只理解图画中最突出的个别人物,然后理解人物形象的姿势和位置,最后理解主要人物或物体之间的关系。幼儿理解成人讲述的故事,常常也是先理解其中的个别字句、个别情节或者个别行为,再理解具体行为产生的原因及后果,最后才能理解整个故事的内容。

②从主要依靠具体形象发展到依靠语言说明来理解。

由于言语发展水平的限制,以及思维的直观行动性和具体形象性,幼儿常常依靠行动和形象来理解事物。如小班幼儿在听故事或者学习文艺作品时,常常要靠形象化的语言和图片等辅助才能理解。随着年龄的增长,儿童逐渐能够摆脱对直观形象的依赖,而只靠言语描述来理解,但在有直观形象的条件下,理解的效果更好。

③从理解事物的表面现象发展到理解事物较复杂和深刻的含义。

年龄小的幼儿理解事物往往很直接和肤浅,不能理解事物的内部含义。大班幼儿已能理解事物较复杂和深刻的含义。

六、学前儿童思维能力的培养

(一) 丰富幼儿的感性经验

思维是在感知觉的基础上产生和发展起来的。人们首先得通过感知觉从现实生活中获得丰富的信息,然后才能由大脑对这些信息进行分析、综合、比较、分类、抽象、概括等,进而形成对事物的正确认识。所以,感性知识经验是否丰富,制约着思维的发展。因此,不能孤立地去发展儿童思维,应与丰富幼儿感性经验、培养发展感知觉的能力结合起来。成人应多为幼儿创造机会,让幼儿运用各种感官去接触外界事物,发展他们的感知觉,丰富他们的感性经验。

(二) 提供各种活动和动手操作的机会

思维总是由问题而产生,是在动手动脑解决问题的过程中发展起来的。因此,成人要有意识地为幼儿提供各种各样的问题情境和动手操作的机会,让幼儿在积极的活动中进行思维,这样才能使幼儿更好地感知到事物的存在、发展和变化。例如,让幼儿在玩沙玩水的活动中领会物体质和量的守恒,借助实物进行简单的加减运算,等等,使幼儿经常处于积极活动的状态之中,有助于思维的发展。

(三) 保护和激发幼儿的求知欲

思维的发展与思维的积极性密切相关。幼儿常常对许多事情感到好奇,爱提"为什么",爱动手动脚,爱探索。成人应该保护和激发幼儿的这种好奇心和求知欲望,注意要耐心地听孩子的提问,随时引导孩子去积极思考,帮助他们自己解决问题,这对幼儿思维的发展有积极促进作用。

(四) 教学中注意选择适当的教具和教学方法

在教学活动中,教师应根据幼儿思维的特点——具体形象性,提供鲜明、形象、直观、生动的玩教具和活动材料,借助这些具体形象的材料帮助幼儿理解问题。在教学方法的选择上,要避免抽象、空洞的讲授,多以游戏法、观察法、操作法、实验法等方法为主。教师注意一定要采用正面教育原则,提供正面例子,切忌讲反话。

(五) 发展幼儿的抽象逻辑思维

幼儿中期,逐步出现抽象逻辑思维的萌芽,因此,在教育活动中,教师一方面要注意材料选择和教学方法的具体形象性,另一方面也要注意不失时机地发展幼儿运用概念、判断、推理等进行抽象思维的能力。

幼儿思维与成人思维不同,我们要用辩证思维的原则,在联系与发展、对立与统一之中认识周围事物及事物之间的联系,尊重幼儿思维发展规律,培养幼儿思维发展。

模块一第五章 真题回放(五)

考点六 幼儿注意的发展

1. 注意的定义
2. 注意的功能

3. 注意的种类
4. 幼儿注意品质的发展
5. 幼儿注意发展的趋势和特点
6. 注意规律在幼儿园教育活动中的运用

考点解析

一、什么是注意

注意是心理活动对一定对象的指向与集中。注意的两个基本特性：指向性和集中性。指向性是指人的心理活动选择了某一事物而离开了其他事物。注意的集中性指的是心理活动开始之后，注意就伴随着它深入被选择出来的事物或活动中去，同时离开一切无关的事物或活动，使意识对事物反映达到一定的清晰和完善程度。

注意本身并不是一种独立的心理过程，而是伴随在感觉、知觉、记忆、思维等心理过程始终的一种特殊的心理现象。任何心理过程都离不开注意的参与。

二、注意的功能

（一）选择功能

注意使心理活动能够选择合乎需要的、与当前活动相一致的、有一定意义的信息，同时排除其他与当前活动矛盾的或起干扰作用的各种影响。

（二）调节和监督功能

注意使人的心理活动沿着一定的方向和目标进行，并能提高人的意识觉醒水平，使心理活动根据当前的需要进行适当的分配和及时的转移，以适应变化着的周围环境。

三、注意的种类

（一）无意注意

事先没有预定的目的，也不需要做任何意志努力就能实现的注意就是无意注意，也叫不随意注意。引起无意注意的因素包括客观因素和主观因素两个方面，即刺激物本身的特点和人自身的状态。

1. 引起无意注意的客观原因

客观刺激物的特点是引起无意注意的主要原因。包括刺激物的强度（包括相对强度）、刺激物的新异性（包括相对新异性）、刺激物的对比性（包括对比的相对性）、刺激物的活动变化（包括活动变化的相对性）等，都可以使人产生无意注意。

2. 引起无意注意的主观原因

引起无意注意的另一个原因是人的主观状态，如人的需要、兴趣、情绪、期待，以及人的知识经验、对事物的理解和机体状态（疲劳、生病）等。

（二）有意注意

事先有预定目的，必要时还需要做一定意志努力的注意就是有意注意，也叫随意注意。引起和维持有意注意的条件如下：

第一，要有明确的活动目的，由于有意注意是服从于预定目的、任务的注意，所以，目的越明确，任务越具体，就越能激起和维持有意注意。

第二，要排除无关因素的干扰。克服干扰要付出巨大的意志努力，消耗更多的体能，使人烦躁和疲劳。因此，为了保持长久的高水平的有意注意，就要预先设法排除来自内部或外部的各种干扰。

第三，要培养间接兴趣。与活动的最后结果相联系的兴趣就是间接兴趣，它是推进一个人自觉地做出努力，将活动继续下去的动力因素。间接兴趣越稳定的人，越能对活动保持长久的有意注意。

第四，合理地组织活动。活动组织得是否合理，也直接影响有意注意的情况。例如，把智力活动和操作活动结合起来，就有利于有意注意的保持。

（三）有意后注意

从有意注意转化而来，既具有目的性，又不需要做太大意志努力的注意就是有意后注意，也叫后有意注意。有意后注意的发展要靠有目的、有组织、有系统的学习或训练，才可以收到良好的效果。

四、幼儿注意品质的发展

（一）注意的范围

在同一时间，注意所能清晰把握的对象的数量就是注意的范围。

影响注意范围的因素很多，主要的有以下两个方面：

首先，是对象的特点：

①对于具有实际意义的，易于被理解的对象，我们注意的范围就大些，反之则小些。

②对象的排列有规则、集中，我们注意的范围就大些，反之则小些。

③对象的颜色、大小、体积等特点较单纯，我们注意的范围就大些，反之则小些。

其次，是个人的活动任务与知识经验：

①如果活动任务单纯，我们注意的范围就大些，反之则小些。

②如果个人的知识经验丰富，则注意的范围就大些，反之则小些。

幼儿注意范围较小，随年龄的增长，注意的范围逐渐扩大。由于幼儿的注意范围较小，所以，在教学中，要提出具体而明确的要求，同一时间呈现的刺激物的数目不能太多，而且排列要有规律，同时要不断丰富幼儿的知识经验。

（二）注意的分配

在同一时间把注意集中在两种或几种不同的对象上，就是注意的分配。例如，老师讲课时，要一边讲课，一边观察学生的反映；司机开车时，眼睛要看着路面情况，手要把着方向盘，脚要踩着刹车和油门等，都是注意分配的表现。并不是所有的活动都能实现注意分配，实现注意分配是有一定条件的。注意分配的条件：

1. 对活动的熟练程度

同时进行的几项活动都是很熟练的，甚至达到了自动化的程度，或者只有其中的一项不熟练，才有实现注意分配的可能。如果几种活动都不熟练，注意的分配就十分困难。

2. 几种活动之间的关系

如果同时进行的几项活动的性质和特点有密切的联系，或者通过训练可以把各项动作组合成为一个完整的操作系统。那么，注意的分配就可以顺利进行。

由于幼儿的知识经验缺乏，掌握的熟练动作少，所以，幼儿的注意分配能力较差，常常顾此失彼。所以，在幼儿园教育活动中，教师要通过活动，培养幼儿的有意注意和自控能力。创造条件帮助幼儿形成熟练的动作，并安排一些需要多种感官参与的活动，帮助幼儿把同时进行的几种活动在头脑中形成联系。

（三）注意的稳定性

注意保持在一定事情或活动上的时间长短，就是注意的稳定性。保持的时间越长，说明注意的稳定性越强。

心理实验表明，人如果被动地注意不动的、毫无变化的对象，那么，这种被动的注意一般只能保持5秒左右。而如果积极地去注意或研究运用对象，则注意可以稳定15分钟以上。注意稳定时间的长短与年龄有关。研究表明，在良好的教育条件下，3岁幼儿能集中注意3~5分钟；4岁幼儿能集中注意10分钟；5~6岁幼儿能集中注意15分钟左右。应当指出，人的注意在保持一定时间之后，会不随意地离开客体，产生一种短时周期性起伏的变化，这是与注意稳定性相反的一种现象，叫注意的动摇性。注意在1~5秒内产生动摇性，并不会破坏注意的稳定性，所以，注意的稳定性并不是指心理活动要始终指向同一对象，而是就注意的总方向而言。

保持注意的稳定性，与以下的因素有关：

一是对象的特点。注意的对象如果内容丰富、特征复杂或者有变化，那么注意就容易稳定和持久。二是人对活动的态度。对活动的目的、任务明确并抱有圆满完成任务的责任心的人，注意可以保持长时间的稳定。三是注意的方式方法。使活动的操作多样化，避免长时间单调地重复某一动作，可以有效地保持稳定的注意。

幼儿注意的稳定性不强，特别是有意注意的稳定性较低。因此，幼儿园各年龄班的作业时间应长短有别，集中活动时间不宜安排过长。教育教学内容要难易适当，符合幼儿身心发展特点。教学的方式方法要新颖多样，不能让幼儿长时间做一件事。

（四）注意的转移

根据需要，主动而及时地把注意从一个对象转移到另一个对象，或者在同一活动中由一种操作过渡到另一种操作，就是注意的转移。

注意转移的快慢与难易受以下几个条件的制约：

一是原来的活动吸引注意的强度。如果原来的活动具有极大的吸引力，非常引人入胜，那么，就会延缓注意转移的时间和质量。

二是新的活动和任务的特点。新的活动和任务越符合人的需要与兴趣，其重要意义越被人深刻理解，或者具有时间性、迫切性等要素，则注意的转移就越容易、越迅速。

三是事先是否有转移注意的信号。事先发出转移注意的信号，使人要有心理准备，则注意的转移就会主动而及时。

四是人的神经类型与生活习惯。神经类型属于灵活性的人要比非灵活性的人转移注意的速度快。具有组织性、纪律性的人，有规律的生活、学习、工作习惯的人，注意的转移质量就高；反之，则转移注意的质量较低。

幼儿注意转移能力差，年龄越小，注意转移越慢。幼儿注意转移能力随着语言与自制力的发展，随着活动目的性的提高而发展。幼儿园有规律的作息制度有助于发展幼儿注意转移能力，幼儿注意转移能力是在活动中锻炼出来的。

五、幼儿注意发展的趋势和特点

（一）幼儿注意发展的趋势

①定向注意的发生先于选择性注意。
②无意注意的发生先于有意注意。

（二）幼儿注意发展的特点

1. 无意注意的发展

小班幼儿的无意注意明显占优势，新异、强烈的活动以及多变的事物很容易引起他们的注意。对于他们喜爱的游戏和感兴趣的活动，小班幼儿可以聚精会神地进行，但周围一有风吹草动他们就会受干扰而分散注意；中班幼儿注意的范围更加扩大了。他们对于自己感兴趣的活动能够较长时间保持注意，而且集中注意的程度很高，被一件事情吸引时甚至会对别的事置若罔闻；大班幼儿的无意注意进一步发展。他们对于感兴趣的活动能更长时间地集中注意，中途若被无端中止或受到干扰会引起他们的不满和反抗。

总之，幼儿仍是无意注意占优势，教育教学中要充分考虑这一特点。

2. 有意注意的发展

幼儿有意注意的发展比较缓慢，只有在成人提出非常具体的任务时，幼儿才能将注意集中于有关对象，而且他们极易分心，对稍复杂些的任务，必须要成人用语言不断提醒、督促，才能排除干扰，完成任务。小班幼儿有意注意的水平很低，即使在良好的教育条件下，一般也只能集中注意3~5分钟；中班幼儿的有意注意有了一定的发展，在无干扰的情况下，他们集中注意的时间可达到10分钟左右；大班幼儿的有意注意有了一定的稳定性和自觉性，注意集中的时间可延长到15分钟左右。但总的来说，幼儿有意注意尚处在初步形成时期，其发展水平大大低于无意注意。

六、注意规律在幼儿园教育活动中的运用

（一）无意注意规律在幼儿园教育活动中的运用

1. 精心设计教学

首先，教学内容、方式和方法要新颖、多样、富于变化。在内容较抽象的教学活动中，更应注意教学的方式和方法。如在计算教学中，除使用生动有趣的直观教具外，还可把教学内容置于一个有趣的教学游戏中。另外，教学内容的深度和广度要适当。其次，注重玩教具的制作和使用。一切鲜明、具体、生动的形象和新异多变的刺激物，都能引起幼儿的注意。因此，教育活动中的玩教具必须颜色鲜明、形象生动、新颖多变。再次，教师要注意语言的使用。要求教师除了用流畅的普通话表达思想和传递知识外，还要求教师的语言要生动直观、抑扬顿挫，并能为幼儿所理解。这一点，在幼儿初期尤为重要。

2. 创设良好的教育环境，减少无关刺激的干扰

幼儿注意的稳定性差，受干扰时易使注意分散，其结果必然影响活动效果。因此，要尽量避免无关刺激的出现，引起注意分散的刺激包括来自外环境和内环境的两方面。

①外环境的无关刺激。如室外的说话声、电铃声及突然而至的各种强刺激。活动室内过于繁杂、醒目的布置，甚至教师华丽、新奇的服饰都可能成为幼儿教育活动中的干扰因素。

②内环境的无关刺激。如儿童身体不适、过冷、过热、口干等都会分散幼儿注意。集中活动时间过久，也会使幼儿疲劳不适。

（二）有意注意规律在幼儿园教育活动中的应用

1. 帮助幼儿明确活动的目的和要求

成人应不断向幼儿明确活动的目的和要求。幼儿对活动的目的要求越明确，注意的有意性越强，注意越容易保持。

2. 使幼儿处于积极的活动状态

幼儿在积极的活动状态中，容易保持注意。在幼儿进行智力活动的设计时，应加强实际操作，这样可以使幼儿的心理活动处于积极状态，有助于幼儿有意注意的发展。

3. 使幼儿对活动结果发生兴趣

这有助于幼儿对活动过程保持注意。

（三）善于引导两种注意的转换

单纯的无意注意缺乏目的性和计划性，不能持久；而有意注意需要紧张的意志努力，容易引

起疲劳，同样不能持久，所以在教育活动中，不能单纯依靠无意注意也不能单纯依靠有意注意。因此，教师在教育活动中要恰当地引导幼儿两种注意的相互转换。在组织教育活动时，成人一方面要注意用生动、形象、新奇的教学形式和玩教具引起幼儿的无意注意；另一方面，应不断根据教学目的向幼儿提出明确的要求，培养幼儿的有意注意。只有两种注意有节奏地交替进行，才能提高幼儿注意的稳定性，教育也才能收到良好效果。

模块一第五章 真题回放（六）

考点七 幼儿言语的发展

1. 什么是言语
2. 言语的分类
3. 学前儿童言语发展的阶段
4. 幼儿言语能力的培养
5. 幼儿言语发展的主要特点

考点解析

一、什么是言语

言语是指人们以语言作为工具进行交流的活动。语言则是以语音或文字为物质外壳，以词为基本单位，以语法为构造规则的符号系统。汉语、英语、日语等都是这种符号系统。

二、言语的分类

言语一般分为口头言语、书面言语和内部言语。

（一）口头言语

口头言语就是说出的言语、听到的言语，它有两种主要形式：对话言语和独白言语。对话言语是指两个或几个人直接进行交际的言语活动。独白言语是说话者独自进行的言语活动。

（二）书面言语

书面言语是指借助文字表达自己的思想或借助阅读接受他人思想的言语形式。它是在口头言语的基础上形成起来的一种看到的和书写的言语，比口头言语要求更高，更复杂。

（三）内部言语

内部言语是一种伴随着思维活动产生的不出声的言语，它是和逻辑思维、独立思考、自觉行动有更多联系的一种高级的语言形态。

三、学前儿童言语发展的阶段

（一）前言语阶段

儿童掌握言语是一个连续发展的从量变到质变的过程，从出生到1岁左右，是言语发生的准备阶具，又称为前言语阶段。吴天敏等的研究认为，这个阶段还可以分为3个阶段：

①简单发音阶段（0~3个月）。
②连续音节阶段（4~8个月）。
③学话萌芽阶段（9~12个月）。

（二）言语发生阶段

一岁左右，当儿童讲出了第一批具有最初概括性意义的真正的词时，标志着儿童开始进入正式学说话阶段，此后至两三岁是言语发生的阶段，又称初步掌握言语期。其中又可以分为两个阶段：

①理解言语迅速发展阶段（1岁到1岁半）。
②积极说话发展阶段（1岁半到两三岁）。

（三）积极说话发展阶段

到了幼儿期（两三岁到六七岁）儿童言语的发展进入了基本掌握口语期。这个时期是言语不断丰富化的时期，是完整的口头言语发展的关键时期，也是连贯性言语逐步发展的时期。到幼儿末期，儿童已经基本上掌握了本民族的口头言语，为入学后学习书面言语打下了基础。

四、幼儿言语发展的主要特点

（一）幼儿语音的发展

1. 幼儿发音的正确率与年龄的增长成正比

随着儿童发音器官的日益成熟及语音意识的增强，发音水平在整个幼儿期是逐步提高的。部分3岁幼儿声母发音的错误主要集中在 zh、ch、sh、z、c、s、n、l 等辅音上。

2. 3~4岁为语音发展的飞跃期

发音水平在整个幼儿时期是不断提高的，但相比之下，4岁时进步最为明显，4岁以上儿童基本能掌握本民族语言的全部语言，此后发音开始稳定，趋于方言化，即开始局限于本民族或本地语言。

3. 幼儿对韵母的发音较容易掌握，正确率高于声母

相比较之下，幼儿对声母的发音正确率稍低，这一特点在整个幼儿期的各个年龄组中都得到体现。

4. 幼儿语音的正确率与所处的社会环境有关

研究表明，幼儿虽然具备了正确发音的能力，但社会环境对幼儿正确发音有很大的影响。

5. 逐渐出现对语音的意识

幼儿时期，主要是4岁左右，语音的意识明显发展起来，逐渐开始能自觉地、有意识地对待语音。这表现在他对别人的发音很感兴趣，喜欢纠正、评价别人的发音。这也表现在幼儿对自己的发音很注意，积极努力地练习发音，学会后十分高兴。

（二）幼儿词汇的发展

1. 词汇数量迅速增加

3~7岁是人一生中词汇量增加最快的时期，有的研究表明，7岁儿童所掌握的词汇大约可增长到3岁时的4倍。

2. 词类范围不断扩大

首先，幼儿掌握词的类型不断扩大。幼儿一般先掌握实词，再掌握虚词。实词中最先掌握名词，其次是动词，再次是形容词和其他实词。幼儿掌握虚词较晚，虚词在幼儿词汇中所占的比例

很小。其次，幼儿掌握各类词汇的内容不断扩大。与掌握词的类型由少到多不断扩大的同时，幼儿掌握同一类词的内容也在不断地扩大。

3. 对词义的理解逐渐确切和加深

在词汇量不断增加、词类不断扩大的同时，幼儿所掌握的每一个词本身的含义也逐渐确切和加深了。幼儿虽还明显地存在着3岁前的词义扩张和词义缩小的倾向，但已逐步有所克服。

（三）幼儿语法结构的发展

1. 句子的功能从混沌一体到逐步分化

学前儿童在掌握语言的过程中，语句逐渐分化。分化过程表现为三个方面。第一，表达内容分化。最初，表达情感、意动（言语和动作结合表示意愿）和指物等三个方面紧密结合。两岁和两岁半儿童多半是边做动作边说话，用动作补充言语所没有表达的意思，以后逐渐分化。第二，词性的分化。最初，儿童的词语不分词性。一个词，既可以当名词也可以当动词用，随年龄增长在使用中逐渐分化出修饰语和中心语以及名词和动词等词性。第三，结构层次的分化。最初主谓语不分，逐渐发展到出现结构层次分明的句子。

2. 句子的结构从简单到复杂，从不完整到逐步完整，从松散到严谨

儿童言语中句子复杂性的发展，也是一个分化的过程，最初出现的那种主谓不分的单词句发展为双词句，而后又发展到简单句，最后出现复合句。

单词句是指用一个词代表的句子，是出现在1~1.5岁阶段的特定语言。双词句是指由2个词组成的不完整句，有时也由3个词组成，又称电报句，一般出现于1.5~2岁左右。它的主要特点是语句断续、简略、不完整，主要使用实词而略去虚词，类似人们打电报时所用的语言。简单句是指句法结构完整的单句，包括没有修饰语和有修饰语两种。到2岁左右，儿童开始使用一些无修饰的简单句，3岁时使用修饰语的能力就显著增强。复合句指由两个或两个以上意思关联比较密切的单句合起来而构成的句子，简单句出现不久，大约2.5岁左右，儿童的句子中开始出现一些没有连接词的复合句，3~4岁儿童的语言中仍以简单句为主。复合句在简单句的发展过程中同时平行地发展起来。

3. 句子的类型从陈述句到非陈述句

儿童最初掌握的是陈述句，到幼儿期陈述句仍占全部语句的1/3左右，但其他句型如疑问句、否定句等也都发展起来。

4. 句子的长度从短到长

句子的平均长度（以词为单位计算）也是儿童语言发展的一项指标。随着年龄的增长，幼儿使用句子的长度有延伸的趋势，含词量逐渐增加。

（四）幼儿言语表达能力的发展

1. 从对话言语逐渐过渡到独白言语

3岁以前幼儿的言语基本都是采取对话形式。幼儿最初的对话形式，只在和成人互相交往中才能进行，往往只是回答成人提出的问题，有时也向成人提出一些问题和要求。

2. 从情景性言语过渡到连贯性言语

情景性言语只有在结合具体情景时，才能使听者理解说话者的思想内容，并且往往还需要用手势或面部表情甚至身段动作辅助和补充。连贯性言语的特点是句子完整，前后连贯，逻辑性强，使听者仅从言语本身就能理解所讲述的意思，不必事先熟悉所谈及的具体情景。

3岁前幼儿的言语主要是情景性言语。单词句和电报句都不能离开具体情境。3~4岁幼儿的言语仍然带有情景性，他们在说话中运用许多不连贯的、没头没尾的短句，并辅以一些手势和面

部表情；4~5岁幼儿说话常常还是断断续续的，不能说明事物现象、行为动作之间的联系，只能说出一些片段；6~7岁幼儿才能比较连贯地说话。

（五）幼儿内部言语的发生发展

内部言语是指不出声的言语，是言语的一种特殊的形式。幼儿期的内部言语刚开始产生，其特点是出声的自言自语。出声的自言自语是内部言语发展的初级形态，是在外部言语基础上产生的内部言语之间的过渡形态，这是一种介于有声的外部言语和无声的内部言语的过渡形式，也叫自我中心言语。幼儿的自言自语出现在4岁左右。

幼儿的内部言语有两种形式："游戏言语"和"问题言语"。游戏言语即一面做动作，一面嘀咕，用言语补充和丰富自己的行动。在幼儿游戏时，经常会看到这种现象。问题言语是在遇到困难或问题时产生的自言自语，常常用来表示对问题的困惑、怀疑或惊奇等。

五、幼儿言语能力的培养

（一）要创造条件，让幼儿有充分交往与活动的机会

幼儿的言语主要是在社会生活环境与教育的影响下形成和发展的，幼儿只有在广泛交往中，感到有许多知识、经验、情感、愿望等需要说出来的时候，言语活动才会积极起来，也只有在交往中，幼儿才逐渐地习得言语。增加幼儿与成人之间，以及与同伴之间的交往，是发展幼儿口语的有效途径。

（二）要重视对幼儿言语能力的训练

对幼儿言语进行有计划的训练是很重要的，有效的训练可以调动幼儿说话的积极性，促进幼儿言语规范化地发展。首先，培养幼儿正确地发音，要从幼儿准确地听音入手，因为听得准是说得准的前提。其次，要不断丰富幼儿的词汇。另外，要注意让幼儿说话完整、句子连贯。

（三）要充分发挥成人言语的榜样作用

幼儿十分喜欢模仿，也善于模仿，模仿是幼儿学习口语的重要的方法。因此，成人良好的示范榜样十分重要。成人说话时发声是否正确，词汇是否丰富，语法是否规范，表达是否有条理，都会潜移默化地影响着幼儿言语的发展。所以，要提高幼儿言语能力，成人必须注意自身的言语修养，为幼儿提供规范性言语。

模块一第五章　真题回放（七）

第六章

幼儿情绪情感的发展

考点与解析

考点一 情绪情感概述

1. 什么是情绪情感
2. 情绪与情感的关系
3. 情绪的两极性
4. 情绪与情感的种类

考点解析

一、什么是情绪情感

情绪情感是人对客观事物是否符合其需要而产生的态度体验。

需要是情绪产生的重要基础。依据需要是否获得满足，情绪具有肯定和否定的性质。当客观事物满足人的需要时，便可引起肯定的情感，如满足、愉快、喜爱等；相反，当客观事物不能满足人的需要时，便引起否定的情感，如不满、苦闷、悲伤等。

二、情绪与情感的关系

情绪与情感既有区别又有联系。区别表现为以下3个方面：

①情绪是和有机体的生理需要相联系的；情感是和人的社会需要相联系的，如道德感、美感、友谊感等。

②情绪发生较早，是人和动物共有的；情感发生较晚，是人所特有的。

③情绪有较多的外显性和激动性，往往不稳定，会随情境或一时需要的出现而发生，随情境的变迁或需要的满足而较快地减弱或消逝；情感则有较多的内隐性和深刻性，比较稳定和持久。

情绪与情感的区别是相对的，它们两者又密切联系：情感在情绪的基础上形成，并对情绪产生巨大影响；而情绪又是情感的具体表现形式。

三、情绪的两极性

情绪的两极性是指每一种情绪都能找到与之对立的情绪。

（一）快感度

情绪有肯定的与否定的两极性，这与个体的需要是否得到满足有直接关系，如快乐和悲哀、热爱和憎恨等。

（二）紧张度

情绪有紧张和轻松之分，如学生在考试之前，情绪容易紧张，紧张情绪过后会体验到明显的轻松。

（三）强度

人的任何情绪在强度上都有着由弱到强的变化等级，如害怕有担心、惧怕、惊悚、恐惧等不同的强度。

（四）激动度

情绪有激动和平静之分。

四、情绪与情感的种类

（一）基本情绪和复合情绪

从生物进化的角度，人的情绪可以分为基本情绪和复合情绪。

基本情绪是先天形成的、不学而会的、人和动物共有的，又叫原始情绪。近代研究中常把快乐、愤怒、悲哀、恐惧列为情绪的基本形式。20世纪70年代初，伊扎德用因素分析法提出人类的基本情绪有11种，它们分别为兴趣、惊奇、痛苦、厌恶、愉快、愤怒、恐惧和悲伤以及害羞、轻蔑和自罪感。

复合情绪是由基本情绪的不同组合派生出来的。例如，由愤怒、厌恶和轻蔑组合起来的复合情绪叫敌意，由恐惧、内疚、痛苦和愤怒组合起来的复合情绪叫焦虑。

（二）心境、激情和应激

按照情绪的状态，也就是情绪发生的速度、强度和持续时间的长短，可以把情绪划分为心境、激情和应激。

1. 心境

心境是一种具有感染性的，比较持久和微弱的情绪状态，心境具有弥漫性的特点。它一经产生就不只表现在某一特定对象上，而是在相当长的一段时间内，使人的整个心理活动都被染上某种情绪色彩。例如，一个人在学习中获得某种成就时，他就会产生愉快喜悦的体验，在这种情绪状态下，他看周围的一切都觉得可爱。心境有积极和消极之分，积极的心境使人振奋乐观，有利于身心健康，消极的心境使人颓废悲伤。

2. 激情

激情是一种强烈而短暂的、爆发式的情绪状态，这种情绪状态通常是由对个人生活有重大意义的事件所引起的，重大成功之后的狂喜、惨遭失败时的绝望、亲人突然之死引起的极度悲伤、突如其来的危险所带来的异常恐惧等，都是激情状态，激情发生时往往伴有生理变化和明显的外部行为表现。

3. 应激

应激是在出乎意料的紧急情况下所引起的情绪状态。例如，司机在驾驶过程中突然出现危险情景的时刻，人们在遇到巨大的自然灾害或地震发生的时刻。这就需要人迅速地判断情况，在一瞬间就做出决定。应激正是在这种情境中产生的内心体验。

(三)道德感、理智感、美感

人的高级情感的种类很多,主要有道德感、理智感和美感。

1. 道德感

道德感是根据一定的社会道德标准,对人的思想、行为做出评价时所产生的情感体验。当自己或他人的言行符合道德规范,满足自己的道德需要时,就会产生自豪、尊敬、羡慕等情感;当自己或他人的言行不符合道德规范,不能满足自己的道德需要时,就会产生自责、内疚、厌恶等情感。

2. 理智感

理智感是人在认识客观事物的过程中所产生的情感体验,是与人的求知欲、认识兴趣、解决问题的需要等是否得到满足相联系的。例如,对未知事物的好奇心、在问题解决过程中的怀疑、解决问题后的喜悦等都是理智感的表现。

3. 美感

美感是根据一定的审美标准评价事物时所产生的情感体验。美感的产生受思想内容及个体审美标准的制约。

考点二　婴幼儿情绪的发生与发展

1. 婴儿原始的情绪反应
2. 婴儿期情绪的分化
3. 幼儿情绪、情感的发展

考点解析

一、婴儿原始的情绪反应

儿童出生后即可有情绪反应,例如,新生儿或哭,或四肢舞动,这就是原始的情绪发展。婴儿初生表现出来的原始情绪反应具有以下两个突出特点:
①婴儿初生的原始情绪是与生俱来的遗传本能,具有先天性。
②婴儿初生的原始情绪与生理需要是否得到满足直接相关。

二、婴儿期情绪的分化

在成熟和后天环境的作用下,儿童原始情绪不断分化,逐渐出现各种基本的情绪反应。有关婴儿情绪分化理论如下:

(一)华生的理论

华生认为婴儿从出生开始,就能够具有一定的反射性情感反应,至少存在3种这样的情感:怕、怒和爱。华生认为婴儿会怕两件事,一是大声,二是失持;限制活动会使婴儿激怒;抚摸婴儿的皮肤,抱婴儿,会使婴儿产生爱的情绪。

(二)布里奇斯的理论

布里奇斯提出了关于情绪分化的较完整的理论和0~2岁儿童情绪分化的模式。她认为初生婴儿只有皱眉和哭的反应,这种反应是未分化的一般性激动,是强烈刺激引起的内脏和肌肉的反应;3个月以后,婴儿的情绪分化为快乐和痛苦;6个月以后婴儿的情绪又分化为愤怒、厌恶和恐惧。

(三)林传鼎的理论

林传鼎的情绪分化理论认为婴儿从新生时起,就有两种完全可以分清的情绪反应,即愉快和不愉快，两者都与生理需要是否得到满足直接相关。从出生后到半个月始，到3个月末，婴儿相继出现6种情绪，即欲求、喜悦、厌恶、忿急、烦闷和惊骇。但这些情绪不是高级分化的，只是在愉快和不愉快的轮廓上附加了一些东西，主要是面部表情不同。

（四）伊扎德的理论

伊扎德认为，随着年龄的增长和脑的发育，情绪也逐渐增长和分化，形成了人类的11种基本情绪：愉快、惊奇、悲伤、愤怒、厌恶、惧怕、兴趣、轻蔑、痛苦、害羞、自罪感，每一种情绪都有相应的面部表情模式。4~6周时出现社会性微笑，3~4个月时出现愤怒、悲伤，5~7个月时出现惧怕，6~8个月时出现害羞，0.5~1岁时出现依恋、分离、伤心、对陌生人的恐惧等。

（五）孟昭兰的理论

孟昭兰提出，婴儿从种族进化中获得的情绪大约有8~10种，称为基本情绪，如愉快、兴趣、惊奇、厌恶、痛苦、愤怒、惧怕、悲伤等。这些情绪在个体发展中不是同时显现的，它们是随着婴儿的成熟、生长逐步出现的，它们的发生有一定的时间顺序。痛苦、微笑、厌恶的最早出现时间都是出生后1~2天，社会性微笑最早出现在3~6周，愤怒最早出现的时间是4~8周，悲伤最早出现的时间是8~12周，惧怕最早出现的时间是3~4个月，惊奇最早出现的时间是6~9个月，害羞最早出现的时间是8~9个月。婴儿情绪的发生既有一般规律，又有个体差异。

三、幼儿情绪、情感的发展

（一）幼儿情绪、情感发展的特点

1. 情绪的易冲动性

幼儿自我控制能力较差，他们的情绪往往由于某些外界事物的影响而常常处于激动的情绪状态，容易冲动，年龄越小，这种冲动越明显。

2. 情绪、情感的外露性

幼儿期的孩子情绪情感的表现丝毫不加控制和掩饰，完全表露于外，这主要是由于幼儿不能意识到自己情绪情感的外部表现，所以也不会有任何控制。

3. 情绪、情感的不稳定性

婴幼儿期的情绪是很不稳定的，易变化的，甚至表现为两种对立的情绪在短时间内相互转换。如哭得很伤心时，如果成人用一个新玩具或新活动逗他就会使他立刻笑起来，这说明儿童的自我调节能力是很差的。

4. 高级情感的发展

（1）道德感

幼儿的道德感是在成人的道德评价影响下形成的。3岁前幼儿的道德感是极其肤浅的，有的是出于模仿，有的是受成人指使，因此，这一时期只能说是道德感的萌芽期。进入幼儿园以后，特别是在集体生活环境中，幼儿逐渐掌握了各种行为规范，道德感也逐渐发展起来。例如，中班幼儿的告状行为就是幼儿对别人行为方面的评价，是幼儿道德感发展的表现。

（2）理智感

幼儿的理智发展表现为好奇、好问和强烈的求知欲。随着幼儿认识能力的不断增强，好奇心和求知欲越来越强，幼儿不断地体验着认识的喜悦。认识事物的强烈欲望使幼儿获得了更多的知识，因此，推动了其理智感的发展。幼儿求知欲的另一种表现形式是与动作相联系的"破坏"行为，如拆卸玩具等。这完全是好奇感驱使的。

（3）美感

到了幼儿期，美感逐渐发展，凡是与幼儿美感相一致的艺术作品或艺术表演，幼儿就喜欢，幼儿对色彩鲜艳的艺术作品或东西容易产生美感，幼儿还逐渐开始从各种具体事物之间的关系上体验美感。幼儿晚期儿童对美的标准的理解和美的体验都有了进一步的发展。

（二）幼儿情绪、情感发展趋势

1. 情绪的社会化

幼儿最初出现的情绪是与生理需要相联系的，随着年龄的增长，幼儿的情绪活动中涉及社会性交往的内容逐渐增加。

2. 情绪的丰富和深刻化

从情绪所指向的事物来看，其发展趋势越来越丰富和深刻。情绪的丰富主要表现在：情绪过程越来越分化；情绪指向的事物不断增加。情绪的深刻主要表现在：情绪指向事物性质的变化，从指向事物的表面到指向事物的内在特点。

3. 情绪的调控能力增强

从情绪的进行过程看，其发展趋势是越来越受自我意识支配。随着年龄的增长，婴幼儿对情绪过程的自我调节越来越强。这种发展趋势主要表现在：情绪的冲动性逐渐减少、情绪的稳定性逐渐提高、情绪从外露到内隐。四五岁的幼儿较之3岁的幼儿情绪更稳定，在商场，当他们看到喜爱的玩具，已不像两三岁时那样吵着要买，而是能听从成人的要求，并用语言自我安慰："家里已经有许多玩具了，我不买了。"

考点三　幼儿良好情绪的培养

1. 创设良好的育人环境
2. 成人良好的情绪示范和教养态度
3. 通过文学艺术作品培养幼儿高级情感
4. 帮助幼儿克服不良情绪

考点解析

幼儿情绪的发展，对其以后身心的健康成长具有极大影响。我们应十分重视儿童早期良好情绪的培养。

一、创设良好的育人环境

稳定和谐的生活环境可以促进幼儿的情绪发展。因此，依据幼儿身心特点制定的合理生活制度，不仅有利于幼儿身体健康和良好行为习惯的形成，也有助于幼儿情绪的稳定，所以无论在家庭还是幼儿园都应为孩子建立起科学合理的生活制度。与此同时，也必须为幼儿安排丰富多彩的活动内容，让幼儿生活在轻松和谐的多样化的生活环境之中，让幼儿产生兴趣，感到快乐和满足。

二、成人良好的情绪示范和教养态度

幼儿的情绪易受感染，模仿性强，因此，成人的情绪示范非常重要。日常生活中若成人经常显示出积极热情、乐于助人、关心爱护幼儿等良好情绪，对幼儿良好情绪的发展可起到潜移默化的作用。否则会造成不良后果。父母、教师不仅以自身为幼儿良好情绪树立榜样，同时，对幼儿的教育、管理应有正确态度，如对幼儿冷淡、粗暴容易造成幼儿情绪退缩、适应性差，不公容易造成嫉妒，溺爱容易形成幼儿情绪激动等。所以，成人要坚持正面教育和针对幼儿的个别情绪特征给予疏导，不能恐吓幼儿，也不能溺爱或过分严格地对待幼儿，否则会造成幼儿的不良情绪和

不良性格。

三、通过文学艺术作品培养幼儿高级情感

文学艺术作品最富有感染力，也为幼儿所喜爱，选择适合幼儿年龄特征的、优秀的儿童文学艺术作品，在培养幼儿的高级社会情感方面容易见效。

四、帮助幼儿克服不良情绪

每个幼儿在生活中都有可能与他人发生冲突、受到挫折，从而表现出不良情绪反应。为了避免幼儿产生严重的不良情绪困扰，成人一定要善于观察幼儿情绪的变化，及时加以了解，针对不同的问题可以采用不同的方法进行疏导。有时也应该给幼儿适当发泄情绪的机会，不要让幼小的心灵总受压抑。

模块一第六章　真题回放

第七章

幼儿个性和社会性的发展

考点与解析

考点一 幼儿个性的发展

1. 个性的定义
2. 个性的特征
3. 幼儿个性倾向性的发展
4. 幼儿个性心理特征的发展

考点解析

一、什么是个性

个性也称人格,是一个人在一定社会条件下形成的具有一定倾向的、比较稳定的独特的各种心理特征的总和。

个性心理结构主要包括自我意识系统、个性倾向性系统和个性心理特征系统3个部分。

(一) 自我意识系统

指自我意识对个体心理和行为的调节、控制,包括自我认识、自我体验、自我监控。自我意识系统是个性形成和发展的前提。

(二) 个性倾向性系统

指决定一个人的态度、行为和积极性的选择性的动力系统,是个性结构中最活跃的因素,是人活动的内在动力,包括需要、动机、兴趣、理想、信念、世界观等。

(三) 个性心理特征系统

指个人稳定的心理特点,包括气质、性格、能力。

二、个性的特征

(一) 整体性

个性作为一种心理特征系统,具有整体特性,它是不可分割的。个性结构中的任何一种成分的变化，都会引起系统内的其他成分的变化。

（二）稳定性

个性具有稳定性，它表现在一个人的各种活动和行为之中。一个人偶然的情境性的表现不能作为个性的特征，只有一贯的、在绝大多数情况下都得以表现的心理现象才是人格的反映。

（三）独特性

个性的独特性反映了一个人在人格方面与众不同的特性。一个人的个性是在遗传、环境、教育的交互作用下形成的。不同的遗传、环境和教育形成了各自的心理特点。

（四）自然性和社会性统一

个性是在一定的社会条件下形成的，因而，一个人的个性必然反映出他生活在其中的社会文化的特点和他受到的教育的影响，这就是个性的社会性制约。但是，人的心理，包括他的个性，又是大脑的机能，个性形成必然要以神经系统的成熟为基础。所以，个性是自然性和社会性的统一。

三、幼儿个性倾向性的发展

（一）幼儿需要的发展

需要是有机体内部的某种缺乏或不平衡状态。从需要起源的角度，可以把需要分为生物性需要（对饮食、睡眠、排泄等的需要）和社会性需要（对劳动、交往、求知等的需要）；按需要指向对象的不同，可以把需要分为物质需要（与衣、食、住、行有关的物品需要）和精神需要（交往、认知、审美、创造等的需要）。

幼儿期，比较突出的需要有生理需要、活动需要、交往需要、受人尊敬的需要、认知的需要、审美的需要。其中生理需要是最突出的需要。

（二）幼儿兴趣的发展

兴趣是指人经常趋向于某种事物，力求认识和参与某种事物，并具有积极情绪色彩的心理倾向。人的兴趣有很多种，如按兴趣内容划分，可分为物质的兴趣和精神兴趣；按兴趣的倾向性划分，可分为直接兴趣和间接兴趣。

幼儿兴趣的发展特点如下：
①幼儿兴趣比较广泛。
②幼儿的兴趣比较肤浅，多为直接兴趣，容易变化。
③幼儿兴趣表现出个别差异和年龄差异。

四、幼儿个性心理特征的发展

（一）幼儿气质的发展

1. 什么是气质

气质是一个人心理活动的稳定的动力特征，是人的个性心理特征之一。心理活动的动力特征是指心理过程发生时力量的强弱、变化的快慢、灵活性和稳定性。气质相当于我们日常生活中所说的脾气、秉性或性情。气质与人的生理特点直接联系，幼儿出生后即表现出气质上的差异，2岁儿童就具有气质类型轮廓。

2. 气质类型

（1）传统的气质类型

早在公元前5世纪，古希腊医生希波克拉底（Hippocrates，公元前约460—公元前377）就曾提出气质学说。他认为人体内有4种液体，即血液、黏液、黄胆汁和黑胆汁。这4种液体在人体内以不同的比例相结合便形成了人的4种不同气质：多血质的人，血液占优势；胆汁质的人，黄胆汁占优势；黏液质的人，黏液占优势；抑郁质的人，黑胆汁占优势。至今，心理学家基本上仍沿用这4种气质类型的名称。

巴甫洛夫的高级神经活动类型说为气质类型提供了科学的解释并阐明了生理机制。他通过科学实验，揭示了人的高级神经活动的兴奋过程与抑制过程在强度、平衡性、灵活性3个方面具有不同特征。这些特征的不同结合，构成了4种基本的神经类型：强、平衡、灵活的活泼型；强、不平衡的不可遏制型或兴奋型；强、平衡、不灵活的安静型；弱的抑郁型。上述的4种基本神经类型中，活泼型相当于多血质，不可遏制型或兴奋型相当于胆汁质，安静型相当于黏液质，弱型相当于抑郁质。这4种气质类型的特征是：

多血质：活泼好动，反应迅速，敏感，情绪发生快而多变，注意和兴趣容易转移，思维敏捷，善交际，亲切，有生气，但往往轻率，具有外倾性。

胆汁质：坦白，直率，精力旺盛，反应迅速，情绪发生快而强，易怒和暴躁，具有外倾性。

黏液质：沉着，安静，情绪发生慢而弱，反应缓慢，注意稳定且不易转移，往往表现为固执和冷漠，具有内倾性。

抑郁质：情绪发生慢，体验深沉，反应慢，行为孤僻，善于观察别人不易察觉的细小事物，具有内倾性。

下面是倪玉菁对幼儿气质的观察：

例1：她易察觉别人不易察觉的事情，在实验中，两根铁丝本应是等长的，但实际上有极细微的差异，先后参加实验的10个同龄小朋友，只有她一人注意到这个差异。她不喜欢说话，喜欢一个人玩，有时其他小朋友凑过来玩，她也不说话，只是厌烦地把他们推开，更不易与陌生人接触。她情绪不易外露，受到表扬时，也没有什么表示。在幼儿园里遇到不高兴的事，可以毫无表情，但回家后对着妈妈哭。她上课时很安静，总是一个姿势坐着。吃饭时，不管饭菜多么好，从不见她大口吃。午睡时，她总是把衣服一件件叠好，放在椅子上，如果椅子稍微歪一点，她又要把它放正，还要看上几眼，然后才躺下。起床时，穿衣动作也很慢。她是偏于抑郁质的孩子。

例2：他性子很急，每次拿小人书，都是拿一大摞，翻得很快，即使新书也很快看完，喜欢活动量大的活动，每次都玩创造性游戏，总是玩打仗，他是全班扔沙包扔得最远的一个。他爱逞能，有一次全班小朋友正在排队，他突然跑出队伍，用力拉住正在转动的转椅。他上课时坐不住，随便站起来，或在椅子上乱动，常常发出叫声。即使老师对他有所示意，他仍然克制不住。对老师的提问常常没有听清楚就急着回答，因此，常常答非所问。他偏于胆汁质。

例3：他很能自制。从小班开始，下课后全班只剩他一个人还在画画，其他小朋友都出去玩了，他不受影响，一直画到自己满意后才出去玩。看木偶戏时，有的小朋友哈哈大笑，他只是安静地笑。本班老师因事外出一个星期回来时大多数孩子拉着老师又说又笑，他只是在一旁看着老师，他如果受了委屈，整个半天情绪不好。他上什么课都集中注意，坐在他旁边的小朋友常常碰他，他不予理会。有一段时间里，他一直练打靶枪；有一段时间里，他一直练打羽毛球。他是全班最早学会这两项活动的，在坚持性的测查中，他坚持的时间比同班幼儿长。这个孩子偏于黏液质。

例4：她在班里跳绳比赛得第一名，每次学新舞蹈，总是班里学得最快的，她理解事物快，上课积极举手发言，并基本上能做出较好的回答。她对感兴趣的课能长时间集中注意，对不感兴趣的课不能集中精神注意，做小动作。但看见老师稍一示意，即能克制自己。她能较快地适应不熟悉的环境，第一次上台报幕和第一次为外宾演出，都能很好地完成任务。她喜欢和小朋友一起玩，从来不一个人单独玩，并很善于和小朋友交往，在游戏中常常当小领袖。她偏于多血质。

如何看待气质类型，值得注意的几点是：第一，在我们的现实生活中，具有典型的、单一的气质类型的人是不多的，绝大多数的人具有中间型的气质特征。第二，气质没有好坏之分，每一种气质类型都有积极的一面和消极的一面。例如，多血质的人灵活敏捷，适应能力强，但往往注意不稳定，兴趣容易转移，而黏液质的人比较稳重沉着，但往往有反应缓慢与固执的特点。第三，气质类型具有稳定性和可塑性。气质类型是由神经过程的特点决定的，神经过程的特点主要是先天形成的，所以，一个人的气质类型是比较稳定的，但也不是不能变化的。因而，人的气质虽然比较稳定，但也不是完全不变的。第四，气质本身不能决定一个人活动的社会价值和成就的高低，不同气质的人都可以有所成就。第五，气质类型影响性格特征形成。性格主要是在后天生活环境中形成的，包含着多种特征。不同气质类型的人在形成性格特征的时候，有些性格特征比较容易形成，有些比较难以形成。例如，胆汁质的人容易形成勇敢、果断的性格特征，但却难以形成善于克制自己情绪的性格特征。

（2）托马斯-切斯的气质类型学说

美国两位著名的心理学家托马斯和切斯通过长达10年的追踪研究，通过活动水平的规律性、生理机能的规律性对刺激反应的敏感性、对日常变化的适应性、反应的强度、反应的阈限、心境的质量、分心的情况、注意的坚持性这9个维度把幼儿的气质划分为3种类型。

①平易型。托马斯等人认为，这类儿童的人数最多，占75%。他们情绪稳定，活泼、爱玩、愉快，睡眠和饮食都有规律，容易适应新的环境，容易接近陌生人，容易接受新事物。通常这类儿童被看成可爱的孩子，而更多地受到成人的关怀。

②行为缓慢型。这类儿童占15%，他们平时不够活泼，有时大惊小怪，表现为安静和退缩，对新环境和新事物适应缓慢，但是，通过抚爱和教育可以逐渐培养起对新事物的兴趣，反应渐渐积极起来。

③困难型。这类儿童占10%，他们经常大惊小怪，生理活动没有规律，害怕生人，对新的环境表现出强烈的退缩和激动，反应迟缓。他们心境不愉快，与成人关系不密切，并且缺乏教育。这类儿童具有发生心理问题的危险性。一项研究表明，这类儿童到7岁时，有情绪问题的人数比其他两种类型要多。

3. 促进气质发展应注意的问题

教师和家长应该学习有关气质的基本知识并了解幼儿的气质类型和特点，根据幼儿的气质类型和特点选择不同的教育方式，提出不同的教育要求。如对胆汁质的幼儿应锻炼他的自制力，培养他冷静、沉着和有耐心。而对抑郁质的幼儿则应该注意发现他的优点，及时给予表扬，鼓励他的自信，等等。气质类型虽无好坏之分，但对幼儿的实践活动具有一定的影响。在日常生活中，教师和家长应注意帮助幼儿发展其气质类型的积极方面，塑造优良的个性品质，同时，削弱和改造气质类型的消极方面。这样可以达到逐渐发展幼儿气质的目的。

（二）幼儿性格的发展

1. 什么是性格

性格是指一个人对现实的稳定的态度以及与之相适应的习惯化的行为方式。性格是人的个性中最重要、最显著的心理特征。它在人的个性中起着核心的作用，是一个人区别于其他人的集中表现。有的人诚实、勇敢、谦虚，有的人则狡猾、懦弱、傲慢。这些都是人的性格的表现。

2. 性格的基本特征

（1）对现实态度的性格特征

人对现实态度的性格特征主要有3种：

①对社会、对集体、对他人态度的性格特征。如热爱祖国、助人为乐、自私自利、懒散、虚伪等。

②对学习和劳动态度的性格特征。如勤劳、认真、懒惰、马虎等。

③对自己态度的性格特征。如谦虚、自信、骄傲、自卑等。

（2）性格的意志特征

意志品质在性格特征中占有重要地位。性格的意志特征表现在有意识地调节自己的行为，克服困难以达到目的。

（3）性格的情绪特征

一个人情绪活动的强度、稳定性、持久性和心境等方面的特点构成了他的性格的情绪特征。

3. 幼儿性格的年龄特点

（1）好奇心强

好奇心是一种认识兴趣，它是人在认识事物过程中表现出来的短暂的探索性行为。幼儿的好奇心很强，主要表现在探索行为和提出问题两个方面。幼儿不仅用眼睛去观察事物，而且要用手去摆弄事物。许多事物对幼儿来说都是新奇的，因此，他们什么都想看看。幼儿也非常好问，他们经常问许多个"是什么"和"为什么"，喜欢打破砂锅问到底。

（2）独立性不断发展

独立性反映个人在行动中的自主程度。3岁前儿童的心理活动几乎完全是直接依赖于外界环境的影响，随着外界环境的改变而变化，没有自己的目的性和独立性。3岁左右，幼儿独立性发展进入一个新阶段。此时，他们不再满足于按照成人的直接命令来行动，而开始渴望像成人一样独立行动。

（3）坚持性随年龄增长不断提高

坚持性表现为坚持行动，努力达到预定的目的。幼儿初期行动的坚持性很差，在游戏中3岁左右的儿童常有违反游戏规则的现象，要他们坚持10分钟坐着不动都是困难的。只有到幼儿晚期，随着言语和思维调节机能的发展，才能初步坚持行动以达到一个比较浅近的目的。

（4）自制力不断发展

自制力是指一个人善于控制自己的情绪，约束自己言行的品质。自制力不仅表现在调节活动能持久地进行，也表现在对不符合成人要求和集体规则的行为的抑制上。抗拒诱惑和延迟满足被看作是幼儿自制力的两种表现形式。抗拒诱惑是抑制自己不去从事能得到满足但又为社会所不允许的行为，无论在有人或无人的情况下都拒绝有诱惑力但被禁止的愿望和行动。延迟满足是为了长远利益而自愿延缓当前的享受。儿童为了更好的结果或得到更大的满足，而去选择并忍受当前的挫折或不安，这种能力的形成是自制力发展的重要表现。有研究表明，4岁的幼儿大多数能等待延迟的满足。

韩进之等人对幼儿自制力的研究结果显示，幼儿自制力在3~4岁时很差，到了5岁才具有初步自制力，但水平还是有限的。

4. 幼儿良好性格的培养

影响性格形成的因素很多。遗传、环境、成熟和教育等因素，都会对性格形成和发展产生影响，但性格主要是在社会环境和教育影响下逐步发展起来的。

（1）家庭对幼儿良好性格形成的重要性

大量的研究结果表明，家庭环境、父母的教养态度对幼儿性格的影响作用是巨大的。家庭成员的关系、父母的文化素养、性格特征，特别是父母对幼儿教养的态度、幼儿在家庭中的地位、生活方式等都会对幼儿的性格形成打上最初的、深刻的烙印，直接影响着儿童性格的发展，为此必须重视早期家庭环境的影响。

（2）组织各种积极的实践活动

幼儿的性格是在实践活动中表现出来并逐步形成的。游戏对幼儿良好性格的形成和发展影响很大。特别是在角色游戏中，幼儿模仿成人的行为，模仿社会生活中人们的行为准则，从而学习对人、对事、对自己的正确态度和行为习惯，并逐渐得到巩固。幼儿园的各科教育活动都对幼儿提出一定的任务和要求，其目的是为了培养幼儿的坚持性、独立性和责任感等。总之，组织幼儿各种积极的实践活动，有助于幼儿良好性格的形成。

（3）发展幼儿道德意识

在幼儿良好性格形成中，道德意识起着重要作用。它使幼儿明确道德行为标准，产生道德体验，进一步形成道德行为。但幼儿的道德认识带有很大具体形象性，因此，培养幼儿道德意识、进行道德教育不能只讲道德标准或提抽象的道德要求，而应通过具体形象的典范，把道德教育渗透到各种活动中去，并坚持正面教育，这样才能更有实效。

（三）幼儿能力的发展

1. 什么是能力

能力是顺利、有效地完成某种活动所必须具备的条件。

2. 能力的分类

（1）一般能力和特殊能力

按能力的结构，可以把能力分为一般能力和特殊能力。

一般能力即平常所说的智力，是指完成各种活动都必须具有的最基本的心理条件。特殊能力是指从事某种专业活动或某种特殊领域的活动时，所表现出来的那种能力，如音乐能力、美术能力等。

（2）液体能力和晶体能力

按能力与先天禀赋和社会文化因素的关系，可以把能力分为液体能力和晶体能力。

液体能力又叫液体智力，是指在信息加工和问题解决的过程中所表现出来的能力，它较少依赖文化和知识的内容，而取决于个人的禀赋。所以，它受教育和文化的影响较少，却与年龄有密切的关系，20岁达到顶峰，30岁以后将随年龄的增长而降低。

晶体能力又叫晶体智力，是指获得语言、数学等知识的能力，它取决于后天的学习，与社会文化有密切的关系。而在人的一生中，晶体能力一直在发展，只是25岁之后，其发展速度渐趋平缓。

（3）认知能力、操作能力和社会交往能力

按能力所涉及的领域，可以把能力分为认知能力、操作能力和社会交往能力。

认知能力指获取知识的能力，也就是平常所说的智力。操作能力指支配肢体完成某种活动的能力，如体育活动、艺术表演、手工操作的能力。社会交往能力指从事社交的能力，如与人沟通的言语交往和言语感染力、组织管理能力、协调人际关系的能力等。

（4）模仿能力、再造能力和创造能力

按创造程度，可以把能力分为模仿能力、再造能力和创造能力。

模仿能力指仿效他人的言谈举止，做出与之相似的行为的能力。再造能力指遵循现成的模式或程序，掌握知识和技能的能力。创造能力指在活动中创造出独特的、新颖的、有社会价值的产品的能力。它具有独特性、变通性、流畅性的特点。

3. 婴幼儿一般能力发展的特点

（1）操作能力发展最早，语言能力发展迅速

操作能力是操纵、制作和运用的能力。个体出生后这种能力就有所显示。个体出生后就开始具有无条件抓握反射的能力，逐渐学会有目的的抓握动作。半岁以后的儿童，双手协调能力开始发展，手的灵活性也逐渐提高。1岁以后的儿童能运用各种操作能力开展各种游戏活动。在幼儿阶段各种游戏活动逐渐在一日活动中占据重要地位，同时，儿童走、跑、跳等运动能力逐渐完善。

个体出生后第一年是言语发展的准备时期，称为前言语阶段。1~3岁是言语真正形成的阶段。幼儿阶段言语表达能力逐渐增强，特别是言语的连贯性、完整性和逻辑性迅速发展，为幼儿的学习和社交创造了良好的条件。

（2）模仿能力发展迅速，认知能力全面完成

玛尔佐夫和穆尔拍录了新生儿出生12~21天时对成人伸舌、张口和噘嘴的模仿照片，表明新生儿已有模仿行为。婴儿从5~6个月开始出现有意的模仿。整个学前期儿童模仿能力发展迅速，对其心理发展，尤其是个性形成具有重要作用。从儿童出生到幼儿末期的发展，我们可以看到人类个体的认识能力发生、发展的过程。婴儿期的孩子刚出生时只具备基本的感知能力，随后开始出现初步的记忆、注意能力，随之相继出现了想象能力和直觉思维能力。而到了幼儿期后，儿童的各种认识能力都迅速发展起来，逐渐向比较高级的心理水平发展，认识活动的有意性也开始发展起来，为儿童的学习、个性发展提供了必要的前提。

（3）出现了主导能力的萌芽，开始出现比较明显的类型差异

学前期儿童已经出现了主导能力的差异，主导能力也称优势能力。在一个人各种能力的有机结合中，往往有一种能力起主要作用，另一些能力处于从属地位。如有的孩子在艺术方面有特殊才能，有的在语言方面表现出优势等。甚至于在同一活动中，不同儿童能力结合的方式也不同。

（4）特殊能力有所表现

在幼儿期，有些特殊才能已经开始有所表现，如音乐、绘画、体育、数学、语言等。据统计，在学前期即表现出音乐才能的幼儿更多。

4. 幼儿能力的培养

良好的素质是能力发展的重要前提，然而后天的环境和教育，特别是儿童早期的环境和教育将影响其一生的智力水平。

（1）提供丰富多彩的环境刺激

提供丰富的环境刺激与给儿童丰富的营养一样，对幼儿大脑的发育同样重要。儿童脑的机能是在环境的影响、作用下发展完善起来的，因此，有很大的可塑性。环境刺激的数量、质量和强度决定着幼儿脑功能的发展。许多动物实验和不同环境下儿童智力发展水平的研究都已证实了这一论断。因此，为了促进幼儿智力的发展，必须向幼儿提供丰富多彩的环境刺激。

（2）采取正确的早期教育

有目的、有计划、合理的早期教育对幼儿能力发展起主导作用。所谓"合理"，就是要求通过科学的测评手段，正确了解幼儿能力发展的实际水平和特点。在此基础上，有针对性地确定教育的内容、要求和方法，确保教育的最佳效果。幼儿能力有明显的个别差异。只有了解幼儿能力发展的实际水平和特点，才能真正做到因材施教、早出人才。

（3）培养幼儿良好的非智力因素

广泛而稳定的兴趣、强烈的求知欲与能力发展紧密相关。坚强的意志、顽强的奋斗精神对智力的发展有积极作用。实践证明，许多高智商的人，往往也会一事无成，关键是这些人的非智力因素没有得到良好发展。他们缺少对周围世界的主动探索，怕困难，缺乏毅力。因此，从小就培养幼儿良好的非智力因素，有助于幼儿能力的发展。

（四）幼儿自我意识的发展

1. 什么是自我意识

自我意识指主体对其自身的意识。自我意识是人类意识的一种形式，动物没有自我意识，只有人类才有自我意识。自我意识不是天生的，它受社会生活条件所制约，新生儿没有自我意识。随着年龄的增长、生活范围扩大、语言的使用，幼儿开始用代词"我"来称呼自己，这标志着

幼儿自我意识的发展进入了一个新的阶段。

2. 自我意识的结构

自我意识包括自我认识、自我体验和自我调控。

（1）自我认识

自我认识属于自我意识的认知成分，是指个体对自己身心特征和活动状态的认知和评价。它是自我意识的首要成分或基础。自我认识包括自我观察、自我分析和自我评价等。

（2）自我体验

自我体验属于自我意识的情感成分，是指个体对自己所持有的一种态度。自我体验包括自尊、自信、自卑、自豪感、内疚感和自我欣赏等。

（3）自我调控

自我调控属于自我意识的意志成分，是指个体对自己思想、情感和行为的调节和控制。自制、自立、自主、自我监控和自我控制等都属于自我调控范畴。

3. 幼儿自我评价发展的特点

（1）从依从性评价发展到对自己独立评价

幼儿初期对自己或别人的评价带有依从性，他们的自我评价往往依赖于成人对他们的评价，他们往往不加考虑地信任成人对自己的评价，自我评价只是简单地重复成人的评价。如要幼儿评价他是好孩子时，他会说："老师说我是好孩子。"这种自我评价还不是真正的自我评价，只能算作"前自我评价"。幼儿晚期开始出现独立性评价，特别表现在成人的评价与幼儿自我评价不一致时，幼儿会提出申辩，表示反感和不信任。

（2）从对个别方面的评价发展到对多方面的评价

4岁的幼儿可以进行自我评价，但主要是个别方面或局部的自我评价。例如，问幼儿为什么说自己是好孩子时，他会说，"我不骂人""我帮助老师收玩具"。6岁的幼儿则不仅能从个别方面进行自我评价，而且已能从几方面进行自我评价，表现出自我评价的多向性。

（3）从对外部行为的评价向对自己内心品质的评价过渡

幼儿基本上只对自己的外部行为进行自我评价，而不能深入对自己内心品质进行自我评价。例如，前面所讲幼儿在回答自己是好孩子的理由时，一般都倾向于以外部行为作答。如"我不骂人""我上课发言"，因此是个好孩子。只有到幼儿晚期，极少数的孩子在自我评价中，涉及内心品质，但是这种自我评价仍属于过渡状态。严格地说，还不是真正的对自己内心品质的自我评价。

（4）从主观情绪的评价到初步客观评价

幼儿的自我评价常常不从具体事实出发，而是从情绪出发，带有主观片面性。例如，苏波茨基发现，幼儿对美工作品做比较评价时，当幼儿知道是老师的作品时，即便作品的质量比自己的差（这是有意设计的），幼儿总是评价老师的作品好。幼儿对自己的作品和小朋友的作品比较时，总是评价自己的作品好。在一般情况下，幼儿总倾向于过高评价自己。总之在成人正确的教育下，到幼儿晚期，儿童已逐渐能够对自己做出客观、正确的评价。

4. 幼儿自我体验发展的特点

幼儿的自我体验从低级向高级发展，从生理性体验向社会性体验发展。幼儿的愉快和愤怒往往是生理需要的表现。委屈、自责、羞愧则是社会性体验的表现。幼儿自我意识中各个因素的发生和发展不是同步的，愉快和愤怒的体验发展较早，委屈、自尊和羞愧感发生较晚。

5. 幼儿自我控制能力发展的特点

人类个体不是一出生就具备了控制自己的能力，幼儿自我控制能力的发展和其生理的发展密切相关。有研究表明，3~5岁幼儿的自我控制能力随年龄的增长而呈现上升趋势，且这种发展的关键年龄在3~4岁之间。3~4岁的幼儿坚持性和自制性都很差，到了5~6岁，幼儿才有一定的坚持性和自制性。因此，总的来说，幼儿的自我控制能力还是较弱的。

6. 幼儿自我意识的培养

（1）给予幼儿积极的评价

幼儿自我意识的发展主要表现为自我评价的发展，而幼儿自我评价的特点是依赖、轻信、接受成人的评价。幼儿处于学习评价阶段，成人的评价是他们认识自己的重要依据。为此，成人对幼儿的日常行为表现应进行及时、客观和正确的评价。经常过高的评价会使幼儿骄傲自大。过低的评价又会让幼儿产生自卑、缺乏自信心。总之，过高或过低的评价都会形成幼儿不正确的自我评价，影响幼儿良好个性的发展。

（2）不断向幼儿明确行为要求

幼儿评价能否客观、正确，这与幼儿掌握行为要求的程度密切相关。因此，成人应通过生动、易懂的语言或文艺形式不断向幼儿提出明确的道德行为要求，帮助他们明确是非。这也有助于幼儿自我评价能力的提高。

（3）在集体活动中进行教育是发展幼儿自我评价能力的最好方式

集体活动好像一面镜子，从中可以观察到每个幼儿的表现，教师应善于在集体活动中注意观察每个孩子的行为表现，并及时给予评价，同时引导幼儿关注伙伴的言行，帮助幼儿学会客观评价别人和评价自己。

考点二　幼儿社会性的发展

1. 幼儿社会化与社会性
2. 幼儿亲子关系的发展
3. 婴幼儿同伴关系的发展
4. 师幼关系的发展
5. 幼儿亲社会行为的发展
6. 幼儿攻击行为的发展

考点解析

一、什么是幼儿社会化与社会性

幼儿的社会化是指儿童从一个自然人，逐渐掌握社会的道德行为规范与社会行为技能，成长为一个社会人，逐渐步入社会的过程，它是在个体与社会群体、儿童集体以及同伴的相互作用、相互影响的过程中实现的。社会性是作为社会成员的个体为适应社会生活所表现出来的心理和行为特征。

个体通过社会化来形成社会性行为。社会性行为是人们在交往活动中对他人或某一事件表现出来的态度、言语、行为等。因此可以说，社会性行为也就是具体的交往行为。幼儿社会性发展的主要内容有：亲子关系、同伴关系、师幼关系、亲社会行为、攻击行为等。

二、幼儿亲子关系的发展

亲子关系是指父母与子女的关系。亲子关系有狭义与广义之分。狭义的亲子关系是指儿童早期与父母的情感关系，即依恋。广义的亲子关系是指父母与子女的相互作用方式，即父母的教养态度与方式。

(一) 幼儿情感依恋的发展

1. 什么是情感依恋

情感依恋是乳儿和照看者（主要是母亲）之间亲密的、持久的情绪关系。依恋是幼儿社会化反应的开端，起始于生命的最初几个月。

2. 依恋行为的类型

（1）回避型依恋

这类婴儿对母亲在不在场都无所谓，母亲离开时，他们并不表示反抗、紧张、不安；当母亲回来时，也往往不予理会，表示忽略而不是高兴，自己玩自己的，有时也会欢迎母亲的回转，但只是非常短暂，接近一下就又走开了。因此，实际上这类婴儿对母亲并未形成特别密切的感情联结，所以，有人也把这类婴儿称作"无依恋婴儿"。这类婴儿约占20%。

（2）安全型依恋

这类婴儿与母亲在一起时，能安逸地玩弄玩具，并不总是偎依在母亲身旁，只是偶尔需要靠近、接触母亲，更多的是用眼睛看母亲、对母亲微笑或与母亲有距离地交谈。母亲在场使婴儿感到足够的安全，能在陌生的环境中进行积极的探索和操作，对陌生人的反应也比较积极。当母亲离开时，探索行为会受影响，明显表现出不安、苦恼，想寻找母亲回来；当母亲回来时，婴儿会立即寻找与母亲接触，并且很容易被抚慰而平静下来继续去玩弄玩具。这类婴儿约占65%~70%。

（3）反抗型依恋

这类婴儿每当母亲要离开前就显得很警惕，当母亲离开时表现得非常苦恼、极度反抗，任何一次短暂的分离都会引起婴儿大喊大叫。但是当母亲回来时，其对母亲的态度又是矛盾的，既寻求与母亲的接触，同时又反抗与母亲的接触，当母亲亲近他，如抱他时，他生气地拒绝、推开。但是要他重新回去做游戏似乎又不太容易，不时地朝母亲这里看。所以，这种类型又常被称为"矛盾型依恋"。这类婴儿占10%~15%。

3种依恋类型中，安全型依恋为良好、积极的依恋，而回避型和反抗型依恋又称为不安全型依恋，是消极、不良的依恋。

3. 依恋对儿童早期的影响

（1）安全的依恋有助于儿童积极地探索

研究表明，早期安全型依恋的孩子在2岁时产生更多复杂的探索行为，儿童对事物产生积极的兴趣，主动去活动、探索。随着儿童年龄的增长，这种好奇心则直接影响儿童解决问题的过程，使孩子表现出更高的持久性和愉快感，有助于问题的解决。

（2）婴儿期的依恋质量影响到儿童的同伴关系

在儿童社会交往和技能的发展上，良好的依恋能使儿童在顺应性和灵活性上成为适应良好的人。研究证明，安全型依恋儿童比不安全型依恋儿童更容易接触，情绪比较愉快，攻击性低，具有更强的社会适应能力和社会技能，他们的朋友更多。

三、婴幼儿同伴关系的发展

同伴关系是指年龄相同或相近的幼儿之间的一种共同活动并相互协作的关系，或者主要指同龄人或心理发展水平相当的个体间在交往过程中建立和发展起来的一种人际关系。

(一) 婴幼儿的同伴关系的发展

同伴关系的发展，最早可以在6个月的婴儿身上看到，这时的婴儿可以相互触摸和注视，甚至一个婴儿哭泣，另一个也会以哭泣做出反应。缪勒和白莱纳对幼儿的同伴相互作用划分为3个阶段：一是物体中心阶段。幼儿的大部分注意都指向玩眼前物体，而不是指向其他幼儿本身。二是简单相互作用阶段。幼儿对同伴的行为能做出反应，并常常试图支配其他幼儿的行为。例如，一个幼儿坐在地上，另一个幼儿转过来看他，对他微笑或者拿走玩具，希望通过这些行为引起对方的注意，与对方取得联系，另一个则会留心注意这些行为，并以微笑、注视、说话、递给玩具等方式做出响应。这个幼儿的动作就是一种指向其他幼儿的社会交往的接触。三是互补的相互作用阶段。幼儿出现了一些更复杂的社会性互动行为，对他人行为的模仿更为常见，出现了互动的或互补的角色关系。

（二）游戏中的同伴关系

幼儿之间绝大多数的社会性交往是在游戏的情境中发生的。幼儿在游戏中的交往是从3岁左右开始的。3岁前幼儿独自游戏比较多。3岁后，幼儿同伴交往的特点主要表现在以下几个方面：

①3岁左右，幼儿游戏中的交往主要是非社会性的，幼儿以独自游戏或平行游戏为主，彼此之间没有联系，各玩各的。

②4岁左右，联系性游戏逐渐增多，并逐渐成为主要游戏形式。在游戏中，幼儿彼此之间有一定联系，说笑、互借玩具，但这种联系是偶然的，没有组织的，彼此间的交往也不密切，这是幼儿游戏中社会性交往发展的初级阶段。

③5岁以后，合作性游戏开始发展，同伴交往的主动性和协调性逐渐发展。幼儿游戏中社会性交往水平最高的就是合作游戏。

④幼儿期同伴交往主要是与同性别的幼儿交往，而且，随着年龄的增长，越来越明显。

（三）影响同伴关系的因素

1. 早期亲子经验

大多数幼儿从出生便开始了与父母的交往，这种亲子关系不仅满足了幼儿的生存需要，还为他们以后的交往提供了丰富的经验。幼儿对同伴的态度和行为大多数是与其父母交往的翻版，幼儿早期与父母的交往经验对其与同伴的交往有着至关重要的作用。

2. 个体的特征

幼儿的性别、年龄、外貌等这些因素会影响幼儿被接纳和受欢迎的程度，甚至姓名也会影响到这一点。幼儿的气质、性格、能力等个性、情感特征也会影响他们在同伴交往中的被接纳程度和受欢迎程度。

四、师幼关系的发展

（一）什么是师幼关系

师幼关系是指幼儿园教师与婴幼儿在保教过程中形成的比较稳定的人际关系。

（二）师幼关系的类型

李红结合我国当前幼儿园的实际，将师幼关系概括为以下3种类型：

第一类是亲密型：班级中与教师关系亲近的幼儿，多是积极追随教师的思路，并且能够控制自己行为、遵守班级规则的孩子，教师耐心教导鼓励他们，直接的身体或目光接触较多，彼此建立依恋感，从而形成亲密、融洽的师幼关系。第二类是紧张型：过度活跃，经常出现纪律问题的幼儿多在师幼关系中处于被拒绝的消极状态，教师对行为习惯不良的幼儿表现得不够耐心，态度生硬，从而造成师幼之间感情疏远，甚至紧张、对立。很多教师往往习惯于用批评和责备去矫正孩子的过错行为，而忽视情感沟通。第三类是淡漠型：教师过多地关注乖巧的、听话的和调皮的孩子，而忽略了中间的孩子，使之产生被漠视、被忽略的感觉，进而产生疏离感。

（三）建立良好的师幼关系的策略

1. 在尊重的基础上，平等地对待每一个幼儿

在师幼交往中，教师要以民主、尊重、理解和宽容的态度对待幼儿。教师应理解幼儿的差异性，在实践中平等地对待每一个幼儿，给幼儿平等的发展机会，关注每一个幼儿的成长。

2. 适当的教育策略

在平等的交往中，敏锐地捕捉幼儿发出的信息，并能做出积极的反馈、支持和引导，引导幼儿自主地发展，关注幼儿的兴趣点，给予幼儿自由地选择活动内容和游戏材料的权利，促使幼儿和同伴、教师沟通和交流。

五、幼儿亲社会行为的发展

（一）亲社会行为的含义

亲社会行为又称积极的社会行为，或亲善行为。它是指一个人帮助或者打算帮助他人，做有益于他人的事的行为和倾向。幼儿的亲社会行为具体包括分享、谦让、援助、合作等。

（二）幼儿亲社会行为发展的特点

1. 3岁前的亲社会行为

亲社会倾向在幼儿出生后的第一年就可以看到，研究表明，1岁左右幼儿已经能够对别人微笑或发声，当看到别人处在摔倒、伤心等困境时，孩子会给予极大的关注并表现出相应的表情。斯特恩在1924年从观察中得出结论，2岁幼儿已经有感受他人悲伤的能力，并力图安慰帮助他人。2岁左右幼儿的亲社会行为已经萌发，而且幼儿越来越明显地表现出同情、分享和助人等利他行为。关于早期分享的研究发现，将玩具出示或递给不同的成人在1岁半的幼儿中是很常见的行为，并且，这种分享活动不要求鼓励、引导和奖赏。

2. 分享行为的发展

分享行为受物品的特点、数量、分享对象的不同而变化。分享行为是幼儿期亲社会行为发展的主要方面。有研究发现，幼儿分享行为的发展具有如下特点：幼儿的"均分"观念占主导地位；幼儿的分享水平受分享物品数量的影响；当物品在人手一份之外有多余的时候，幼儿倾向于将多余的那份分给需要的幼儿，不需要的幼儿则不被重视；当分享对象不同时，幼儿的分享反应也不同；与玩具相比，幼儿更注重食物的均分。

3. 亲社会行为出现明显的个性差异

有研究考察某儿童被另一儿童欺负时，附近其他儿童对这一事件的反应。结果发现，毫无反应的儿童极少，只占7%；目睹事件的儿童有一半呈现面部表情；有17%的儿童直接去安慰大哭者；其他同情行为包括10%的儿童去寻找成人帮助、5%的儿童去威胁肇事者，但有12%的儿童回避、2%的儿童表现了明显的非同情性反应。这一研究表明幼儿的亲社会行为存在个别差异。

4. 幼儿移情的发展

移情是指从他人角度来考虑问题。移情是儿童亲社会行为产生的前提，也可以作为产生亲社会行为的主要动机。幼儿移情的发展特点有：对别人心理状态的理解从简单到复杂；从能理解明显的外部线索到能理解隐蔽线索；儿童移情能力的水平是随儿童完成任务难度而变化的；移情能力发展的关键期可能在4~6岁。

六、幼儿攻击行为的发展

（一）攻击性行为的含义

攻击性行为是一种以伤害他人或他物为目的的行为。这种有意伤害行为包括直接的身体伤害（打人）、语言伤害（骂人、嘲笑人）和间接的心理上的伤害（如背后说坏话、造谣诬蔑）。

攻击性行为在不同年龄阶段的幼儿身上都会有或多或少的表现，一般表现为打人、骂人、推人、踢人、抢别人的东西等。

（二）幼儿攻击性行为发展的特点

1. 攻击行为的起因

年龄小的幼儿较多因为物品和空间的争夺而产生攻击行为；随着年龄的增长，由游戏规则、行为规范等社会性问题引起的攻击所占比例逐渐增多。

2. 攻击行为的方式

年龄小的儿童比年龄大的儿童更多采用身体攻击；随着年龄的增长，身体攻击的比例逐渐下降，言语攻击所占的比例逐渐增多。

3. 攻击行为的类型

年龄小的儿童工具性攻击多于敌意性攻击；随着年龄的增长，敌意性攻击所占的比例逐渐超过工具性攻击。

4. 攻击行为存在显著的性别差异

在幼儿园里，男孩的侵犯行为往往多于女孩。男孩比女孩更多地卷入攻击性事件中，男孩比女孩更容易在受到攻击后采取报复行动。男孩特别倾向于使用身体侵犯，语言侵犯也多于女孩，这种差异在出生后第二年就有所表现。

模块一第七章　真题回放

第八章

幼儿发展的个体差异

考点与解析

考点一　幼儿发展的个别差异

1. 个别差异的含义
2. 个别差异的表现

考点解析

一、什么是个别差异

个别差异，也指个体差异，是一个人在先天素质的基础上通过后天实践活动所形成的一贯的、持续的、有别于他人的个体心理特点。

人的心理既具有共同性，又具有明显的差异性。

二、个别差异的表现

个别差异主要表现在智力的个别差异和非智力的个别差异两大方面。

智力的个别差异主要是指智力在结构、水平、发展速度、认知方式等方面的差异。智力的结构差异表现为智力类型差异，如知觉类型差异、记忆类型差异、思维与语言的差异；智力的水平差异表现为智商的高低差异，如超常、低常的差异；智力的发展速度差异表现为智力发展的早晚差异，如早慧与晚熟的差异。此外，智力存在性别差异，表现为男女智力水平和类型上的差异。

非智力的个别差异主要是指个体在气质和性格方面存在的差异。

考点二　个别差异形成的原因

1. 生物遗传因素
2. 社会环境因素

考点解析

一、生物遗传因素的影响

遗传是一种生物学现象,是指父母双亲的身体结构和功能等通过遗传基因传递给下一代的现象。遗传因素是人格形成不可缺少的影响因素,影响程度随人格特征的不同而不同,通常在个体的智力发展和气质类型这两个与生物因素相关较大的特征方面它的作用比较大。

二、社会环境因素的影响

社会环境主要是指个体所处的社会现实,既包括个体所处的自然环境,如生态环境、气候条件、空间拥挤程度等,也包括个体所处的人文环境,如电影电视、文艺作品、人际交往关系、社会思潮、学校教育和家庭教育等。社会环境对个体差异的形成有重要影响。

考点三　幼儿发展个别差异的具体表现

1. 幼儿智力的差异
2. 认知方式的差异
3. 气质的差异
4. 性格的差异
5. 性别的差异

考点解析

一、幼儿智力的差异

(一) 幼儿智力结构差异

智力结构差异主要是指智力构成成分的差异。智力有各种各样的成分,它们可以按不同的方式结合起来,这种智力成分的不同结合就构成了智力结构上的差异,形成不同的智力类型。具体如下:

①知觉方面的差异。根据知觉过程特点的不同,可以把知觉分为分析型、综合型和分析-综合型。

②记忆方面的差异。根据记忆过程中感觉器官的主导作用不同,可以把记忆分为视觉型、听觉型、运动型和混合型。

③思维和言语方面的差异。

幼儿智力结构的差异并不标志着他们智力的高低,而只是标志着他们认知能力的倾向。任何类型的学生的智力都可能得到全面发展。

(二) 幼儿智力发展水平的差异

研究表明:在未经挑选的人群中,智力发展水平大体上呈常态分布,幼儿的智力水平符合这一分布,即智力水平属于中等程度的占大多数,智力水平极高与极低的很少。

(三) 幼儿智力发展速度和表现早晚的差异

幼儿的智力在发展速度和表现早晚等方面也存在差异。有的人从小就很聪明,在儿童时期就显露出非凡的智力和特殊能力;而有的人在幼儿阶段并没有显露出来多么聪明,而在长大之后却表现出惊人的才能。

二、认知方式的差异

认知方式又称认知风格,是个体在知觉、记忆、思维和解决问题等认知活动中加工和组织信息时所显示出来的独特而稳定的风格。认知方式的差异主要表现在场独立型与场依存型、冲动型与沉思型、复合型与发散型等方面。

(一)场独立型与场依存型

场独立型与场依存型是美国心理学家威特金提出来的。场独立型认知方式的人常常利用自己内部的参考来判断客观事物,不易受外来因素的影响和干扰,其认知独立于周围的背景,倾向于在更抽象的水平上进行加工,独立对事物做出判断。场依存型认知方式的人则倾向于以外部参照作为信息加工的依据,他们的态度和自我知觉更容易受周围的人们,特别是权威人士的影响和干扰,善于察言观色,注意并记忆言语信息中的社会内容。

(二)冲动型与沉思型

冲动型与沉思型是著名心理学家卡根提出的。冲动型认知方式的人具有迅速抓住整体和快速概念化相结合的特点,当他们对事物进行分类时能够迅速地根据整体特征来完成。但沉思认知方式的人却能够根据事物之间共同的关键特征进行分类。

(三)复合型与发散型

复合型与发散型是美国心理学家吉尔福特研究发现的。复合型认知方式是指个体在解决问题过程中常表现出复合思维的特征,即表现为搜集或综合信息与知识,运用逻辑规律,指向一个方向,缩小解答范围,直至找到最适当的唯一正确的解答。而发散型认知方式则是指个体在解决问题过程中常表现出发散思维的特征,即表现为个人的思维沿着许多不同的方向扩展,使观念发散到各个有关方面,最终产生多种可能的答案,而不是唯一正确的答案,因而容易产生有创见的新颖观念。

三、幼儿气质差异

气质是指一个人稳定的心理活动的动力特征。人的气质可以分为 4 个基本类型,即胆汁质、多血质、黏液质和抑郁质。

胆汁质的人,行动迅速、强而有力,不易安静,情绪易爆发,不能控制,有一股不可遏止的力量等。

多血质的人,行动活泼、敏捷、善于适应环境变化,能够灵活地与环境保持平衡,情绪反应迅速,但易变,不够有力等。

黏液质的人,行动缓慢、稳重,能平稳地适应环境;情绪反应慢,不爆发;能自我控制,不暴露内心体验等。

抑郁质的人,行动迟缓,不易对外反应;情绪反应极慢又不表露于外,但一旦发生情绪反应就强烈、深刻、持久;对外界变化敏感,能体验到别人觉察不出的事件等。

四、幼儿性格差异

性格指个体在生活过程中形成的对现实的稳定的态度以及与之相适应的习惯化的行为方式。性格是一种非常复杂的心理结构,它的个体差异表现在性格特征差异和性格类型差异两方面。

(一)性格特征差异

1. 对现实态度的性格特征

对现实态度的性格特征包括对社会、集体、他人的态度,对劳动、工作和学习的态度,对自己的态度等。如忠实、坦率、勤劳或者奸诈、虚伪、懒惰。

2. 性格的理智特征

性格的理智特征是指人在感知、记忆、思维、想象等认识过程中所表现出的习惯化了的行为方式。比如，有的人感知迅速，有的人感知迟缓。

3. 性格的情绪特征

性格的情绪特征指个体在情绪活动时的强度、稳定性、持续性以及主导心境等方面表现出来的个别差异。热情或冷淡、稳定或波动等体现了性格的情绪特征。

4. 性格的意志特征

性格的意志特征主要表现在个体对自己行为的控制和调节方面的性格特征，如自觉性、果断性、自制力以及坚韧性等方面的特征。

（二）性格的类型差异

性格类型是指一个人身上所具有的性格特征的独特结合。

根据个人心理活动倾向于外部还是内部把性格分为外向型与内向型。瑞士著名人格心理学家荣格认为，当一个人的兴趣和关注点指向外部客体时，就是外向型；当一个人的兴趣和关注点指向主体时，就是内向型。

根据智力、情绪和意志 3 种心理机能在性格结构中何者占优势，把人的性格划分为理智型、情绪型和意志型 3 种。根据个人独立或顺从的程度，把人的性格分为独立型和顺从型。

五、幼儿性别差异

性别差异是指不同性别所表现出来的稳定的、独特的心理特征。在生物性和社会文化的双重影响下，儿童期的发展中与性别相关的心理和个性差异已经明显。婴儿从出生起，成人就根据性别按不同的要求加以培养、教育。如，对衣着、玩具、行为表现等方面，成人对男童和女童的要求是不同的。另外，幼儿的性别认同也不一样，女童模仿母亲，男童模仿父亲。这样，男女性别差异，慢慢就形成起来。

一般来说，在注意方面，女孩注意的稳定性比男孩强，男孩比女孩容易分散注意；在空间能力上，童年中期男孩就比女孩好，而且该差异延续一生；在数学能力方面，男孩的数学推理能力要好于女孩；在语言能力方面，女孩通常能比男孩更早、更流利、更生动地使用语言。在非认知因素方面也存在着较明显的性别差异，如男孩比女孩独立性更强、更自信、兴趣更广泛，但情绪稳定性比女孩差，有更多的多动、攻击行为；而女孩比男孩的依赖性更强，更有可能寻求教师的认同，更遵守纪律等。

考点四　针对个别差异的适宜性教学

1. 资源利用模式
2. 补偿模式
3. 治疗模式
4. 个别化教育方案
5. 性向与教学处理交互作用模式

考点解析

美国幼儿教育协会在 1987 年的"符合孩子身心发展的专业幼教"声明中提出适宜性教学主张。有效的幼儿教学应是符合幼儿身心发展的、有针对性的教学。它应适应幼儿的年龄特征及个别差异。美国幼儿教育协会提出的适宜性教学法有以下主要方式：

一、资源利用模式

资源利用模式是指在教学过程中充分利用幼儿的长处和优点，以求人尽其才。教师要多开展区角活动，发现幼儿的优势领域，并为幼儿创造能表现并发展其长处的机会与平台。每个幼儿的智能优势中心都有差异，我们必须尊重这种差异，才能保证教学的有效性。

二、补偿模式

补偿模式是指幼儿在某一方面会有所不足，可以改由另一方面的强项去补偿。具体在教育教学中，那些在某些方面有优势的幼儿，在与他们求知方式吻合的学习活动中取得成功后，会很自觉地协助那些在这方面较为弱势的幼儿。教师可以利用这一心理，提供有效的学习环境及材料，让幼儿的学习潜能萌发出来。

三、治疗模式

治疗模式是指针对儿童某一方面的能力缺陷，进行有针对性的教育。如补偿教育就是为促进社会经济地位不利的儿童基本认知学习技巧的治疗教学模式。这是因为经济上处于贫困的儿童之所以学业上难以成功，是因为他们在语言、认知、社会性及情感方面的能力不足，而造成这一现象的根本原因是他们受社会和文化背景的限制。所以，补偿教育可以通过为这些儿童提供特殊的教育计划以弥补他们在这些方面的不足。

四、个别化教育方案

个别化教育方案最先用于特殊儿童的干预和矫正，由于对幼儿个体差异与发展的关注，它逐渐在幼儿教育领域中应用，为每个幼儿的发展提供个别化的教育方案。个别化的教学策略大体有 3 种：一是通过调整儿童学习速度适应其需求。二是为不同的学生设计与提供不同程度的多样性教材。三是适当调整教师的角色，减少教师的权威色彩，以尊重、包容的态度面对儿童，启发儿童主动学习。在个别化教育方案中最常用的是档案袋评价，即为每个幼儿设立相应的学习档案袋，根据其不同的学习特点进行个别化指导。

五、性向与教学处理交互作用模式

这一理论也称为"教学相适"理论，它是指教学应配合儿童的性向，教师对不同性向的儿童，应提供不同的教育措施，以发挥最大的教学效果。其教育启示是：没有任何一种教学与教材可以适合所有儿童，教师不应轻易放弃任何一个儿童，而要采用适宜的教学方法。

模块一第八章 真题回放

第九章

幼儿教育研究的基本方法

考点与解析

考点　幼儿教育研究的基本方法

1. 观察法
2. 实验法
3. 测验法
4. 调查访问法
5. 作品分析法

考点解析

一、观察法

观察法是有计划地对被观察者的活动、行为和语言及其发生的条件进行观察，以研究其心理活动的方法。学前儿童的心理活动有突出的外显性，通过观察其外部行为，可以了解他们的心理活动。因此，观察法是学前儿童发展心理学研究最基本、最普遍的一种方法。

进行观察研究，必须首先进行观察设计，观察设计通常包括3个步骤：首先，确定过程内容；其次，选择观察策略；最后，制定观察记录表。

观察法的优点是获得的材料比较真实。其局限性是：获取的资料的质量在很大程度上受到观察者本人能力水平、心理因素的影响。另外，实验的条件不被观察者所控制。再有，观察法的运用往往需要花费较多的人力、物力和时间。

二、实验法

实验法是指人为地、有目的地控制和改变某种条件，使被实验者产生一定的心理活动，从而进行分析研究的方法。对学前儿童进行实验，就是通过控制和改变儿童的活动条件，以发现由此引起的心理活动的恒定变化，从而揭示特定条件与心理现象之间的联系。实验法有两种：实验室实验法和自然实验法。

实验室实验法是借助专门的实验仪器，在对实验条件严格控制的情况下，引起和记录被试者心理活动而进行研究的方法。

实验室实验法最主要的优点是：能够严格控制条件，可以重复进行，可以通过特定的仪器设备探测一些不易观察到的情况，取得有价值的科学资料。用实验室实验法研究幼儿心理的不足之处是，幼儿在实验室环境内往往产生不自然的心理状态，由此导致所得实验结果不一定真实，有一定局限性。

自然实验法是在自然情境下，由实验者创设或改变一些条件，以引起被试者某些心理活动而进行研究的方法。

自然实验法的优点是：实验者可以控制和改变某些条件，同时又利用了日常的自然情境来探究某些心理活动的变化，被试者可以避免实验室实验法中所产生的紧张情绪而处于自然状态中，因此，研究的结果比较切合实际。其不足之处是：由于实验情境往往不易控制，在许多情况下还需要由实验室实验来加以验证和补充。

三、测验法

测验法是根据一定的测验项目和量表，来了解被试者心理发展水平的方法。采用测验法可以用于研究个体行为的某一层面的个别差异，也可以用来研究被试者两种或多种行为之间的关系。

测验法的优点是比较简便，在短时间内能够粗略了解儿童的发展状况。但它也有严重的缺点：测验所得往往只是被试者完成任务的结果，不能说明达到结果的过程；测验只做量的分析，难以做出定性分析；测验题目很难同时适用于不同生活背景下的幼儿。

对幼儿采用测验法时应注意以下几点：

①由于幼儿独立工作能力差，模仿性强，因而对幼儿都是用个别测验，不宜用团测。

②测验人员必须经过专门训练，不仅要掌握测验技术，还应掌握对幼儿工作的技巧，以取得幼儿的合作。

③幼儿的心理尚不成熟，其心理活动稳定性差，因此，不可仅凭任何一次测验的结果来判断幼儿的发展水平。

四、调查访问法

调查访问法是研究者通过问卷或访谈等方法和手段，对幼儿心理现象进行有计划的、系统的间接了解和考察，并对所收集的资料进行统计分析或理论分析的一种研究方法。

调查访问法的优点是：调查者可以在短时间内收集到大量有用的信息，使用方便，故而此法被广泛应用。其不足是：由于问卷的回收率较低，因此，可能会影响结果的准确性。另外，被调查者有时可能不认真合作，因此，可能会影响结果的真实性。再有，谈话法只能限于少数人，花费时间较多，所以不容易实施。

五、作品分析法

作品分析法是通过对儿童作品（手工、绘画等）的分析来了解儿童发展状况的一种方法。由于学前儿童在创造活动过程中，往往用语音和表情去辅助或补充作品所不能表达的思想，所以，脱离学前儿童的创造过程来分析其作品，难以充分了解其心理活动。对学前儿童作品的分析最好是结合观察和实验进行。

模块一第九章　真题回放

第十章

幼儿身心发展中出现的问题

考点与解析

考点一 幼儿身体发育中常见的问题

1. 佝偻病
2. 肥胖症
3. 龋齿
4. 弱视

考点解析

一、佝偻病

佝偻病是学前儿童常见的营养缺乏病，主要由于维生素 D 缺乏而引起全身性钙、磷代谢失常以至钙盐不能正常沉着在骨骼的生长部分，最终发生骨骼畸形，3 岁以下小儿发病较多。

（一）病因

1. 日光照射不足

皮肤接受日光中的紫外线照射，是人体所需维生素 D 的产生来源之一。学前儿童如果缺少户外活动，则会减少体内维生素 D 的合成，从而导致佝偻病的发生。冬、春季紫外线较弱，故本病在冬、春季多见。

2. 生长过速

骨骼的生长速度与维生素 D 和钙的需要量成正比，婴儿生长速度快，维生素 D 的需要量大，佝偻病的发生率高，特别是早产儿、多胎儿先天存在体内的钙少，出生后生长速度快，更易患此病。

3. 喂养不当

乳类中维生素 D 的含量很少，如果不晒太阳或未及时补充含维生素 D 丰富的食物，则极易患佝偻病。

4. 疾病、药物的影响

慢性呼吸道感染、胃肠及肝胆疾病等都会影响维生素 D 和钙、磷的吸收与利用,从而导致佝偻病的发生。

(二) 症状

①佝偻病的早期以多汗、夜啼、烦躁、摇头、枕后脱发等表现为主。

这类儿童大脑皮层兴奋性降低,条件反射形成缓慢,动作和语言发育迟。

②夜惊,晚上睡觉突然惊醒,哭闹,甚至尖叫。

③佝偻病进入活动期,出现骨骼改变,头部可见囟门加大,颅缝加宽,囟门闭合延迟,出牙延迟。婴儿期出现胸部肋骨软化,由于胸壁两侧下陷,导致胸骨向前突出,而出现肋串珠、鸡胸、漏斗胸。四肢由于骨质钙软化,缺乏支撑力,且肌肉、关节、韧带松弛,小儿学站学走时,下肢因负重而弯曲,出现"O"形腿和"X"形腿,也可出现手镯或脚镯。

(三) 预防

①提倡母乳喂养,及时添加富含维生素 D 的辅食,如蛋黄、动物肝脏等。

②应安排幼儿多在户外活动,多晒太阳,充分接受阳光中紫外线的照射。冬季也要保证每天 1~2 小时的户外活动时间。

③及时治疗某些疾病,如影响维生素 D 和钙吸收的胃肠道疾病及影响维生素 D 转化的肝肾疾病。

④患儿不宜久坐、久站、多走,以防骨骼畸变。

二、肥胖症

肥胖症是一种热能代谢障碍,由于摄入热量超过消耗热量,引起体内脂肪积累过多。一般认为体重超过其身高所对应的标准体重的 20% 以上,即可称为肥胖症。其中,超过20%~29%者为轻度肥胖,超过 30%~49%者为中度肥胖,超过 50%者为重度肥胖。

根据肥胖病因的不同,肥胖症可分为单纯性肥胖和继发性肥胖两种。小儿肥胖症中绝大多数为单纯性肥胖。

(一) 病因

主要为进食过多和活动过少。此外,遗传因素、心理因素(受到心理创伤或心理异常的儿童可由异常的食欲导致肥胖)及某些疾病也可引起肥胖。

(二) 症状

①食欲旺盛,食量超常,偏食。

②懒动,喜卧,爱睡。

③体格发育较正常幼儿迅速。

④体重明显超过同年龄、身高者。

⑤脂肪呈全身性分布,以腹部为甚。

(三) 预防

①合理饮食,提倡膳食平衡,为幼儿提供的饮食应合理搭配蛋白质、脂肪、糖类(碳水化合物)和水果、蔬菜。

②适当运动,提高幼儿对运动的兴趣,坚持每天必要的锻炼,并持之以恒。定期测量体重,若超重应及时采取措施。

三、龋齿

龋齿又叫虫牙、蛀牙,是牙齿硬组织逐渐被破坏的一种疾病,也是儿童最常见的疾病之一。

世界卫生组织将龋齿列为世界范围内重点防治的疾病。

（一）病因

1. 细菌因素

口腔内细菌可溶解牙齿组织中的有机物质，又可作用于牙缝中的食物残渣而产生酸性物质，使牙釉质脱钙，从而使牙齿组织缺损形成龋齿。

2. 牙齿本身因素

牙齿的点、隙、裂、沟等薄弱处易患龋齿；发育不良、钙化不良和位置不正的牙齿，也易患龋齿；学前儿童乳牙牙釉质、牙本质较薄更易患龋齿。

（二）症状

根据牙齿破坏的程度，将龋齿分为浅龋、中龋和深龋。

1. 浅龋

龋蚀破坏只在牙釉质内，出现褐色斑点或斑块，牙表面粗糙，患儿无自觉症状。

2. 中龋

龋蚀已到牙本质，形成龋洞，患儿在吃冷、甜、酸食物时感到酸疼。

3. 深龋

龋蚀已达牙本质深层，接近牙髓或已影响牙髓，冷热等刺激或食物嵌入龋洞均会引起疼痛，可并发牙髓炎。

（三）预防

1. 注意口腔卫生

应培养幼儿饭后漱口和睡前刷牙的习惯，及时清除食物残渣。3岁以后，可学习刷牙，宜选用儿童保健牙刷及含氟牙膏。

2. 坚固牙齿

合理营养，多晒太阳，补充维生素D和钙剂。

3. 预防牙齿排列不齐

不让婴儿吮吸干橡皮奶头，纠正幼儿吸吮手指、咬铅笔等不良习惯，恒牙萌出时要及时拔去滞留的乳牙。

4. 定期口腔检查，发现问题，及时治疗

四、弱视

弱视是指眼球没有器质性病变，视力低下，经矫正后也达不到正常值。

（一）病因

1. 斜视

因斜视引起复视（视物成双）和视觉紊乱，视觉中枢会抑制来自斜眼的视觉冲动，使该眼视觉功能长期被抑制，易形成弱视。

2. 屈光参差

由于两眼的屈光参差较大，造成物像的清晰度和大小不等，久而久之便会发生弱视。

3. 屈光不正

屈光不正性弱视多为双侧性，发生在没有戴过矫正眼镜的高度屈光不正患者，且多见于远

视屈光不正。无须特殊治疗，戴合适的眼镜，视力自能逐渐提高。

4. 视觉剥夺

在婴幼儿时期，由于先天性白内障，或上睑下垂而遮挡瞳孔，致使视觉发育不好而造成弱视。

5. 先天性

先天性弱视的发病机制尚不十分清楚，矫治效果不佳。

（二）症状

①弱视患儿不仅双眼或单眼视力低下，而且没有完善的双眼视觉功能，不能准确地判断物体的方位和远近。

②缺乏立体视觉，由于大脑只能得到单侧健康眼输入的视觉信号，大脑无法形成立体的像，难以完成精细的活动，给生活、学习和将来的工作都会带来不良的影响。

（三）预防及矫治

①培养幼儿良好的坐姿。如发现幼儿经常用歪头偏脸的姿势视物，或有斜视，应及时去医院检查诊治。

②定期检查视力和眼位，以便早发现，早治疗。年龄越小，治愈率越高。

③弱视者应散瞳验光，配戴合适的矫正眼镜，或遵医嘱采取其他矫治措施。

考点二　幼儿心理发展中常见的问题

1. 吮吸手指
2. 咬指甲
3. 口吃
4. 多动症
5. 儿童孤独症

考点解析

一、吮吸手指

吮吸手指是指将手指放入口中进行吮吸的习惯性行为。对于较小的幼儿来说，吮吸手指是一种常见行为，也属于正常现象，随着其年龄增长（到了两岁以后），这一行为会逐渐自行消失。但如果在幼儿期仍保留着吮吸手指的习惯，则应该视为一种心理问题。

（一）原因

1. 喂养方式不当

婴儿期在对婴儿喂养过程中，没能满足其吮吸的需要和欲望，致使婴儿以吮吸手指的方式来抑制饥饿或满足吮吸的需要，最后逐渐形成习惯。

2. 缺乏环境刺激，或缺乏成人的爱抚和关心

尤其是缺乏母爱，很容易导致幼儿从小就以吮吸手指来自我娱乐或自我安慰。

3. 心理处于紧张状态

常处于父母争吵、家长过于严厉等不良环境下成长起来的幼儿，当其心理处于紧张状态时，也会不自觉地表现出吮吸手指的行为。

（二）症状

幼儿经常吮吸手指可能引起手指肿胀、局部化脓。如果此习惯延续到换牙之后还会导致下颌发育不良，牙列异常，上下牙对合不齐，影响咀嚼功能。另外，吮吸手指的幼儿还可能遭受同伴的嘲笑、成人的指责，从而影响其心理的正常发展。

（三）预防与矫正

①改变不正确的喂养方式，不要让幼儿感到饥饿，从小注意培养其良好的生活习惯和卫生习惯。

②多给予幼儿关心以及爱的满足，尤其是母爱，使其在心理上能获得安全感和满足感。

③给予幼儿丰富的环境刺激，将其注意力吸引到各种活动、各种有趣的玩具中去，分散和淡化其对吮吸手指的注意和依恋。

④不要嘲笑幼儿的这种行为，更不要恐吓或强行制止幼儿吮吸手指的行为，以免引起其心理上的紧张，使其产生逆反心理或自卑感等。

二、咬指甲

咬指甲是指经常控制不住地表现出用牙齿咬去手指甲的行为。幼儿咬指甲这一行为多发生在 3 岁以上。

（一）原因

幼儿咬指甲的行为主要与其紧张的心理状态有关，其行为多发生在幼儿情绪紧张、焦虑不安的时候，如受到成人批评、训斥，或是家庭不和睦、适应困难时。也有部分幼儿的咬指甲行为是通过对周围成人或同伴的模仿所得。另外，体内缺钙、缺铁的幼儿，也有可能咬指甲。

（二）症状

幼儿咬指甲的行为一旦形成习惯，即使不处于紧张状态，他也会经常表现出这一行为，有的人甚至终生难改。咬指甲表现较严重的幼儿，往往会将 10 个手指的指甲都咬得很短，有的甚至会把指甲床咬出血来，还有的幼儿不仅咬手指甲，还咬手指上的各个小关节、衣服袖子或其他物品等。

（三）预防与矫正

①早发现早矫正。矫正幼儿咬指甲的行为需要一个过程，年龄越小越好矫正。

②成人需要多关心幼儿，多引导其参加各种游戏活动，使其摆脱紧张情绪，轻松而愉快地生活和活动。

③注意培养幼儿良好的卫生习惯，如勤剪指甲等。

④对于咬指甲较严重的幼儿，则需要采取行为治疗的方法。

三、口吃

口吃是指在说话时不由自主地在字音或字句上表现出不正确的停顿、延长和重复现象。它是一种常见的语言节律障碍。口吃的幼儿在说话时，通常还伴有情绪激动、跺脚、拍腿、摇头、瞪眼等表现。在口吃患儿中，男童多于女童。

（一）原因

1. 精神紧张

如家长对幼儿的期望过高，对其态度过于严厉，或由于父母离异、强烈的惊吓等使幼儿受到精神上的刺激，以及强制性改变左利手等。

2. 模仿

幼儿具有好模仿的特点，由于觉得口吃者讲起话来很好玩，于是经常加以模仿，时间长了便形成了习惯。

3. 成人教育上的失误

两三岁的幼儿，往往会出现发育性口吃，随着年龄的增长，这种口吃现象会逐渐消失。但如果在这一阶段中，成人经常对此加以纠正、训斥或加以模仿，无形之中会起到一种强化的作用，引起幼儿对自己说话的过分注意，使其担心自己说话不流利，精神变得紧张，这样口吃就会更加严重，结果反而真的形成口吃。

（二）预防与矫治

①消除引起幼儿精神紧张的各种因素，成人应注意引导幼儿不要着急、慢慢地说，绝不要对其口吃现象进行指责或过于纠正。

②成人注意调控周围的环境，尽可能避免因幼儿口吃而遭到周围人的嘲笑或模仿。

③成人说话时，要发音准确、语言流畅，辅以平静柔和的语气，以起到正确的示范作用。

④引导幼儿练习朗读儿歌、练习唱歌，也是帮助其矫正口吃的一种较好方法。

四、多动症

多动症又称"轻微脑功能失调"或"注意缺陷障碍"，是指以明显的注意力不集中、活动过多、行为冲动和学习困难等为主要特征的一种综合征。多动症一般在幼儿3岁左右就会起病，在患多动症的幼儿中，男童多于女童。

（一）表现

1. 活动过多

多动症幼儿似乎有用不完的精力，无论在何种场合，他们都处于不停活动的状态中，呈现过多的与发育年龄不相称的表现。

2. 注意力集中困难

注意力涣散、无法较长时间集中于指定目标是这类幼儿的突出特点。

3. 冲动性

冲动性是多动症突出而又经常出现的症状。多动症幼儿常常行动先于思维，遇事易冲动，想干什么就干什么，心血来潮不计后果。

4. 神经发育障碍

大部分多动症幼儿神经系统无明显异常，但可能存在以下问题：运动功能异常，动作笨拙、精细动作和协调能力较差，如扣纽扣动作缓慢且容易出错，走路摇摆不成直线等，同时伴有语言发育迟滞、言语异常等。

5. 情绪和行为问题

多动症幼儿情绪不稳，易哭、易怒，脾气倔强、一兴奋就手舞足蹈、忘乎所以，稍受挫折就发脾气、哭闹。同时，他们身上还存在各种不良行为倾向，如争吵、打架、不服从管教、横行霸道等。

（二）原因

幼儿多动症产生的原因和机理很复杂，一般认为，它是由多种因素共同作用的结果，如遗传因素、脑部器质性病变、代谢障碍（发育迟缓）、铅中毒以及不良的教育方式等。

（三）矫治

多动症症状可随年龄的增长逐渐消失，但是，由于幼儿多动症患者所表现出来的行为会影响到周围人对他们的态度，会引起成人对他们的不断干预，这些都将对他们心理发展产生重要影响，因此应及早地进行矫治。

1. 严格作息制度，增加文体活动

要培养患儿良好的生活学习习惯，让其有规律地、愉快地生活。同时，鼓励他们多参加小组或集体活动，并逐步引导他们遵守一定的行为规范。

2. 行为疗法

行为疗法主要是对患儿进行特殊训练，如视觉注意力训练、听觉注意力训练、动作注意力训练等活动。通过训练延长患儿注意力集中的时间，提高患儿的自制力和注意力。

3. 饮食疗法

近年来，有研究发现，多动症儿童不宜服水杨酸盐类药品，不吃或少吃含水杨酸盐较多的食物，如西红柿、苹果、橘子、杏，食品中少加人工调味品、食用色素等。

五、儿童孤独症

儿童孤独症，又称儿童自闭症，与儿童感知、语言、思维、情感、动作以及社交等多个领域的心理活动有关，属于发育障碍，在分类学上目前归于心理发育障碍范畴，称为广泛发育障碍。

（一）症状表现

1. 社会交流障碍

一般表现为缺乏与他人的交流或交流技巧，与父母亲之间缺乏安全依恋关系等，患儿常常感到特别孤独，与人缺乏交往，缺乏情感的联系。

2. 语言交流障碍

语言交流障碍为本症最突出的表现之一，儿童患病后一般言语逐渐减少，严重时完全缺乏。患儿对语言的理解能力低下，常出现一些刻板、重复、模仿和代词错用（尤其是在指代自身时用"你"代替"我"）等异常言语。患儿不会运用面部表情、躯体动作、姿势及音调与他人交往。

3. 重复刻板行为

患儿常坚持重复刻板的游戏模式和生活活动模式，抵抗改变，缺乏变化和想象力。如反复给玩具排队，坐的位置不能改变，东西放的地方不能改变，生活内容的顺序必须保持原样，走同样的路线去幼儿园，等等。

4. 智力异常

70%左右的孤独症儿童智力落后，但外貌无明显呆滞，这些儿童可能在某些方面具有较强的能力，20%智力在正常范围，约10%智力超常，多数患儿记忆力较好，尤其是在机械记忆方面。

5. 感知觉异常

患儿对听觉、视觉、痛觉等刺激反应迟钝，好似"视而不见""听而不闻"。对周围环境中出现的人或其他人物似乎没有看到，对他们的讲话也不予理睬。

6. 病态依恋某些特殊物品

孤独症患儿通常会对某些物品发生特殊的兴趣，如积木、收音机、球等，以至于达到依恋的程度。他们对这些东西爱不释手，且能在玩耍中感到满足，如将这些物品拿走，则会引起其哭

闹、惊慌。患儿很少参加其他儿童的游戏，一个人玩耍反而高兴，常常自得其乐。

7. 其他常见行为

其他常见行为包括多动、注意力分散、发脾气、攻击、自伤等。这类行为可能与父母教育中较多使用打骂或惩罚有一定关系。

（二）原因

目前，病因尚不清楚，国外不少研究认为，儿童孤独症的发病与遗传、家庭特征、社会心理、生理解剖、生物、化学等因素可能有关。

（三）矫治

1. 康复训练

其重点放在患儿能力的提高上，以最终进入社会为主要目标，如加强患儿的生活自理训练、语言训练等。

2. 为患儿创造正常的生活环境

最好让患儿上普通幼儿园，以便促进孩子交往能力和言语能力的发展，尽早进入社会。

3. 矫治过程中父母的付出最为关键

这种付出，既包括时间、精力，也包括了解掌握必要的专业知识及建议。

4. 矫治周期是一个漫长的过程

孤独症的治疗，短期内效果不会明显，康复的效果完全取决于付出努力的多少。在这个马拉松般的过程中，父母要注意调整情绪，保持健康、积极的心态。

5. 要对患儿的康复充满信心

模块一第十章　真题回放

模块二　学前教育原理

【前言】

教育是人类社会特有的活动，人们通过教育活动不仅习得个体经验，更为重要的是传承几千年来人类所积淀的丰富的文明成果。学前教育是教育的组成部分，幼儿教师要了解学前教育理论，树立正确的学前教育观，明确不同年龄学前儿童要采用不同的教育方法。

【考纲解析】

考纲要求	1. 理解教育的本质、目的和作用，理解教育与政治、经济和人的发展的关系，能够运用教育原理分析教育中的现实问题。 2. 理解幼儿教育的性质和意义，理解我国幼儿教育的目的和任务。 3. 了解中外幼儿教育的发展简史和著名教育家的儿童教育思想，并能结合幼儿教育的现实问题进行分析。 4. 理解学前教育的基本原则，理解幼儿园教育的基本特点，能对教育实践中的问题进行分析。 5. 理解幼儿园以游戏为基本活动的依据。 6. 理解幼儿园环境创设的重要性。 7. 理解幼儿园班级管理的目的和意义。 8. 掌握《幼儿园教育指导纲要（试行）》在幼儿园教育活动的目标、内容、实施和评价上的基本观点和要求。 9. 了解我国幼儿教育的改革动态与发展趋势
常见题型	单项选择题+简答题+论述题

【内容导读】

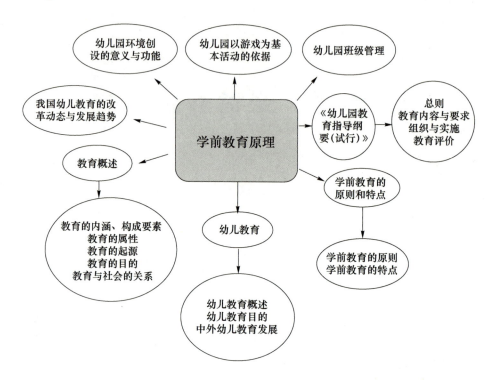

第一章

教育概述

考点与解析

考点一 教育的本质

1. 教育的基本概念
2. 教育的属性
3. 教育的起源

考点解析

一、什么是教育

教育是人类所特有的社会现象,它是在物质生产劳动过程中,适应社会和人类自身发展的需要,随着人类社会的产生而产生,随着人类社会的发展而发展。

最早把"教"和"育"连在一起,见于《孟子·尽心上》中的"得天下英才而教育之",自此,便有"教育"一词。什么是教育,古今中外的教育家对它的解释不尽相同。但他们有一个共同点,就是都把教育看成是感化、陶冶、培养人的活动,是促进年青一代身心健康发展的一个重要因素。

教育有广义和狭义之分。广义的教育指凡是有目的地增进人的知识技能、发展人的智力和体力、影响人的思想品德的活动都是教育。它可能是无组织的、自发的、零散的,也可能是有组织的、自觉的、系统的。广义教育包括社会教育、学校教育、家庭教育。狭义的教育一般是指学校教育。学校教育是教育者根据一定社会(或阶级)的要求和受教育者身心发展的规律,对受教育者所进行的一种有目的、有计划、有组织地传授知识技能,培养思想品德,发展智力和体力,以便把受教育者培养成为一定社会(或阶级)服务的人的活动。

二、教育的基本要素

教育的基本要素是指构成教育活动必不可少的最基本的因素。它包括教育者、受教育者、教育措施3个方面。

(一)教育者

凡是对学习者在知识、技能、思想、品德等方面起到教育影响作用的人,都可以称为教育者。自从学校教育产生以后,教育者主要指学校中的教师和其他教育工作人员。

(二)受教育者

受教育者指在各种教育活动中从事学习的人,既包括学校中的儿童、少年和青少年,也包括各种形式的成人教育中的学生。

(三)教育措施

教育措施是实现教育目的所采用的办法,它包括教育的内容和手段。

三、教育的属性

(一)教育的本质属性

教育是培养人的一种社会活动。这就是教育区别于其他一切事物的最本质的属性。这一属性包含下列几种含义:

①教育是把自然人转化为社会人的过程。
②教育培养人是有意识、有目的、自觉地进行的。
③教育是以人的培养为直接目标的社会实践活动。
④在教育这种培养人的过程中,存在着教育者、受教育者以及与社会要求相一致的教育措施3种要素之间的矛盾运动,这种运动的结果是受教育者根据社会要求的方向,身心发生预期的变化,成为社会所要求的人。

习近平总书记强调,教育决定着人类的今天,也决定着人类的未来。广大教师要做学生锤炼品格的引路人,做学生学习知识的引路人,做学生创新思维的引路人,做学生奉献祖国的引路人。

(二)教育的社会属性

1. 教育具有永恒性

教育是培养人的社会活动,为一切社会所必需。只要人类社会存在就必定有教育。教育是一种永恒的社会现象、永恒的范畴,具有永恒性。

2. 教育具有历史性

教育随着人类社会的产生而产生,随着人类社会的发展而发展。在不同社会或在同一社会的不同发展阶段,教育的性质、目的、内容和具体表现形态等都是不尽相同的。因此,教育又是一种历史现象、历史范畴,具有历史性。

在阶级社会里,教育总要反映一定阶级的利益、意志、愿望和要求。因此,在阶级社会里教育又具有阶级性。

3. 教育与生产力和社会政治经济发展的不平衡性

教育与生产力和政治经济制度的发展并非完全同步。就教育与生产力的关系看,教育事业发展要受生产力水平的制约,但另一方面,"经济要发展,教育要先行",要求教育的发展在一定程度上应优先于生产的发展。就教育与政治经济制度的关系看,当旧的政治经济制度消亡之后,与之相适应的教育并不立刻消失,还会残存一定时期,教育往往落后于政治经济制度的发展。另外,由于人们认识到了社会发展规律,预见到了教育发展的方向,在旧的政治经济制度下,也可能出现新的教育思想。

4. 教育具有自身的继承性

教育不能脱离社会物质条件而凭空产生。任何一种教育,从其思想、制度、内容、方法等方面来看，尽管受当时的政治经济制度和生产力发展水平的制约，但同时又是从以往教育发展而来的，都与以往教育有着渊源关系，即教育具有自身的继承性。

四、教育的起源

关于教育的起源主要有4种主张：神话起源论、生物起源论、心理起源论、劳动起源论。

（一）教育的神话起源论

教育的神话起源论是人类关于教育起源的最古老的观点，所有的宗教都持这种观点。这种观点认为，教育与其他万事万物一样，都是由人格化的神所创造的，教育的目的就是体现神或天的意志，使人皈依于神或顺从于天。这种观点是错误的，是非科学的。

（二）教育的生物起源论

教育的生物起源论认为，教育起源于动物的本能，教育现象不仅存在于人类社会中，也存在于动物界。它的倡始人是法国的社会学家、哲学家利托而诺。他在《各人种的教育演化》一书中认为，教育这种社会现象不仅存在于人类社会中，而且超越于人类社会范围之外，甚至在人类产生以前，教育就早已在动物界存在。他把生物竞争的本质说成是教育的基础，认为动物为了保存自己的物种，出于一种自然本能，要把自己的"知识"和"技巧"传授给幼小的动物。他把动物对小动物的爱护和照顾都说成是一种教育。认为人类教育只是在继承动物教育活动基础上的改进和发展。

（三）教育的心理起源论

教育的心理起源论认为，教育起源于儿童对成人的无意识模仿。它的倡始人是美国学者孟禄。他从心理学观点出发，批判了生物起源论，认为利托而诺没有揭示人的心理与动物心理的区别。但他又把儿童对成人出于本能的模仿说成是教育活动的基础，认为不管成人是否意识到或同意，儿童总是在模仿他们。模仿是一种教育的手段，也是教育的本质。

（四）劳动起源论

劳动起源论也叫社会起源论，它是在直接批判生物起源论和心理起源论的基础上，在马克思主义历史唯物主义理论的指导下形成的。马克思主义认为，教育起源于人类社会的物质生产劳动，起源于劳动过程中人们传递社会生产经验和社会生活经验的实际需要。人类靠生产维持自身的生存，靠教育维护社会生产的发展和社会生活的延续。

考点二　教育的目的和作用

1. 教育目的的概念
2. 教育目的的制定依据

考点解析

一、教育目的概述

（一）什么是教育目的

教育目的是指社会对教育所要造就的社会个体的质量规格的总的设想或规定。它既是教育活动的出发点，也是教育活动的归宿。

一般来说教育目的有广义和狭义之分。广义的教育目的是指人们对受教育者的期望，即人们希望受教育者在身心诸方面发生什么样的变化，或产生怎样的结果。狭义的教育目的是国家对学校中培养什么样的人才的总要求。

(二) 教育目的的意义

教育目的一旦确立后，它就会在教育过程中发挥它特有的功能。教育目的是一切教育活动的出发点和依据。教育是一种培养人的社会活动，培养什么样的人由教育目的规定。教育目的也是一切教育活动的归宿。一定的教育活动必然产生一定的教育效果，教育效果的衡量，主要看培养出来的人是否达到了教育目的的要求。教育目的是衡量教育质量的唯一标准。离开了教育目的，教育就偏离了方向。

(三) 教育目的的作用

1. 导向作用

教育目的规定了一定社会培养人才的质量规格或标准，实际上就是规定了教育活动的最大方向。教育目的的导向作用，主要表现在教育制度的建立、教育规划的确定以及教育活动形式及教育方法的选择等都要以教育目的为依据，并对它们起着决定性的指导作用。

2. 调控作用

由于教育目的提供了教育对象的发展方向和质量要求，这样，教育者在按照一定的教育目的对受教育者进行教育时，就能更好地控制教育对象的发展，改变人的自然的、盲目状态的发展过程，或摆脱各种不利于教育目的实现的外来干预，按照教育目的的要求来培养受教育者，把他们培养成为一定社会合格的成员。

3. 评价作用

教育目的是教育实践活动的出发点，也是教育活动要达到的结果或归宿，教育目的不仅是教育活动应遵循的根本指导原则，它也是检验教育活动成功与否最根本的标准。评价教育过程是否有效、教师工作成绩的高低以及在教育活动中学生成长的状况如何，虽然可以有也必须有非常细致的具体评价标准，但是，所有细化的评价标准的最高价值预设都来源于教育目的。教育目的是评估教育质量的最高准则。

4. 激励作用

教育目的是对受教育者未来发展情况的一种设想，具有理想性的特点。所以，一旦教育目的确定，它必然就有了激励教育行为的功能。

(四) 教育目的的层次

教育目的是各级各类教育培养人的总的质量标准和总的规格要求，它是一个多层次、多功能的结构体系。教育目的的层次包括国家教育目的、培养目标、课程目标、教学目标。

二、教育目的的制定依据

(一) 一定的社会生产力发展水平

生产力的发展水平体现人类已有的发展程度，又对人的进一步发展提供可能和提出要求。人的智力和体力的发展同生产力发展之间具有内在的联系，因而在任何社会形态里，在培养什么样人的问题上都必须大体反映着生产力的发展水平和要求，生产力的发展决定了培养人的质量与规格。

(二) 一定的社会经济和政治制度

一定社会的政治、经济决定教育目的的性质。在阶级社会里，在政治、经济上占统治地位的阶级，同样在教育上也占统治地位。教育目的是统治阶级人才标准的集中体现，在阶级社会中教育目的具有鲜明的阶级性。从教育的发展史来看，不同的社会、阶级，由于各自的经济、政治制度的不同，便有着不同的教育目的。总之，教育目的是随着政治、经济的发展变化而发展变化，具有历史性。

（三）儿童身心发展的规律

教育目的既然是教育活动主体对培养对象质量和规格的设计，就不能不依据受教育者身心发展的规律即少年儿童身心发展规律。少年儿童身心发展是有一定的规律可循的，它有一定的顺序性、阶段性、个别差异性等。教育对象的身心特点及发展规律虽不对教育目的的社会性质和方向起决定作用，但它仍然对教育目的有十分重要的制约作用。

（四）人们的教育理想

从根本上说，教育目的是存在于人的头脑中的一种观念性的东西，它反映的是教育者在观念上预先建立起来的关于未来新人的主观形象，因此，教育目的是一种理想。这种理想同政治理想、社会理想等紧密结合在一起，从不同的哲学观点出发就有不同的教育目的，如实用主义教育目的、要素主义教育目的、永恒主义教育目的、存在主义教育目的等。

考点三　教育与社会的发展

1. 教育与生产力的关系
2. 教育与政治经济制度的关系
3. 教育与人的发展

考点解析

一、教育与生产力的关系

一般来说，社会生产力的发展制约着教育的发展，同时，教育的发展又促进社会生产力的发展。

（一）生产力对教育的制约作用

1. 生产力的发展水平制约着教育事业发展的规模和速度

生产力的发展水平决定了一个社会所能提供的剩余劳动力数量。剩余劳动力数量与社会中可能受教育和从事教育工作的人的数量有直接关系，还决定着一个国家所能支付的教育经费的数量。办教育离不开人力和物力，一般地说教育事业发展的规模和速度与社会生产力发展水平成正比。

2. 生产力的发展水平制约着人才培养的规格和教育结构

教育的根本任务是培养人才。培养什么样的人，既受制于政治、经济制度，也与生产力的发展水平有密切关系。生产力的发展也必然引起教育结构的变化。设立什么样的学校，开设什么样的专业，各级各类学校之间的比例如何，各种专业之间的比例如何，都受生产力发展水平和产业结构所制约。

3. 生产力的发展促进着教学内容、教学方法和教学组织形式的发展与改革

生产力的发展促进着科学技术的发展与更新，也必然促进着教学内容的发展与更新。

（二）教育对生产力的促进作用

生产力的发展推动和制约着教育的发展，而教育对生产力的发展也起着巨大的促进作用。

1. 教育是把可能劳动力转化成现实劳动力，进行劳动力再生产的重要手段

马克思主义认为，人是生产力中最基本的因素，但这里所说的人，是具有一定生产知识和劳动技能的人，当人还没有任何生产知识和劳动技能时，他只是一种可能的劳动力，要把这种可能的劳动力转化为现实劳动力，就需要依靠教育。通过教育，可以使人掌握一定的科学知识、生产经验和劳动技术，即把可能而尚未掌握科学技术的劳动力变为掌握科学技术的现实的劳动力，从而形成新的生产能力，提高劳动生产率，促进社会生产的发展。

2. 教育是科学知识再生产的手段

马克思曾经指出，"生产力里面也包括科学在内"。但是，科学知识在未用于生产之前，只是一种意识形态或潜在的生产力，要把潜在的生产力转化为人能掌握并用于生产的现实生产力，必须依靠教育。学校教育是进行科学知识再生产的最有效的形式。

3. 教育是生产新的科学知识、新的生产力的重要手段

教育的主要职能是传递人类已有的科学知识，但它也担负着生产新的科学知识、发展科学的任务，这在高等学校表现得尤为明显。高等学校由于学科设置比较齐全，许多学者、专家集中在一起，许多学会、研究所也设在学校，科研力量比较集中，有利于开展综合性课题和边缘科学的研究。

二、教育与政治经济制度的关系

教育不仅与生产力有着密切的关系，而且与生产关系也有着密切的关系。一定社会生产关系的总和构成社会的经济基础，它集中表现为社会的经济制度。而政治又是经济的集中表现。因此，教育与生产关系二者之间的关系，主要表现为教育与社会经济制度的关系上。

（一）政治经济制度对教育的制约作用

1. 政治经济制度制约着教育的领导权

在人类社会中，谁掌握了生产资料、掌握了政权，谁就支配着精神生产的资料，掌握着教育的领导权。在阶级社会中，统治阶级总是利用他们在政治、经济和思想方面的统治地位，控制着教育领导权，使教育者根据他们的利益要求确定方向，培养自己所需要的人。

2. 政治经济制度制约着受教育权

不同的人享有不同的受教育权，这也是由政治经济制度所决定的。人类进入阶级社会后，由于不同阶级在政治、经济上的不平等，反映在教育上，不同阶级子女的受教育权也是不平等的。这种不平等的受教育权或是由国家法律做出明文规定，或是由受教育者的经济条件或其他某些条件所决定。

3. 政治经济制度制约着教育目的的性质和部分教育内容

教育的根本任务是培养人，在一定社会中，培养具有什么样政治方向、思想意识的人，是由政治经济制度所决定的。不同的教育目的需要制定不同的教育制度，规定不同的课程内容来保证实现，特别是哲学等社会科学方面的内容。

（二）教育对政治经济制度的反作用

一定性质的教育被一定的政治经济制度所决定，但是，教育对政治经济制度又有积极的反作用。

1. 教育通过培养人才作用于政治经济制度

通过培养人才作用于政治经济制度是教育对政治经济制度反作用的一个主要方面。自古以来，任何一种政治经济制度，要想得到实现、巩固和发展，必须有一定的人才做支柱，而这些人才的培养，在很大程度上是依靠学校教育。

2. 教育可以促进政治民主

一个国家的政治是否民主，是由该国家的政体所决定，但与人民的文化水平、教育事业发展

的程度也不无关系。一个国家普及教育的程度越高,人的知识越丰富,就越能增强公民意识,认识民主的价值,推崇民主的措施,在政治生活和社会生活中履行民主的权利,推动政治的改革与进步;在一个文盲充斥的国家里,独裁政治、宗教迷信和官僚主义是比较容易推行的。

3. 教育通过传播思想、形成舆论作用于一定的政治经济制度

学校是知识分子和青少年集中的地方,他们有知识、有见解,思想敏锐,勇于发表意见,通过教育者和受教育者的言论、行动、讲演、文章,学校中的教材和刊物等,来宣传一定的思想,造成一定的舆论,借以影响群众,为一定的政治、经济服务。正因为教育具有这样的作用,所以,历代统治者紧紧抓住教育这一武器来为巩固他们的统治服务。

三、教育与人的发展

教育是培养人的社会活动。教育对社会产生的作用,归根到底要看教育能否促进人的发展。学校教育是由承担教育责任的教师和接受教育的学生共同参与和进行的。学校教育的环境具有极大的人为性,它又具有明确的目的,有指定的教育内容,有活动的计划,有系统的组织和特殊的教育条件。可以说,它是一种特殊的环境因素,在人的身心发展中起主导作用。

(一)学校教育是按照社会的要求由教育者对个体进行的一种有目的、有计划、有组织的活动

学校教育根据社会发展和人的身心发展规律,制定培养目标,并通过各种教育活动促使学生达到目标。它是一种有目的、有计划、有组织的培养人的工作。所以,受过学校教育的人和未受过学校教育的人相比,在接受人类积累起来的各种文化上不仅有数量、质量和程度上的差异,而且具有态度与能力上的差异。教育不仅培养学生智能发展,还培养其个性品质,使学生形成一定的品德和世界观。所以它制约着学生心理发展的方向和过程,影响着学生心理发展的趋势、速度和水平。

(二)学校教育具有加速个体发展的特殊作用

在日常的生活和实践中,个体的身心同样会有发展。学校的作用在于尽可能加快这一变化的速度和缩短实现发展目标的时间。这是因为,学校教育是目标明确、时间相对集中、有专人指导并进行专门训练的社会活动。

(三)学校教育,尤其基础教育对个体发展的影响不仅具有即时价值,而且具有延时价值

学校教育的内容大部分具有普遍性和基础性,即使专门学校的教育内容也属该领域内普遍和基础的部分,因而对人今后的进一步学习具有长远的价值。此外,学校教育提高了人的需要水平、自我意识和自我教育的能力,这对人的身心发展来说,更具有长远的意义。学校教育帮助个体形成对自身发展的自主能力,使个体的发展由自发提高到自觉的阶段。

现代学校教育有了更雄厚的物质基础和科学技术作为依托,能为人的发展提供更便利的条件、更先进的技术手段、更为科学的方式方法和更丰富深刻的教育内容。

模块二第一章 真题回放

第二章

幼儿教育

考点与解析

考点一 幼儿教育概述

1. 什么是学前教育
2. 幼儿教育的性质
3. 幼儿教育的意义

考点解析

一、什么是学前教育

学前教育有广义和狭义之分。广义的学前教育是指从出生到 6 周岁或 7 周岁的儿童实施的保育和教育，狭义的学前教育是指对 3~6 周岁或 7 周岁的儿童身心所施加的有目的、有计划的影响。本书所指的学前教育指后者。学前教育是一种社会现象，也是一项社会活动。我国的学前教育是我国教育体系的重要构成部分，是我国学校制度的基础阶段。学前教育的目的一方面在于促进幼儿身心健康，促进幼儿和谐、全面地发展，为培养社会主义事业的建设者和接班人打基础、做准备；另一方面在于为幼儿家长解除后顾之忧，有利于解放劳动力，使家长更潜心于物质财富和精神财富的创造。

学前教育是儿童所受的各种影响中的一种非常重要的影响，与家庭影响、社会影响的协调一致，是其有效地发挥作用的重要保证。

二、幼儿教育的性质

我国是人民民主专政的社会主义国家，这就决定了我国幼儿教育的社会主义性质，决定了它是我国社会主义教育事业的组成部分。

学前教育（即幼儿教育）的基本性质：

（一）基础性

学前教育（即幼儿教育）"是基础教育的重要组成部分，是我国学校教育和终身教育的奠基阶段"。其主要任务是在健康、语言、社会、科学、艺术诸方面，为一代新人具备良好素质做好启蒙启智、培土奠基工作，为儿童顺利地进入小学及其以后的学习做好身体、心理的充分准备，是基础教育的基础，具有绝对的基础性。

（二）公益性

学前教育对个体而言是"关系亿万儿童的健康成长"，对社会而言是"关系千家万户的切身利益"，对国家而言是"关系国家和民族的未来"。从经济角度看，是"筑建国家财富"，具有公共物品的性质；从政治角度看，是国家战略项目，具有公共服务体系组成成分的性质。总之，学前教育"是重要的社会公益事业"，具有显著的公益性。

（三）保教性

从历史看，学前教育的前身是家庭教育或母育学校，而家庭教育天然具有"保"和"教"的二重性。从对象看，学前教育的主要对象是3~6岁的幼儿，其生理心理都处在生长发育的关键时期，不仅需要物理性"保"的精心呵护，还需要化学性"教"的知识积累和品行养成。教育性是学前教育与其他教育共有的属性，保育性是学前教育本身特有的属性。应在学前教育阶段保教统一、保教结合，保教性是学前教育与生俱来的本身固有的性质。

三、幼儿教育的意义

（一）促进幼儿身体健康成长

幼儿独立性差，饮食起居都需要成人的妥善安排和照料，并且他们免疫能力较低，防病能力较差，同时，幼儿爱探索，对任何事物都感到新奇，但又缺乏安全意识，这些都要求成人对幼儿的精心照料和细心呵护。幼儿园能够合理地安排一日生活和营养保健，科学地组织幼儿进行体育锻炼，培养幼儿良好的生活卫生习惯等。另外，幼儿园教育除给幼儿提供较好的物质环境、对幼儿身体加以照料外，还包括对幼儿心灵的呵护。诸多事实和研究都表明，学前期是幼儿形成各种行为、习惯和个性的重要时期，而该时期所受到的环境和教育则是其行为、性格形成的基础。因此说，幼儿教育对个体的保育功能能够在很大程度上影响幼儿个体的发展及其将来各方面的健康发展。

（二）促进幼儿人格的健全发展

学前期是个体发展的启蒙期，幼儿在这个时期所受的教育为其以后的终身发展起全面的、奠基性的作用，这就决定了幼儿教育的功能必须照顾儿童的全面发展。幼儿教育重视幼儿社会的、情感的、人格的培养。同时，学前期也是幼儿良好的社会行为和品格发展的重要时期，这个时期的发展状况奠定了以后发展的基础。这种良好的人格品质的培养离不开良好的幼儿教育。

（三）促进幼儿社会化的发展

人的社会化过程是从人出生后开始的。幼儿入学前，在良好的教育环境下，能够从不懂、不会到逐步完善自己，并达到适应社会生活的基本要求。不管生活在哪个社会里，幼儿的个性总是朝着那个特定社会的要求发展的。

考点二 幼儿教育目的

1. 幼儿教育目的内涵
2. 幼儿园的任务

考点解析

一、幼儿教育目的内涵

（一）什么是幼儿教育目的

教育目的是指国家或社会对教育所要造就的人的质量规格的总设想或总规定，教育目的的实现是一个长期的、连续的过程。

由于社会所需要的人才是多层次、多规格的，各级各类教育的情况不同，所以，根据教育对象的身心发展水平和各自的特点，将教育目的具体化，即划分为各级各类教育的目标。幼儿教育目标是教育目的在学前教育这一阶段的具体化，是国家对幼儿园提出的培养人的规格和要求，是全国各类型幼儿学前教育机构统一的指导思想。

（二）我国幼儿教育目标

我国幼儿教育的目标是："对幼儿实施体、智、德、美等方面全面发展的教育，促进其身心和谐发展。""全面"，指体、智、德、美发展的整体性，缺一不可；"和谐"，指体、智、德、美的有机性，不可分割。"全面和谐发展"是幼儿园教育目标的核心要求，既是出发点，也是归宿。幼儿园教育只有全面实施素质教育，才能满足幼儿终身学习和未来发展的需要。

这一目标体现了国家对新一代要求的总方向，是确定幼儿园教育任务，评估幼儿园教育质量的根本依据，国家通过这一目标对全国幼儿园教育进行领导和调控。

（三）制定幼儿教育目的的依据

①符合不同年龄幼儿身心发展规律。
②符合国家教育目的的要求。
③符合社会发展的客观要求。
④符合国家教育目的的要求。

二、幼儿园的任务

国家教育委员会颁发的《幼儿园工作规程》中明确陈述了我国幼儿园的任务，即"贯彻国家的教育方针，按照保育与教育相结合的原则，遵循幼儿身心发展特点和规律，实施德、智、体、美等方面全面发展的教育，促进幼儿身心和谐发展"。在第五条具体描述了幼儿园保育和教育的主要目标如下：

①促进幼儿身体正常发育和机能的协调发展，增强体质，促进心理健康，培养良好的生活习惯、卫生习惯和参加体育活动的兴趣。
②发展幼儿智力，培养正确运用感官和运用语言交往的基本能力，增进对环境的认识，培养有益的兴趣和求知欲望，培养初步的动手探究能力。
③萌发幼儿爱祖国、爱家乡、爱集体、爱劳动、爱科学的情感，培养诚实、自信、友爱、勇敢、勤学、好问、爱护公物、克服困难、讲礼貌、守纪律等良好的品德行为和习惯，以及活泼开朗的性格。
④培养幼儿初步感受美和表现美的情趣和能力。

模块二第二章　真题回放

第三章

中外幼儿教育思想的发展

考点与解析

考点一 中外幼儿教育发展简史

1. 西方学前教育的发展
2. 中国学前教育的产生发展

考点解析

从原始社会到资本主义社会、社会主义社会，幼儿教育始终与人类社会一起产生和发展。

一、西方学前教育的发展

（一）"二战"前的发展

19世纪初期，欧洲最早发生了工业革命。工业革命导致了社会化大生产的出现，社会化大生产又导致了幼儿教育的社会化。

1816年，英国空想社会主义者欧文（Owen，1771—1858），在苏格兰纽兰纳克创办了一所幼儿学校，目的是谋求儿童特别是社会下层出身的儿童的生存、健康和幸福，这堪称是世界上最早的幼儿教育机构。1837年，德国幼儿教育家福禄贝尔（F. Froebel）在勃兰根堡开办了一所幼儿教育机构，专收3~7岁的儿童。1840年，他将此机构命名为"儿童花园"（Kindergarten）。19世纪末期开始的第二次工业革命使生产力有了更大的提高，从而极大地促进了世界幼儿教育的发展。各国政府还纷纷立法以确立幼儿教育的地位。英国于1870年通过初等教育法案，确定幼儿学校为初等教育的一部分。1881年法国政府明令组织"母育学校"，从此，私人慈善事业变成国民教育事业，教育功能成为公共幼儿教育的主要功能。1907年意大利教育家蒙台梭利（Maria Montessori）在罗马创办"儿童之家"并制定了以感官训练为基础的幼儿教育教学体系。德克乐利、格赛尔、杜威、弗洛伊德等陆续进行了有关儿童发展与教育的研究和实验。早期教育的重要性得到越来越多的人关注。这些幼儿教育理论和方法体系奠定了现代幼儿教育的基础。

（二）"二战"之后

第二次世界大战后，在新技术革命的推动下，提高人的素质受到严重关注，幼儿教育也由此得到广泛重视,促使世界幼儿教育趋向普及,许多国家的幼儿教育机构有了大幅的增长。国际社会保护儿童地位与权利的呼声日益高涨。1946年12月,世界上第一个为全球儿童谋福利的国际组织——联合国儿童基金会成立,以改善发展中国家全体儿童生存及发展状况为目标。1960年联合国教科文组织提出了"终身教育"理论,主张从小保障儿童接受教育的权利,并使之制度化。这些对保障世界儿童的受教育权,增进人们对幼儿教育价值的关注起到了积极作用。同时,这一时期幼儿教育理论和实践迅速发展。从整体看,世界幼儿教育的主要趋势是强调儿童思维能力的发展,认为适当的教学方法和内容,对儿童认知发展将起关键性作用。

随着社会的发展,世界各国普遍重视学前教育,教育机构数量增加迅速,教育机构越来越多样化,学前教育的质量在不断提高。

二、中国学前教育的产生发展

(一)鸦片战争之后

1901年清政府宣布实行"新政",把教育改革作为"新政"的重要内容之一。1903年,清政府修订《奏定学堂章程》,亦称"癸卯学制",在全国范围内正式颁行。癸卯学制是我国第一个在全国颁行的学制,它第一次以国家学制的形式,将学前教育机构的名称确定了下来。1903年,我国创办了第一所幼儿学前教育机构——湖北武昌的湖北幼稚园。根据癸卯学制对蒙养院总的要求,清政府还颁布了《奏定蒙养院章程及家庭教育法章程》,这一章程对蒙养院的教育宗旨、招生对象、设置范围和地点、科目、教学方法、保教人员、行政管理等都提出了具体要求。它规定,"蒙养院专为保育教导3岁以上至7岁之儿童",蒙养院实行"蒙养家教合一"的宗旨。可以看出,章程已注意到学前教育的内容与方法应当尊重儿童的年龄特点。

癸卯学制以及《奏定蒙养院章程及家庭教育法章程》的诞生,意味着我国公共学前教育的制度和体系正式诞生。

(二)"五四"之后

新文化运动是中国的启蒙运动,它对中国教育产生了深刻的影响。许多进步人士对旧文化、旧道德进行了激烈的抨击,在这种抨击中自然会涉及旧儿童观和旧教育观。同时,还为儿童创办刊物,为儿童提供适宜的精神食粮。一些爱国人士开始创办为平民子女服务的幼儿园,如陶行知先生的"乡村儿童团"、张雪门先生的"北平香山慈幼院"等。一些学者在这一时期把西方的一些教育理论、教育学说译介过来,试图以此为理论基础建设新教育。当时流行于世界的主要教育学说几乎都被译介过来,这对中国教育的近代化、现代化进程是有极大推动作用的。

(三)中华人民共和国成立之后

中华人民共和国成立后,中国共产党获得了领导人民改造全国儿童教育的政治条件。《中国人民政治协商会议共同纲领》明确规定了新中国教育的性质和任务,我国对幼教机构的服务方向、教育内容方面进行了初步改革,改进旧的幼稚园,让其转向为工农子女开放,为国家建设服务。1951年颁布《关于改革学制的决定》,规定实施幼儿教育的组织为幼儿园,确立了幼儿园教育制度。幼儿教育成为社会主义教育事业的重要组成部分。

这里值得一提的是我国幼儿教育机构名称的变化。1903年清政府颁布的"癸卯学制"将幼儿教育机构定名为"蒙养院"。1912—1913年民国教育部颁布的"壬子癸丑学制"将"蒙养院"更名为"蒙养园"。1922年北洋政府公布的"壬戌学制"将"蒙养园"更名为"幼稚园"。1951年中华人民共和国将"幼稚园"更名为"幼儿园"。

改革开放政策出台以后,我国学前教育研究、学前教育实践进入了一个生机勃勃的新阶段。特别是国家先后颁布了一系列管理法律法规,1989年6月国家教育委员会为了加强幼儿园的科学管理,提高保育和教育质量,制定颁布了《幼儿园工作规程(试行草案)》,1996年6月正式实施。2001年7月,我国教育部颁布了《幼儿园指导纲要(试行)》。2016年,我国教育部颁布了《幼儿园工作规程》。这些法规的颁布和实施,使我国幼儿教育管理从此跨入了规范化、法制化的轨道。

考点二　国内外著名的教育家

1. 西方教育家
2. 我国教育家

考点解析

一、西方教育家

(一) 夸美纽斯

夸美纽斯(Comenius, 1592—1670),是17世纪捷克著名教育家,也是研究学前教育最早的理论家之一。他撰写的著作《母育学校》,全面阐述了学前家庭教育的体系,是世界上第一本学前教育专著。《母育学校》这本不足5万字的小册子,其社会教育意义已远远超出其本身。后被译成多国文字出版,在欧洲各国被用作儿童启蒙读物达200多年。

他撰写的另一本书《世界图解》则是世界上第一本配有插图的教科书,旨在让儿童了解世界。全书共有插图187幅,以其方法上的直观性和所阐发的教育新观念、新思维、新概念,预示了教育发展的新方向,也确立了夸美纽斯在世界学前教育史上的显赫地位。

(二) 福禄贝尔

福禄贝尔(Froebel, 1782—1852),是德国著名的学前教育家,幼儿园的创始人,现代学前教育理论的创始人。福禄贝尔著有《幼儿园教育学》《慈母游戏和儿歌》及《幼儿园书信集》等著作。

1837年,福禄贝尔在德国的勃兰根堡建立了一所教育机构,专收3~7岁的儿童。1840年,福禄贝尔把这个机构命名为"幼儿园",这是世界上第一所幼儿园。因此,他被称为"幼儿园之父"。他还创办报刊宣传学前儿童公共教育的思想,他主要的学前教育思想有以下几个方面:

1. 教育要遵循儿童的自然本性,实现儿童的天然禀赋

学前儿童不是成人的缩影,幼儿园的教育内容应和学校不同,他为学前儿童创设了一种不用书本的学校。幼儿园的任务是发展儿童的体格,锻炼儿童的外部感觉器官,使儿童认识人与自然,并在游戏、娱乐和天真活泼的活动中,为升入小学做好准备。为了发展幼儿的主动性和创造性,福禄贝尔认为幼儿教育应当使用游戏、作业和练习。

2. 教育是以儿童的自我活动为基础

儿童是天生善良的,儿童通过自我活动实现内部的发展。教师只为儿童提供条件,不进行干预,必要时才要儿童服从一定的要求。他还认为儿童生活在社会中,应重视儿童与他人的交往及应有的品德。

3. 游戏有重要的教育价值

在教育史上,福禄贝尔是教育史上第一个承认游戏的教育价值并把游戏列入课程之中的教育家。他认为,游戏对于幼儿来说,是一种令人愉快、自由的活动,无论是用物做游戏,还是与人做游戏,都能产生巨大的教育价值。与其游戏理论相适应,福禄贝尔为幼儿园设计了"恩物"和作业体系。"恩物"是福禄贝尔为幼儿设计制造的一套玩具。它是根据自然界的法则、性质、形状等用球体、圆柱体、立方体、三角体等制作成的,作为幼儿了解自然和人类的玩具。恩物共有 12 种，其中 10 种是游戏性恩物，2 种是作业性恩物。

（三）蒙台梭利

蒙台梭利（Maria Montessori，1870—1952），是意大利著名教育家，是继福禄贝尔之后对学前教育理论有重大影响的代表人物。被誉为 20 世纪初的"幼儿园改革家"的蒙台梭利原是意大利一名精神病学医生，她在从事智力落后儿童的工作后，学习和研究教育。她相信把自己的方法和经验用于正常儿童的教育一定会更有效，于是就转向了正常幼儿的教育，于 1907 年在罗马贫民区建立了学前教育机构——儿童之家，并用生理学和心理学的知识及系统观察法和实验法等科学研究方法，进行教育实验，提出自己的学前教育理论，推进学前教育学的发展。她在 1909 年写成《蒙台梭利教学法》，她还著有《蒙台梭利手册》《童年的秘密》《新世界的教育》《蒙台梭利基本的教材》《教育的自发活动》等书。蒙台梭利的教育思想是以她的儿童观为依据的，包括以下几个方面：

1. 重视教育环境的作用

蒙台梭利认为儿童的发展是个体与环境交互作用的结果，儿童必须依赖与周围环境的交流，才能了解自己、了解环境，才能发展出完整的人格。教师的任务在于提供一个环境。合适的环境要具备以下要素：自由的气氛、结构和秩序、和谐和美感、拥有符合儿童身心发展需要、体现对儿童的教育要求，包含有丰富教育内容的教具材料等。

2. 注重感官训练，并设计发展感官的教学材料

蒙台梭利认为儿童正处于发展各种感觉的敏感期，在这一时期如不进行充分的感觉活动，长大以后不仅难以弥补，而且还会使其整个精神受到损伤。感觉训练与智力培养密切相关，智能的培养首先依靠感觉，利用感觉去搜集事实，使儿童形成对事物的清晰、明确的印象。她设计和发展感官的一套教材、教具包括：

①帮助儿童辨别物体的光滑、粗糙、冷热、轻重和大小、厚薄、长短及形体的触觉练习教具和活动。

②鉴别物体的形状、颜色、大小、长短及形体的视觉练习教具和活动。

③使儿童习惯于辨别和比较声音的差别，培养他们初步的审美和鉴赏能力的听觉训练教具和活动。

④提高儿童嗅觉和味觉灵敏度的嗅、味觉训练教具和活动。

3. 强调儿童的主体地位和自我教育

蒙台梭利认为，感觉教育应遵循自我教育的原则，提倡儿童能根据自己的能力和需要去自由选择教具，独立操作、自我矫正。她设计的教具中设有专门的"错误控制"系统，如果儿童没有按照正确的方法去操作，那么，她搭的"塔"就会因头重脚轻而倒塌，镶嵌材料就会因尺寸不合而嵌不进孔中。让儿童在操作过程中根据教具的暗示进行自我教育，而不更多依靠成人的指点和批评。

4. 教师的作用

在蒙台梭利教育中，教师不是传统的灌输知识的机器，而是一个环境的创设者、观察者、指导者。教师为幼儿精心设计环境和学习材料，提供必要的发展手段，保证幼儿能展开自由的学习。教师通过"全神贯注地观察"去发现幼儿巨大的个别差异，对幼儿的不同需要做出恰当的反应，提供必要的帮助。蒙台梭利明确指出，幼儿自由学习的质量是由教师的质量决定的，正是教师才使幼儿的自由得以实现。

蒙台梭利的教育理论也受到不少批评，主要是指责她的教育偏重智能而较忽视幼儿情感的陶冶，忽视幼儿的社会化活动；其感觉教育教具脱离幼儿的实际生活，过于狭隘、呆板，操作法

过于机械等。尽管如此，蒙台梭利教育的伟大功绩、对世界幼儿教育的巨大贡献是不可否认的。

（四）杜威

约翰·杜威（John Dewey，1859—1952），美国早期机能主义心理学的重要代表人物，著名的实用主义哲学家、教育家和心理学家。

杜威于1896年创立一所实验中学作为他教育理论的实验基地，并任该校校长。他反对传统的灌输和机械训练的教育方法，主张从实践中学习，提出教育即生活，学校即社会的口号，提出了"从做中学"的教育观念。

杜威的儿童中心论对世界幼儿教育改革影响颇大，杜威认为儿童是具有独特生理和心理结构的人，儿童的能力、兴趣和习惯都建立在他原始本能的基础上，儿童的心理活动就是他的本能发展的过程。在教育上，他倡导"儿童中心论"，宣扬以"儿童中心"取代"教师中心"和"教材中心"，认为教师应该是儿童生活、生长和经验改造的启发者和诱导者，应彻底改变当时压制儿童自由和窒息儿童发展的传统教育。

二、我国教育家

（一）陶行知

陶行知，我国著名教育家，他毕生从事教育改革，推行生活教育、大众教育，在学前教育方面也提出了很多进步的教育主张。

陶行知主张在工农大众中普及幼稚教育，主张幼稚园"中国化""平民化"，并创办了我国第一所乡村幼稚园——南京燕子矶幼稚园，还创建了乡村幼稚师范教育、农村幼儿教育研究会、劳工幼稚园等。他把培养儿童的创造力作为幼儿教育的目标，提出幼稚园实施和谐的生活教育，反对束缚儿童个性的传统的教学法，主张解放幼儿的头脑，让他们能够去想，去思考；解放幼儿的双手，让他们去做、去干；解放幼儿的眼睛，让他们去观察，去看事实；解放幼儿的嘴巴，要给他们以提问的自由；解放幼儿的空间，让幼儿从鸟笼一样的世界走出来，去接触大自然和真实的社会生活；解放幼儿的时间，使幼儿有机会支配自己的时间，做自己想做的事情。主要著作有《中国教育改造》《创设乡村幼稚园宣言书》《幼稚园之新大陆》等。

（二）张雪门

张雪门以毕生的精力致力于幼稚教育，前后达60年。他编订的《中国北方幼稚园课程大纲》，主张幼稚教育必须根据3条原则：一是中国的传统文化；二是国家民族的需要；三是儿童的心理发展。因为，这样才能培养儿童的伦理观念、民主生活和科学头脑。

他在《幼稚园的研究》一书中就提出："幼稚园的课程是什么？这是给三足岁到六足岁的孩子所能够做而且欢喜做的经验的预备。"在《增订幼稚园行为课程》一书中，明确提出行为课程的观点。他认为"从行为中所得的知识，才是真实的知识；从行动中所发生的困难，才是真实的问题；从行动中所获得的胜利，才是真实的制驭环境的能力"。

张雪门的幼稚园行为课程理论的基本思想就是强调通过儿童的实际行为，使儿童获得直接经验；主张采取单元设计的方法，要求根据儿童的能力、兴趣和需要组织教学。张雪门的幼儿教育思想和实践曾对我国，尤其是我国北方和台湾地区产生过很大的影响。其著作《幼稚园教育概论》《新幼稚教育》《幼稚园课程》《幼稚园的研究》《幼稚园组织法》等都对我国学前教育学的建立做出了重要的贡献。

（三）陈鹤琴

陈鹤琴先生是我国著名的儿童教育家，一生致力于探索中国化、平民化、科学化的学前教育道路，与张雪门并称"南陈北张"。他创办了我国最早的学前教育实验中心——南京鼓楼幼稚园，创建了我国第一所公立幼稚师范学校——江西实验幼师，创办了我国最早的幼稚教育研究刊物——《幼稚教育》，协助教育部制定了我国历史上第一个《幼稚园课程标准》。创立了活教育理论。他还开创了我国儿童心理的科研工作，是我国以观察实验法研究儿童心理发展的最早的学者之一。主要著作有《儿童心理之研究》《家庭教育》《活教育理论与实施》等。

陈鹤琴先生认为要遵照活教育的精神办幼儿园，必须"以自动代替被动"，必须是幼儿"自动的学习、自发的学习"，自己去动手用脑获得知识。活教育的课程是把大自然、大社会为出发点，让学生直接向大自然、大社会去学习。在教育体系方面，陈鹤琴先生认为"应当把幼稚园的课程打成一片，成为有系统的组织"。他把课程内容划分为：健康活动、社会活动、科学活动、艺术活动、文学活动5项，认为这5种活动是一个整体，如人的手指与手掌，其骨肉相连，血脉相通，因此，被称为"五指活动"。

陈鹤琴的活教育理论与西方的文化教育有着很深的渊源关系，同时，又结合中国的国情和中国教育发展的实际，在理论上有所创新，有所改造。陈鹤琴的活教育理论对中国的教育理论和实践的发展产生了深远的影响，是我国学前教育的宝贵财富。

模块二第三章　真题回放

第四章

学前教育的原则和特点

考点与解析

考点一　学前教育的原则

1. 教育的一般原则
2. 学前教育的特殊原则

考点解析

学前教育的原则是教师在向儿童进行教育时必须遵循的基本要求，学前教育的原则应始终贯穿于学前教育工作的全过程，既包括学前教育课程的编制阶段，也包括学前教育课程的实施阶段。学前教育原则包括两部分，即教育的一般原则和学前教育的特殊原则。

一、教育的一般原则

1. 尊重儿童的人格尊严和合法权益的原则

作为学前教育对象的儿童首先是一个人，是我们社会的一员。因此，他们享有人的尊严和权利。没有实现对儿童的尊重，就谈不上真正的教育。

2. 发展适宜性原则

学前教育的出发点和最后归宿都是促进儿童身心的和谐发展，促进每一个儿童在现有的水平基础上获得最大限度的发展。按维果茨基的理论来说，要找准每个孩子的"最近发展区"，使每个孩子通过教学活动都在原有的基础上有所提高。

3. 目标性原则

教育目标的最终实现，是一切教育活动的出发点和归宿。

4. 主体性原则

儿童是学习的主体，只有儿童积极参与、主动建构，课程才能内化为他们的学习经验，促进其身心发展。发挥主体性原则，要尊重儿童人格、尊重儿童需要、激发儿童的主动性。

5. 科学性、思想性原则

基于学前儿童教育的启蒙性特点，学前教育把重点放在了儿童学习兴趣、学习方法、情感态度的培养上，其教育目的是促进儿童身心和谐发展、富有个性地成长，所以，学前儿童教育必须保证它的学科性、思想性。

6. 整合性原则

整合性原则可以体现在教育目的综合、教育内容综合和教育手段的综合3个方面。

7. 充分利用各种教育资源的原则

教育者必须是认识到儿童自身、儿童群体以及家庭、社会都是宝贵的教育资源，要充分发挥其教育作用。

习近平总书记在全国高校思想政治工作会议中强调，教师不能只做传授书本知识的教书匠，还要成为塑造学生品格、品行、品位的"大先生"。

二、学前教育的特殊原则

1. 保教结合的原则

教师应从学前儿童身心发展的特点出发，在全面、有效地对儿童进行教育的同时，要重视对儿童生活上的照顾和保护，确保儿童真正健康、全面地发展。

2. 以游戏为基本活动的原则

游戏是学前教育机构的基本活动。游戏最符合儿童身心发展的特点，是儿童最愿意从事的活动，最能满足儿童的需要，具有其他活动所不能替代的教育价值。

3. 教育的活动和直观性原则

学前教育应从幼儿身心发展的特点和水平出发，以活动为基础展开教育。同时，运用各种形式的直观教学手段，从实物向图片、模型、语言等过渡。

4. 生活化和一日生活整体性原则

由于学前儿童生理、心理的特点，对儿童的教育要特别注重生活化，并发挥一日活动的整体功能。

考点二　学前教育的基本特点

1. 生活化
2. 游戏化
3. 活动性和直接经验性
4. 潜在性

考点解析

一、生活化

幼儿的年龄特点和身心发展需要，决定了幼儿园教育目标和内容的广泛性，也决定了保教合一的教育教学原则。对于幼儿来讲，除了认识周围世界、启迪其心志的学习内容以外，一些基本的生活和"做人"所需要的基本态度和能力，如卫生习惯、生活自理能力、交往能力等，这些都需要去学习。但是，如此广泛的学习内容不可能仅仅依靠教师设计、组织的教学教育活动来完成，也不可能通过口耳相传的方式来实现，儿童只能在生活中学习、在交往中学习。即使是认知方面的学习，也要紧密结合幼儿的生活经验，才能被幼儿理解和接受。因此，幼儿园课程具有浓厚的生活化特征——课程的内容来自幼儿的生活，课程实施贯穿于幼儿的日常生活。

二、游戏化

游戏符合幼儿的年龄特征,能够满足幼儿的各种身心需要,是幼儿园的基本活动,也是幼儿教育的基本原则之一。从本质上看,游戏是幼儿自身的一种自主自发的主体性活动,对幼儿的发展有着多方面的价值。游戏是幼儿的基本活动形式,也是幼儿基本的学习方式。所以,游戏在幼儿园课程当中居于非常重要的地位。

三、活动性和直接经验性

幼儿主要通过各种感官来认识世界,只有在获得丰富的感性经验的基础上,幼儿才能理解事物,才能对事物形成相对比较抽象概括的认识。幼儿的这种具有行动性和形象性的认知方式和认知特点,使得幼儿园课程必须以幼儿主动参与的教育性活动为其基本的存在形式和构成成分。对幼儿来讲,只有在活动中的学习才是具有意义的学习,只有在直接经验基础上的学习才是理解性的学习。

四、潜在性

从本质上讲,幼儿园教育是有目的、有计划的教育过程。幼儿园课程没有明确的课程目标和基本的学习领域,但是,由于幼儿身心发展和学习的特点,使得幼儿园课程不是体现在课表、教材、课堂中,而是体现在生活、游戏和其他幼儿喜闻乐见的活动形式中。虽然怎样创设环境、怎样支持幼儿的探索学习都是教师根据幼儿园课程的目的、内容、要求精心设计的,但这些内容、目的和要求仅仅存在于教师的意识和行动中,幼儿并不能清楚地认识到。幼儿感受到的更多是环境活动材料和教师的行为而不是教育者的教育目的和期望。也就是说,幼儿园课程蕴含在环境、材料、活动和教师的行为中,潜移默化地对幼儿起作用。

模块二第四章 真题回放

第五章

幼儿园以游戏为基本活动的依据

考点与解析

考点　幼儿园以游戏为基本活动的依据

1. 游戏能满足幼儿身心发展的需要，符合幼儿身心发展特点
2. 游戏是幼儿身心健康发展的客观要求
3. 游戏是幼儿的主体性活动
4. 游戏是幼儿的主要学习形式

考点解析

游戏活动是学前儿童通过模仿和想象，有目的、有意识、创造性地反映现实生活的活动。《幼儿园工作规程》规定，幼儿园应当"以游戏为基本活动"。

一、游戏能满足幼儿身心发展的需要，符合幼儿身心发展特点

随着孩子年龄增长，他们越来越渴望独立参加成人的社会实践活动。但是，由于他们知识经验贫乏，能力有限，还不能很好地控制自己，因此，幼儿渴望参加实践活动的需要与自身实际能力和经验之间产生了矛盾，游戏活动是解决这一矛盾的最好的活动形式。游戏活动的虚构性，能使幼儿通过假想、角色扮演、进行各种活动来满足他们参加社会实践的强烈愿望。因此，应该让幼儿创造并参与游戏，通过游戏满足自身发展的需要，适应幼儿身心发展特点。幼儿所进行的游戏内容、创造性、形式等水平和其身心发展水平直接相关。

二、游戏是幼儿身心健康发展的客观要求

幼儿正处于生长发育时期，这时，除了提供充足的营养和必要的生活条件外，锻炼和活动也是生理发展所必不可少的。由于骨骼肌肉和神经系统发育的特点，幼儿在生理上要求不断地变换活动。长时间呆坐不动或保持同一动作、姿势会使他们感到疲倦和厌烦。游戏使幼儿身体各个部分得到了充分的活动，可以多次重复他们所感兴趣的动作而不受限制。游戏促进了幼儿循环、呼吸系统的功能，使中枢神经系统的机能状态调整到最佳水平，有利于身体的健康发展。同时，游戏能够让幼儿心情愉悦，避免厌烦，减少忧虑和紧张，为幼儿心理健康发展提供了条件。

三、游戏是幼儿的主体性活动

在游戏中幼儿是游戏的主人,它是幼儿的一种主动而非被动的活动。幼儿在游戏活动中,按照自己的主体地位,决定对活动材料、伙伴、内容的选择,决定对待和使用活动材料的方式方法,自己决定玩什么、和谁玩以及怎么玩。游戏着的幼儿,身心总是处于主动积极的状态。在游戏中幼儿的主体性、独立性和创造性得到充分发挥。

四、游戏是幼儿的主要学习形式

著名的学者如杜威、皮亚杰等都是提倡幼儿从游戏中学习的。游戏能够使幼儿直接接触各种游戏材料,通过具体活动发展各种感觉器官和观察力,认识各种物体的特性和用途,体会事物之间的相互关系,帮助幼儿理解周围世界中事物与现象的意义。同时,游戏可以促进幼儿口头语言的学习与发展。研究表明,语言是幼儿在游戏活动中交往的重要媒介,游戏为幼儿运用语言交往创造了具体的情境。幼儿在游戏中说话的积极性高,也可以增强语言本身的连贯性与逻辑性。

模块二第五章　真题回放

第六章

幼儿园环境创设的意义与功能

考点与解析

考点 幼儿园环境创设的意义与功能

1. 幼儿园环境的概念
2. 幼儿园环境创设的意义

考点解析

一、幼儿园环境的概念

幼儿园环境是支持与影响幼儿教师与幼儿在园活动的一切外部条件的总和。幼儿园环境有广义与狭义之分，广义的幼儿园环境包括幼儿园内、外环境；狭义的幼儿园环境，则专指幼儿园的内部环境。

二、幼儿园环境创设的意义

幼儿园是学前教师与幼儿共同生活、学习与工作的地方。幼儿园的环境，直接影响着教师与幼儿在园生活、学习与工作的质量，影响着幼儿园教育的质量。

（一）是幼儿良好生活的保障

幼儿园是幼儿重要的生活环境。对于全日制幼儿园的幼儿来说，他们一天中的主要时间是在幼儿园度过的。对于寄宿制幼儿园的幼儿来说，幼儿园生活，更是他们生活中的主要内容。他们在幼儿园中，要吃饭、睡觉、游戏、活动，等等。幼儿园的生活，从环境（包括房屋设备、生活作息制度、共同生活的人们等）到要求，都不同于幼儿在家庭中的生活。幼儿园生活，是幼儿从家庭走向社会的第一个台阶。幼儿园生活环境的质量，包括幼儿在园的生活条件和人际关系等，不仅影响幼儿在园生活的质量，而且直接影响幼儿身心各方面的发展，影响幼儿对幼儿园的情感与态度。

（二）为幼儿学习提供保障

幼儿园也是幼儿重要的学习环境。幼儿是在环境中学习，通过与环境的相互作用而获得发展的。不同的环境，可以给幼儿不同的学习经验，对幼儿的发展产生不同的影响。在幼儿园这个集体生活的环境中，幼儿可以学习如何与家庭成员以外的人们相处，学习如何与同龄伙伴交往、共同生活与游戏，学习与体验指导人与人之间交往的基本的社会行为规范。在教师的支持、帮助与引导下，幼儿也在学习与体验探索周围环境、发现问题与解决问题的方法，形成对周围环境中的各种事物与现象的初步认识态度，学习不依赖成人的帮助、独立地行动与做事，萌发美感和对于体育活动的兴趣。

（三）激发幼儿创造能力

幼儿不是幼儿园环境的主要创造者，但也不是消极的旁观者和享用者，而是环境创设的积极参与和互动者。在环境的创设的过程中，幼儿会参与设计、动手制作和布置等过程，从而激发幼儿的创造能力。

（四）为教师提供舒心的工作氛围

幼儿园不仅是幼儿生活与学习的环境，也是教师工作的环境。教师工作的主要内容，就是组织幼儿在园的生活，指导和帮助幼儿的学习活动。幼儿在园生活的质量，在很大程度上与教师工作态度与能力有关。另一方面，教师的工作态度与能力的提高，又与幼儿园这个教师的工作环境状况有关。一个有利于教师学习与发展的环境，才有可能成为有利于幼儿学习与发展的环境。在幼儿园工作的每一个人（包括园长与教职工），都在参与幼儿园环境的创造，这种环境反过来又影响着每个人的工作，影响着幼儿在园生活与学习的质量。

模块二第六章　真题回放

第七章

幼儿园班级管理

考点与解析

考点　幼儿园班级管理

1. 什么是班级管理
2. 班级管理的目的及意义
3. 班级管理中的人员分工

考点解析

一、什么是班级管理

所谓班级管理是指班级教师通过组织、计划、实施、调整等环节，把幼儿园的人、财、物、时间、空间、信息等资源充分运用起来，以便达到预定的目的。幼儿园班级管理工作的好坏可以反映出幼儿园办学水平的高低，直接影响着幼儿身心的健康成长程度。

二、班级管理的目的及意义

幼儿园班级管理的内在目的，是把幼儿培养成个体生活和社会生活的主体，班级管理中最重要的和最直接的管理对象是幼儿。因此，对幼儿进行管理首先就要了解幼儿的自然天性，遵循人的发展规律，把幼儿培养成个体生活的主体。其次，让幼儿在自然的基础上获得人的生命和自由，把幼儿培养成社会生活的主体。因此，班级管理应尊重和理解幼儿在每个阶段的生活生长和发展。

幼儿园班级管理的外在目的，是形成办园特色，打造品牌。幼儿园的发展必须通过班级管理来实现，因此，要进行幼儿园班级管理并积极探索个性化的班级管理新举措，从而不断提升班级管理水平。

要提高幼儿园的保教质量，需要较好的师资、设备和足够的资金。然而这些资金能否充分利用，能否发挥应有的效益，依赖于管理者对人、财、物诸因素的合理组织和调配。只有利用恰当，才能发挥这些资源应有的效能。因此，班级管理是搞好幼儿园管理的基础工作，是提高保教质量的基本保证，必须予以高度重视。

三、班级管理中的人员分工

班级中要明确班级管理的具体负责教师，也就是班长。班级中的每一位教师都要明确各自的职责，并按工作职责进行工作。实际工作中教师虽然分工明确，但其实相互间同样需要密切配合、加强合作、协同一致，才能将班级工作管理好，才能为幼儿提供温馨、健康、快乐、和谐的成长环境。

（一）教师职责

教师要全面负责本班工作，《幼儿园工作规程》第四十一条有明确的规定：

①观察了解幼儿，依据国家有关规定，结合本班幼儿的发展水平和兴趣需要，制订和执行教育工作计划，合理安排幼儿一日生活。

②创设良好的教育环境，合理组织教育内容，提供丰富的玩具和游戏材料，开展适宜的教育活动。

③严格执行幼儿园安全、卫生保健制度，指导并配合保育员管理本班幼儿生活，做好卫生保健工作。

④与家长保持经常联系，了解幼儿家庭的教育环境，商讨符合幼儿特点的教育措施，相互配合共同完成教育任务。

⑤参加业务学习和保育教育研究活动。

⑥定期总结评估保教工作实效，接受园长的指导和检查。

（二）保育员职责

《幼儿园工作规程》第四十二条明确规定，幼儿园保育员的职责如下：

①负责本班房舍、设备、环境的清洁卫生和消毒工作。

②在教师指导下，科学照料和管理幼儿生活，并配合本班教师组织教育活动。

③在卫生保健人员和本班教师指导下，严格执行幼儿园安全、卫生保健制度。

④妥善保管幼儿衣物和本班的设备、用具。

2016年12月习近平总书记在全国高校思想政治工作会议提出"四个统一"是新时代对加快建设师德师风的四个基本要求。习近平总书记强调，要加强师德师风建设，坚持教书和育人相统一，坚持言传和身教相统一，坚持潜心问道和关注社会相统一，坚持学术自由和学术规范相统一。

模块二第七章　真题回放

第八章

《幼儿园教育指导纲要（试行）》

考点与解析

考点一 《幼儿园教育指导纲要（试行）》的总则

考点解析

总则部分共有5条。第一条说明了制定《幼儿园教育指导纲要（试行）》（以下简称《纲要》）的依据、原因和目的；第二条说明了幼儿教育的性质、任务；第三条规定了我国幼儿园教育的外部原则；第四条指出幼儿园教育的自身特点；第五条指出我国幼儿园教育的内部原则。

第一部分 总则

一、为贯彻《中华人民共和国教育法》《幼儿园管理条例》和《幼儿园工作规程》，指导幼儿园深入实施素质教育，特制定本纲要。

二、幼儿园教育是基础教育的重要组成部分，是我国学校教育和终身教育的奠基阶段。城乡各类幼儿园教育应从实际出发，因地制宜地实施素质教育，为幼儿一生的发展打好基础。

三、幼儿园应与家庭、社区密切合作，与小学相互衔接，综合利用各种教育资源，共同为幼儿的发展创造良好的条件。

四、幼儿园应为幼儿提供健康、丰富的生活和活动环境，满足他们多方面发展的需要，使他们在快乐的童年生活中获得有益于身心发展的经验。

五、幼儿园教育应尊重幼儿的人格和权利，尊重幼儿身心发展的规律和学习特点，以游戏为基本活动，保教并重，关注个别差异，促进每个幼儿富有个性的发展。

考点二 《幼儿园教育指导纲要（试行）》中规定的教育内容与要求

1. 幼儿园教育健康领域的教育内容与要求
2. 幼儿园教育语言领域的教育内容与要求
3. 幼儿园教育社会领域的教育内容与要求
4. 幼儿园教育科学领域的教育内容与要求

5. 幼儿园教育艺术领域的教育内容与要求

考点解析

第二部分　教育内容与要求

幼儿园的教育内容是全面的、启蒙性的，可以相对划分为健康、语言、社会、科学、艺术等5个领域，也可做其他不同的划分。各领域的内容相互渗透，从不同的角度促进幼儿情感、态度、能力、知识、技能等方面的发展。

一、健康

（一）目标

1. 身体健康，在集体生活中情绪安定、愉快。
2. 生活、卫生习惯良好，有基本的生活自理能力。
3. 知道必要的安全保健常识，学习保护自己。
4. 喜欢参加体育活动，动作协调、灵活。

（二）内容与要求

1. 建立良好的师生、同伴关系，让幼儿在集体生活中感到温暖，心情愉快，形成安全感、信赖感。
2. 与家长配合，根据幼儿的需要建立科学的生活常规。培养幼儿良好的饮食、睡眠、盥洗、排泄等生活习惯和生活自理能力。
3. 教育幼儿爱清洁、讲卫生，注意保持个人和生活场所的整洁和卫生。
4. 密切结合幼儿的生活进行安全、营养和保健教育，提高幼儿的自我保护意识和能力。
5. 开展丰富多彩的室外游戏和体育活动，培养幼儿参加体育活动的兴趣和习惯，增强体质，提高对环境的适应能力。
6. 用幼儿感兴趣的方式发展基本动作，提高动作的协调性、灵活性。
7. 在体育活动中，培养幼儿坚强、勇敢、不怕困难的意志品质和主动、乐观、合作的态度。

（三）指导要点

1. 幼儿园必须把保护幼儿的生命和促进幼儿的健康放在工作的首位。树立正确的健康观念，在重视幼儿身体健康的同时，要高度重视幼儿的心理健康。
2. 既要高度重视和满足幼儿受保护、受照顾的需要，又要尊重和满足他们不断增长的独立要求，避免过度保护和包办代替，鼓励并指导幼儿自理、自立的尝试。
3. 健康领域的活动要充分尊重幼儿生长发育的规律，严禁以任何名义进行有损幼儿健康的比赛、表演或训练等。
4. 培养幼儿对体育活动的兴趣是幼儿园体育的重要目标，要根据幼儿的特点组织生动有趣、形式多样的体育活动，吸引幼儿主动参与。

二、语言

（一）目标

1. 乐意与人交谈，讲话礼貌。
2. 注意倾听对方讲话，能理解日常用语。
3. 能清楚地说出自己想说的事。
4. 喜欢听故事、看图书。
5. 能听懂和会说普通话。

(二) 内容与要求

1. 创造一个自由、宽松的语言交往环境，支持、鼓励、吸引幼儿与教师、同伴或其他人交谈，体验语言交流的乐趣，学习使用适当的、礼貌的语言交往。

2. 养成幼儿注意倾听的习惯，发展语言理解能力。

3. 鼓励幼儿大胆、清楚地表达自己的想法和感受，尝试说明、描述简单的事物或过程，发展语言表达能力和思维能力。

4. 引导幼儿接触优秀的儿童文学作品，使之感受语言的丰富和优美，并通过多种活动帮助幼儿加深对作品的体验和理解。

5. 培养幼儿对生活中常见的简单标记和文字符号的兴趣。

6. 利用图书、绘画和其他多种方式，引发幼儿对书籍、阅读和书写的兴趣，培养前阅读和前书写技能。

7. 提供普通话的语言环境，帮助幼儿熟悉、听懂并学说普通话。少数民族地区还应帮助幼儿学习本民族语言。

(三) 指导要点

1. 语言能力是在运用的过程中发展起来的，发展幼儿语言的关键是创设一个能使他们想说、敢说、喜欢说、有机会说并能得到积极应答的环境。

2. 幼儿语言的发展与其情感、经验、思维、社会交往能力等其他方面的发展密切相关，因此，发展幼儿语言的重要途径是通过互相渗透的各领域的教育，在丰富多彩的活动中去扩展幼儿的经验，提供促进语言发展的条件。

3. 幼儿的语言学习具有个别化的特点，教师与幼儿的个别交流、幼儿之间的自由交谈等，对幼儿语言发展具有特殊意义。

4. 对有语言障碍的儿童要给予特别关注，要与家长和有关方面密切配合，积极地帮助他们提高语言能力。

三、社会

(一) 目标

1. 能主动地参与各项活动，有自信心。
2. 乐意与人交往，学习互助、合作和分享，有同情心。
3. 理解并遵守日常生活中基本的社会行为规则。
4. 能努力做好力所能及的事，不怕困难，有初步的责任感。
5. 爱父母长辈、老师和同伴，爱集体、爱家乡、爱祖国。

(二) 内容与要求

1. 引导幼儿参加各种集体活动，体验与教师、同伴等共同生活的乐趣，帮助他们正确认识自己和他人，养成对他人、社会亲近、合作的态度，学习初步的人际交往技能。

2. 为每个幼儿提供表现自己长处和获得成功的机会，增强其自尊心和自信心。

3. 提供自由活动的机会，支持幼儿自主地选择、计划活动，鼓励他们通过多方面的努力解决问题，不轻易放弃克服困难的尝试。

4. 在共同的生活和活动中，以多种方式引导幼儿认识、体验并理解基本的社会行为规则，学习自律和尊重他人。

5. 教育幼儿爱护玩具和其他物品，爱护公物和公共环境。

6. 与家庭、社区合作，引导幼儿了解自己的亲人以及与自己生活有关的各行各业人们的劳动，培养其对劳动者的热爱和对劳动成果的尊重。

7. 充分利用社会资源，引导幼儿实际感受祖国文化的丰富与优秀，感受家乡的变化和发展，激发幼儿爱家乡、爱祖国的情感。

8. 适当向幼儿介绍我国各民族和世界其他国家、民族的文化，使其感知人类文化的多样性和差异性，培养理解、尊重、平等的态度。

（三）指导要点

1. 社会领域的教育具有潜移默化的特点，幼儿社会态度和社会情感的培养尤应渗透在多种活动和一日生活的各个环节之中，要创设一个能使幼儿感受到接纳、关爱和支持的良好环境，避免单一呆板的言语说教。

2. 幼儿与成人、同伴之间的共同生活、交往、探索、游戏等，是其社会学习的重要途径。应为幼儿提供人际间相互交往和共同活动的机会和条件，并加以指导。

3. 社会学习是一个漫无边际长期的积累过程，需要幼儿园、家庭和社会密切合作，协调一致，共同促进幼儿良好社会性品质的形成。

四、科学

（一）目标

1. 对周围的事物、现象感兴趣，有好奇心和求知欲。
2. 能运用各种感官，动手动脑，探究问题。
3. 能用适当的方式表达、交流探索的过程和结果。
4. 能从生活和游戏中感受事物的数量关系并体验到数学的重要和有趣。
5. 爱护动植物，关心周围环境，亲近大自然，珍惜自然资源，有初步的环保意识。

（二）内容与要求

1. 引导幼儿对身边常见事物和现象的特点、变化规律产生兴趣和探索的欲望。
2. 为幼儿的探究活动创造宽松的环境，让每个幼儿都有机会参与尝试，支持、鼓励他们大胆提出问题，发表不同意见，学会尊重别人的观点和经验。
3. 提供丰富的可操作性的材料，为每个幼儿都能运用多种感官、多种方式进行探索提供活动的条件。
4. 通过引导幼儿积极参加小组讨论、探索等方式，培养幼儿合作学习的意识和能力，学习用多种方式表现、交流、分享探索的过程和结果。
5. 引导幼儿对周围环境中的数、量、形、时间和空间等现象产生兴趣，建构初步的数概念，并学习用简单的数学方法解决生活和游戏中某些简单的问题。
6. 从生活或媒体中幼儿熟悉的科技成果入手，引导幼儿感受科学技术对生活的影响，培养他们对科学的兴趣和对科学家的崇敬。
7. 在幼儿生活经验的基础上，帮助幼儿了解自然、环境与人类生活的关系，从身边的小事入手，培养初步的环保意识和行为。

（三）指导要点

1. 幼儿的科学教育是科学启蒙教育，重在激发幼儿的认识兴趣和探究欲望。
2. 要尽量创造条件让幼儿实际参加探究活动，使他们感受科学探究的过程和方法，体验发现的乐趣。
3. 科学教育应密切联系幼儿的实际生活进行，利用身边的事物与现象作为科学探索的对象。

五、艺术

（一）目标

1. 能初步感受并喜爱环境、生活和艺术中的美。
2. 喜欢参加艺术活动，并能大胆地表现自己的情感和体验。

3. 能用自己喜欢的方式进行艺术表现活动。

（二）内容与要求

1. 引导幼儿接触周围环境和生活中美好的人、事、物，丰富他们的感性经验和审美情趣，激发他们表现美、创造美的情趣。

2. 在艺术活动中面向全体幼儿，要针对他们的不同特点和需要，让每个幼儿都得到美的熏陶和培养。对有艺术天赋的幼儿要注意发展他们的艺术潜能。

3. 提供自由表现的机会，鼓励幼儿用不同艺术形式大胆地表达自己的情感、理解和想象，尊重每个幼儿的想法和创造，肯定和接纳他们独特的审美感受和表现方式，分享他们创造的快乐。

4. 在支持、鼓励幼儿积极参加各种艺术活动并大胆表现的同时，帮助他们提高表现的技能和能力。

5. 指导幼儿利用身边的物品或废旧材料制作玩具、手工艺品等来美化自己的生活或开展其他活动。

6. 为幼儿创设展示自己作品的条件，引导幼儿相互交流、相互欣赏、共同提高。

（三）指导要点

1. 艺术是实施美育的主要途径，应充分发挥艺术的情感教育功能，促进幼儿健全人格的形成。要避免仅仅重视表现技能或艺术活动的结果，而忽视幼儿在活动过程中的情感体验和态度的倾向。

2. 幼儿的创作过程和作品是他们表达自己的认识和情感的重要方式，应支持幼儿富有个性和创造性的表现，克服过分强调技能技巧和标准化要求的偏向。

3. 幼儿艺术活动的能力是在大胆表现的过程中逐渐发展起来的，教师的作用应主要在于激发幼儿感受美、表现美的情趣，丰富他们的审美经验，使之体验自由表达和创造的快乐。在此基础上，根据幼儿的发展状况和需要，对表现方式和技能技巧给予适时、适当的指导。

考点三 《幼儿园教育指导纲要（试行）》中的第三部分——组织与实施

考点解析

这部分共 11 条。11 个条目贯穿着尊重幼儿的权利，尊重教师的创造，尊重幼儿在学习特点、发展水平、个性特征等方面的差异，尊重教育教学的客观规律，突出了幼儿园教育的组织与实施中的教育性、互动性、开放性、针对性、灵活性等原则。

第三部分　组织与实施

一、幼儿园的教育是为所有在园幼儿的健康成长服务的，要为每一个儿童，包括有特殊需要的儿童提供积极的支持和帮助。

二、幼儿园的教育活动，是教师以多种形式有目的、有计划地引导幼儿生动、活泼、主动活动的教育过程。

三、教育活动的组织与实施过程是教师创造性地开展工作的过程。教师要根据本《纲要》，从本地、本园的条件出发，结合本班幼儿的实际情况，制订切实可行的工作计划并灵活地执行。

四、教育活动目标要以《幼儿园工作规程》和本《纲要》所提出的各领域目标为指导，结合本班幼儿的发展水平、经验和需要来确定。

五、教育活动内容的选择应遵照本《纲要》第二部分的有关条款进行，同时体现以下原则：

（一）既适合幼儿的现有水平，又有一定的挑战性。

（二）既符合幼儿的现实需要，又有利于其长远发展。

（三）既贴近幼儿的生活来选择幼儿感兴趣的事物和问题，又有助于拓展幼儿的经验和视野。

六、教育活动内容的组织应充分考虑幼儿的学习特点和认识规律，各领域的内容要有机联系，相互渗透，注重综合性、趣味性、活动性，寓教育于生活、游戏之中。

七、教育活动的组织形式应根据需要合理安排，因时、因地、因内容、因材料灵活地运用。

八、环境是重要的教育资源，应通过环境的创设和利用，有效地促进幼儿的发展。

（一）幼儿园的空间、设施、活动材料和常规要求等应有利于引发、支持幼儿的游戏和各种探索活动，有利于引发、支持幼儿与周围环境之间积极的相互作用。

（二）幼儿同伴群体及幼儿园教师集体是宝贵的教育资源，应充分发挥这一资源的作用。

（三）教师的态度和管理方式应有助于形成安全、温馨的心理环境；言行举止应成为幼儿学习的良好榜样。

（四）家庭是幼儿园重要的合作伙伴。应本着尊重、平等、合作的原则，争取家长的理解、支持和主动参与，并积极支持、帮助家长提高教育能力。

（五）充分利用自然环境和社区的教育资源，扩展幼儿生活和学习的空间。幼儿园同时应为社区的早期教育提供服务。

九、科学、合理地安排和组织一日生活。

（一）时间安排应有相对的稳定性与灵活性，既有利于形成秩序，又能满足幼儿的合理需要，照顾到个体差异。

（二）教师直接指导的活动和间接指导的活动相结合，保证幼儿每天有适当的自主选择和自由活动时间。教师直接指导的集体活动要能保证幼儿的积极参与，避免时间的隐性浪费。

（三）尽量减少不必要的集体行动和过渡环节，减少和消除消极等待现象。

（四）建立良好的常规，避免不必要的管理行为，逐步引导幼儿学习自我管理。

十、教师应成为幼儿学习活动的支持者、合作者、引导者。

（一）以关怀、接纳、尊重的态度与幼儿交往，耐心倾听，努力理解幼儿的想法与感受，支持、鼓励他们大胆探索与表达。

（二）善于发现幼儿感兴趣的事物、游戏和偶发事件中所隐含的教育价值，把握时机，积极引导。

（三）关注幼儿在活动中的表现和反应，敏感地察觉他们的需要，及时以适当的方式应答，形成合作探索式的师生互动。

（四）尊重幼儿在发展水平、能力、经验、学习方式等方面的个体差异因人施教，努力使每一个幼儿都能获得满足和成功。

（五）关注幼儿的特殊需要，包括各种发展潜能和不同发展障碍，与家庭密切配合，共同促进幼儿健康成长。

十一、幼儿园教育要与0~3岁儿童的保育教育以及小学教育相互衔接。

考点四 《幼儿园教育指导纲要（试行）》中的教育评价部分

考点解析

教育评价是《纲要》的第四部分。这部分围绕幼儿园的教育评价，提出了评价的发展性、合作性、标准的多元性以及在评价方法上强调多角度、多主体、多方法、重过程、重差异等原则。明确提出评价是为了幼儿的发展、教师的成长和提高教育质量。评价内容以幼儿为中心，以发展作为着眼点和归宿。

第四部分　教育评价

一、教育评价是幼儿园教育工作的重要组成部分，是了解教育的适宜性、有效性，调整和改进工作，促进每一个幼儿发展，提高教育质量的必要手段。

二、管理人员、教师、幼儿及其家长均是幼儿园教育评价工作的参与者。评价过程是各方共同参与、相互支持与作用的过程。

三、评价的过程是教师运用专业知识审视教育实践，发现、分析、研究、解决问题的过程，也是其自我成长的重要途径。

四、幼儿园教育工作评价实行以教师自评为主，园长以及有关管理人员、其他教师和家长等参与评价的制度。

五、评价应自然地伴随着整个教育过程进行。综合采用观察、谈话、作品分析等多种方法。

六、幼儿的行为表现和发展变化具有重要的评价意义，教师应视之为重要的评价信息和改进工作的依据。

七、教育工作评价宜重点考察以下方面：

（一）教育的计划和教育活动的目标是否建立在了解本班幼儿现状的基础上。

（二）教育的内容、方式、策略、环境条件是否能调动幼儿学习的积极性。

（三）教育过程是否能为幼儿提供有益的学习经验，并符合其发展需要。

（四）教育内容、要求能否兼顾群体需要和个体差异，使每个幼儿都能得到发展，都有成功感。

（五）教师的指导是否有利于幼儿主动、有效地学习。

八、对幼儿发展状况的评估，要注意：

（一）明确评价的目的是了解幼儿的发展需要，以便提供更加适宜的帮助和指导。

（二）全面了解幼儿的发展状况，防止片面性，尤其要避免只重知识和技能，忽略情感、社会性和实际能力的倾向。

（三）在日常活动与教育教学过程中采用自然的方法进行。平时观察所获得具有典型意义的幼儿行为表现和所积累的各种作品等是评价的重要依据。

（四）承认和关注幼儿的个体差异，避免用划一的标准评价不同的幼儿，在幼儿面前慎用横向的比较。

（五）以发展的眼光看待幼儿，既要了解现有水平，更要关注其发展的速度、特点和倾向等。

模块二第八章　真题回放

第九章

我国幼儿教育的改革动态与发展趋势

考点与解析

考点　我国学前教育的改革动态与发展趋势

1. 幼儿教育价值观从一元走向多元
2. 生活取向的教育内容成为幼儿课程的主流
3. 教学主体从以教为中心向以学为中心转变
4. 教育评价方式从终结性评价走向发展性评价
5. 环境在幼儿教育中的作用不断凸显
6. 高素质的教师是各国幼儿教育的共同需求

考点解析

一、幼儿教育价值观从一元走向多元

我国新颁布的《幼儿园教育指导纲要（试行）》指出："幼儿教育是基础教育的组成部分，是学校教育和终身教育的起始阶段。幼儿教育应为幼儿的近期和终身发展奠定良好的素质基础。""幼儿园教育应当贯彻国家的教育方针，坚持保育与教育相结合的原则，对幼儿实施体、智、德、美诸方面发展的教育，全面落实《幼儿园工作规程》所提出的保育教育目标。"还指出"幼儿教育应增强幼儿的自尊、自信，培养幼儿关心、友好的态度和行为，促进幼儿个性健康发展"，"培养幼儿合理的情绪等"。总之，培养完整儿童是 21 世纪幼儿教育目标的价值取向，幼儿教育从一元化走向多元化。

二、生活取向的教育内容成为幼儿课程的主流

《幼儿园教育指导纲要（试行）》也非常关注现实生活。在健康领域，提出要密切结合幼儿的生活和活动进行安全、保健等方面的教育，以提高幼儿的自我保护能力。在语言领域，提出幼儿的语言是通过在生活中积极主动地运用而发展起来的，单靠教师直接的"教"是难以掌握的。教师应充分利用各种机会，引导幼儿积极运用语言进行交往。在艺术领域，提出要指导幼儿利用身边的物品和废旧材料制作各种玩具、工艺装饰品，让幼儿体验创造的乐趣。在科学领域，提出

要结合和利用生活经验，帮助幼儿认识自然环境，初步了解自然与自己生活的关系；要引导幼儿注意身边常见的科学现象，感受科学技术给生活带来的便利，萌发对科学的兴趣；要引导幼儿利用身边的物品和材料开展活动，发现物品和材料的多种特性和功能；要引导幼儿关注周围环境中的数、量、形、时间、空间关系，发现生活中的数学；幼儿的科学活动应密切联系幼儿的实际生活，教师应充分利用幼儿身边的事物与现象作为科学探索的对象。在社会领域，提出要引导幼儿接触和认识与自己生活关系密切的不同职业的成人，培养幼儿尊重不同职业人们的劳动。

三、教学主体从以教为中心向以学为中心转变

《幼儿园教育指导纲要（试行）》明确提出："幼儿园教育应该尊重幼儿的人格和权利，尊重幼儿身心发展的规律和学习特点，以游戏为基本活动，保教并重，关注个别差异，促进每个幼儿富有个性的发展。"这就肯定了幼儿的主动性。以幼儿的基本活动——游戏开展教育活动，更是考虑到幼儿的学习方式和学习特点而提的，更有利于幼儿的学习。

四、教育评价方式从终结性评价走向发展性评价

近年来，我国也逐渐认识到了总结性教育评价中存在的不足，开始引进发展型教育评价的理念与做法。如《幼儿园教育指导纲要（试行）》提出对幼儿发展状况的评估要注意以下几个方面：

①明确评价的目的是了解幼儿的发展需要，以便提供更加适宜的帮助和指导。

②全面了解幼儿的发展状况，防止片面性，尤其要避免只重知识和技能，忽略情感、社会性和实际能力的倾向。

③在日常活动与教育教学过程中采取自然的方法进行，平时观察所获得的具有典型意义的幼儿行为表现和所积累的各种作品等，是评价的重要依据。

④承认和关注幼儿的个性差异，避免用划一的标准评价不同的幼儿，在幼儿面前慎用横向的比较。

⑤以发展的眼光看待幼儿，既要了解现有水平，更要关注发展的速度、特点和倾向等。

这都充分体现了发展性教育评价的特点。

五、环境在幼儿教育中的作用不断凸显

《幼儿园教育指导纲要（试行）》非常重视幼儿园的环境创设，多处提到要提供良好的环境，促进幼儿健康发展。如指出："幼儿园应为幼儿提供健康、丰富的生活和活动环境，满足他们多方面发展的需要，使他们在快乐的童年生活中获得有益于身心发展的经验。"环境是最重要的教育资源，应通过环境的创设和利用有效地促进幼儿的发展。幼儿园的空间、设施、活动材料和常规要求等应有利于引发、支持幼儿的游戏和各种探索活动，有利于引发、支持幼儿与周围环境之间积极的相互作用。幼儿同伴群体及幼儿园教师集体是宝贵的教育资源，应充分发挥这一资源的作用。教师的态度和管理方式应有助于形成安全、温馨的心理环境，教师的言行举止应成为幼儿的良好榜样。

六、高素质的教师是各国幼儿教育的共同需求

我国目前的幼儿教师以中等师范和大专水平为主，大学本科水平为辅。但近年来，越来越多的本科生、硕士生加入幼儿园教师队伍中来，为我国幼儿教育的发展贡献力量。为了使幼儿教师向高学历、专业化方向发展，各国政府一方面加强对师范教育的改革，增加投入，给学生以各种奖学金，吸收高素质的人才学习师范教育；另一方面扩大和增加师范培训机构，加强对在职幼儿教师的培训，努力提高其素质。

模块三　生活指导

【前言】

幼儿生活指导具有重要的教育意义,是幼儿园教育的重要内容。《幼儿园工作规程》明确规定:"幼儿园日常生活组织应当从实际出发,建立必要、合理的常规,坚持一贯性和灵活性相结合,培养幼儿的良好习惯和初步的生活自理能力。"因此,幼儿园一日生活的环节、幼儿常规教育是作为一名幼儿教师必须要了解的。另外,幼儿的卫生保健、疾病预防、常见的安全问题以及突发问题的处理,作为一名幼儿园教师都是必须要了解的。

【考纲解析】

考纲要求	1. 熟悉幼儿园一日生活的主要环节,理解一日生活的教育意义。 2. 了解幼儿生活常规教育的要求与培养幼儿良好生活、卫生习惯的方法。 3. 了解幼儿卫生保健常规、疾病预防、营养等方面的基本知识。 4. 了解幼儿园常见的安全问题和处理方法,了解突发事件如火灾、地震等的应急处理方法
常见题型	单项选择题+材料分析题+活动设计题

【内容导读】

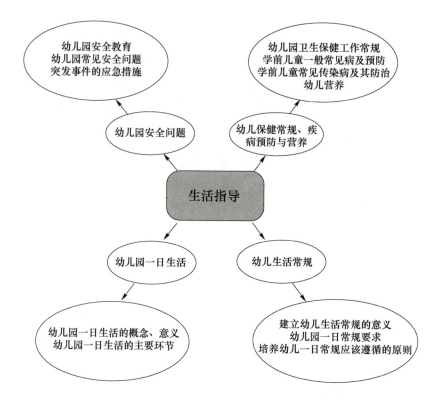

第一章

幼儿园一日生活

考点与解析

考点一 幼儿园一日生活

1. 幼儿园一日生活的概念
2. 幼儿园一日生活的教育意义

考点解析

一、幼儿园一日生活的概念

幼儿园的一日生活是指幼儿园每天进行的所有教育活动,包括日常生活活动和其他活动。《幼儿园工作规程》明确规定:"幼儿园日常生活组织应当从实际出发,建立必要、合理的常规,坚持一贯性和灵活性相结合,培养幼儿的良好习惯和初步的生活自理能力。"所以,幼儿园应该充分认识和利用一日生活的各个环节的教育价值,通过合理组织、科学安排,使其成为一个有机的整体,在自然的生活中让幼儿身心健康发展。

二、幼儿园一日生活的教育意义

(一)使学前儿童尽快适应托幼机构里的生活,为今后的发展打下基础

学前儿童从家庭进入托儿所、幼儿园等学前教育机构所感受到的变化是极大的。对他们来说,这些机构的一切都是陌生的。他们正式进入集体生活后,由家庭的"中心成员"变成了教育机构里众多小朋友中的普通一员。因此,需要培养他们具有一定的独立生活能力,才能使其尽快地熟悉、适应集体生活和学习的环境,产生归属感。

学前儿童身体各个器官的生理机能尚未发育成熟,各个组织都比较柔嫩,身体素质还很弱;同时,学前时期又是儿童生长发育十分迅速、新陈代谢旺盛的时期。但是,由于他们缺乏知识经验、独立生活和自我保护能力,因此,他们既需要教师的悉心照顾,更需要保育员和教师反复指导下的帮助和训练,从而养成良好的生活习惯,建立良好的生活秩序。

帮助学前儿童掌握生活所必需的知识、技能并能在生活中加以应用,可以提高他们的生活自理能力,增强他们的自信心,也为他们今后的学习和生活最终走向自立奠定最基本的能力和态度基础。

(二) 使学前儿童愉快地度过每一天

《幼儿园教育指导纲要（试行）》指出："幼儿园应为幼儿提供健康、丰富的生活和活动环境，满足他们多方面发展的需要，使他们在快乐的童年生活中获得有益于身心发展的经验。""快乐的童年生活"最现实的表现就是儿童每一天的具体生活，而学前儿童在日常生活中的表现也是判断、衡量他们学习和发展状况的重要依据之一。因此，教师要把生活活动不仅看成是满足孩子渴了要喝水、饿了要吃饭等生理需要的过程，更是以此为机会，使儿童的相关能力逐步得到提高的学习、练习的过程，让学前儿童在集体生活中感到温暖、心情愉快，形成安全感、信赖感。从这个意义上说，学前儿童教育的重要目的就是让他们愉快地度过在学前教育机构的每一天。

(三) 日常生活是幼儿学习的重要途径

学前儿童的身心发展特点决定了教育的生活化，学前儿童教育必须是保教并重的，必须寓教育于儿童的一日生活之中。日常生活是学前儿童教育的重要内容，也是教育的重要途径。《幼儿园教育指导纲要（试行）》指出，幼儿园教育活动内容的选择应"既贴近幼儿的生活来选择感兴趣的事物和问题，又有助于拓展幼儿的经验和视野"，幼儿园教育活动内容的组织应"充分考虑幼儿的学习特点和认识规律，各领域的内容要有机联系，相互渗透，注重综合性、趣味性、活动性，寓教育于生活、游戏之中"。对学前儿童而言，大部分的学习是生活化的、游戏化的教育活动，就是日常生活本身。因此，学前教育机构应从儿童的一日现实生活中挖掘教育资源，把各种教育内容与儿童一日现实生活联系起来，把教育活动同儿童一日现实生活结合起来。儿童日常生活的每一个环节都具有教育价值，都应从儿童发展的现实出发，加以充分的组织和利用。

2014年第30个教师节前夕，习近平总书记考察北京师范大学时发表重要讲话，勉励广大师生做有理想、有道德情操、有扎实学识、有仁爱之心的"四有"好老师。

考点二 幼儿园一日生活的主要环节

1. 入园环节
2. 饮水环节
3. 盥洗环节
4. 餐点环节
5. 睡眠环节
6. 如厕环节
7. 离园环节
8. 早操活动
9. 户外活动及体育锻炼活动
10. 游戏活动
11. 教育活动

> **考点解析**
>
> 幼儿园一日活动贯穿于幼儿在园的所有活动，幼儿园一日生活环节主要包括入园、盥洗、餐点、饮水、如厕、睡眠、离园等环节。

一、入园环节

(一) 教师

教师要主动、热情、礼貌地迎候幼儿和家长；观察幼儿身体、情绪和精神面貌；查看幼儿的晨检牌或晨检记录、是否携带不安全物品；有针对性地向家长了解幼儿情况；组织幼儿开展观察、劳动、值日、自主活动等；清点幼儿出勤情况，并做好记录，及时与未到园幼儿的家长取得联系，了解原因。

有计划地组织晨间活动：于前一天准备好玩具、活动材料及体育活动器械，让幼儿参加自己喜欢的各种活动。

（二）幼儿

幼儿能按时、愉快入园，有礼貌地向老师、同伴问好，与家长告别；着装整洁舒适，便于活动；愿意接受晨检，身体不适能告诉保健老师；能按要求带齐当日所需的生活和学习用品；入园后能主动自觉地洗手，主动参加晨间活动，遵守活动规则；活动后将玩具放回原处，摆放整齐。

（三）保健医生

保健医生要为幼儿准备洗手用品（消毒水、洗手液、毛巾等）做好晨检。要求如下：

一摸：摸幼儿额头、颈部和手心有无发热。二看：幼儿精神面貌和卫生情况，有无流涕、流泪、结膜充血，身上有无皮疹，咽部是否充血，体表有无伤痕，指甲是否过长等。三问：问幼儿在家的饮食、睡眠、大小便等一般情况及有无传染病接触史。四查：查幼儿是否携带有不安全物品。五防：传染病流行季节，应重点检查有无传染病接触史及早期症状和体征。晨检中发现幼儿有传染病或其他疾病表现时，应通知家长带到医院检查、治疗。

在晨检基础上，向幼儿发放晨检牌，向健康幼儿、服药幼儿、待观察的幼儿发放不同的晨检牌，由幼儿或家长带回班级。

二、饮水环节

（一）教师

运动后、上下午各组织一次集体饮水，提醒并允许幼儿随时喝水；剧烈运动后稍事休息再喝水；饭前、饭后半小时少饮水。观察掌握幼儿饮水量，保证幼儿日饮水量达 800~1 500 毫升以上。指导幼儿安全有序地取水，提醒、帮助幼儿正确取水和取放口杯；保温桶每天清洗，幼儿个人专用饮水杯每天清洗并消毒一次；保证班上随时有温度适宜的饮用水。

（二）幼儿

愿意定时饮水，需要时会主动取水喝；不喝生水；喝水时不说笑，不边走边喝水；用个人专用口杯喝水，口杯用后放回固定的地方；正确取水，不喧哗，不打闹，不玩耍，不浪费水。

三、盥洗环节

（一）教师

组织幼儿有序地盥洗，指导幼儿正确盥洗。检查或指导中、大班值日生检查盥洗结果。

盥洗室的设计要合理，盥洗室要保证干净、定期消毒；随时保持盥洗室的干燥，做好防滑工作；洗衣粉、消毒液等物品要放到幼儿碰不到的安全位置；做好盥洗准备，保证幼儿用肥皂、流动水洗手，用消毒毛巾洗脸。

（二）幼儿

随时保持手、脸清洁。饭前、饭后、便后、手脏时会自觉洗手；学会正确洗手的方法，用小流水洗手（不玩水，不浪费水），保持地面、服饰干爽；用自己的毛巾将手擦干。中大班幼儿学会自己搓拧毛巾。

四、餐点环节

（一）教师

教师进餐前半小时提醒幼儿结束活动，做好盥洗，准备进餐；分餐前用肥皂洗手，每餐

（点）前10分钟做好桌面消毒工作；指导值日生分发餐具、餐巾，轻拿轻放，摆放整齐；为幼儿营造愉快的进餐环境，在等待进餐的时间里，可放轻音乐；提供的食物温度适中，避免食物过烫、过冷，严禁进食不卫生食物；避免餐具造成的划、戳伤。

幼儿进餐时教师要鼓励幼儿独立进餐，不催促幼儿用餐；提醒幼儿在用餐时间内进餐完毕，中大班30分钟，小班40分钟；巡视指导幼儿正确使用餐具；观察进食量，鼓励食量小的幼儿，控制暴食幼儿。做到不给幼儿汤泡饭；纠正幼儿不良进餐习惯；对有特殊需要的幼儿，给予个别照顾，如生病、食物过敏等，要告知厨房做病号饭；保证每个幼儿吃饱、吃好、吃足营养量；掌握幼儿进食情况，及时处理异常情况；掌握每餐食谱，向幼儿介绍当餐食品营养，激发幼儿进餐欲望。

要求幼儿吃完饭再站起来，轻放椅子，离开饭桌，将餐具放到指定地点，清理好自己的桌面，提醒幼儿饭后擦嘴、洗手、漱口。

（二）幼儿

餐点前自觉洗手，愉快、认真地进食，不边吃边玩，不大声讲话；愿意独立进食，不依赖教师；约30~40分钟吃完饭菜，15分钟左右吃完点心；学会正确使用餐具：一手拿勺子（中大班使用筷子），一手扶住碗；进食时会细嚼慢咽，饭和菜搭配着吃，不吃汤泡饭；不挑食、不偏食、不剩饭菜，不过量进食；保持桌面、地面和衣服清洁，骨头、残渣放在渣盘里或堆在一起。

吃完饭再站起来，轻放椅子，离开饭桌，将餐具、渣盘放到指定地点，清理好自己的桌面；餐后会正确使用餐巾，用后放在规定的位置；进餐后用温开水漱口。

五、睡眠环节

（一）教师

随时保持寝室清洁与整洁；每天一小扫、每周一湿性清扫，每周用消毒液抹幼儿床一次；保持寝室内空气新鲜；保证幼儿一人一床一被，保持被褥清洁、干燥，根据室内温度及时增减幼儿被褥；为幼儿营造良好的睡眠环境（可适当地放睡眠曲或讲故事）。

睡前要检查床铺上有无杂物，禁止幼儿携带绳、皮套、串珠等异物进入寝室；指导或帮助幼儿有序地穿脱衣、裤、鞋、袜，提醒放在指定的位置；整理幼儿脱下的衣服、鞋子，摆放整齐；观察幼儿的午睡状况，帮助幼儿盖好被褥，纠正不正确睡姿；护理体弱幼儿，观察带病儿，发现神色异常要及时处理并报告；对于入睡困难、情绪和身体有异常的幼儿教师要帮助他入睡；轻声提醒常尿床的幼儿起床如厕，发现幼儿尿床要及时换洗。

教师看睡时动作要轻，不大声说话，不能以任何借口离岗、做私活、会客、吃零食、睡觉等。

组织幼儿按时起床，起床时观察幼儿情绪有无异常；指导、帮助幼儿穿衣，整理床铺，提醒、帮助起床动作慢的个别幼儿；起床后检查幼儿的仪表服装及鞋袜，指导、帮助幼儿梳头，组织幼儿喝水。

（二）幼儿

能独立或在帮助下按顺序地穿脱衣裤，并放在固定的地方；学会分清衣裤前后，会拉拉链、会扣纽扣；起床后，按老师的要求折叠好被子；睡眠时睡姿正确；不带小玩物上床，不东张西望，不蒙头、吮手、咬被角等。

六、如厕环节

（一）教师

保持厕所清洁通风，随时清洗、消毒，做到清洁、无异味；掌握幼儿大小便习惯，及时提醒幼儿如厕；帮助托、小班幼儿脱、提裤子，教幼儿掌握正确如厕姿势，大小便入池，正确使用手纸；教育幼儿有便意时大胆告诉老师，不尿裤子；指导中、大班幼儿独立如厕，便后冲刷厕所，及时洗手；观察幼儿大便情况，发现异常，及时与家长联系并做好记录。

（二）幼儿

逐渐学会自理大小便，解便入池；解便时不弄湿自己和同伴的衣裤，便后会整理服装；便后会用手纸自前向后擦屁股，并用肥皂（洗手液）流水洗手；不在厕所逗留、玩耍。

七、离园环节

（一）教师

稳定幼儿情绪，安排适宜的离园前活动；提醒幼儿有礼貌地向教师和小朋友告别；组织幼儿检查、收拾好自己的生活和学习用品；检查幼儿服装穿戴是否整洁适宜；严格确认接幼儿的家长，遇有陌生人来接，必须进行电话或其他可信方式的相关确认；注意观察幼儿是否跟随家长离园，做好个别特殊幼儿的交接；如生病的幼儿和当天表现异样的幼儿，应向家长详述幼儿在园的生活及活动情况，提出希望得到家长配合与支持的要求和具体方法；待所有幼儿离园后，再做好次日各项活动的准备。

（二）幼儿

愉快离园，主动使用礼貌用语向老师说再见；注意安全，不跟陌生人走；收拾好自己的生活和学习用品，与家长交流当日在幼儿园的生活及活动情况。

八、早操活动

（一）教师

教师要有序地组织早操活动，口令规范，精神饱满，示范正确；面向全体幼儿，早操编排结构合理，应包括准备活动、队列练习、两套操节，小班为徒手操和模仿操，中大班为徒手操和轻器械操。

（二）幼儿

能愉快地参加早操活动，认真并有精神；能遵守早操规则，排队有序，会听信号、口令并做动作；做操有节奏，动作到位，协调有力，能充分活动身体的各部位。

九、户外活动及体育锻炼活动

（一）幼儿

愉快地参与体育活动，主动活动身体；正确使用活动器械，并和同伴一起活动；有安全意识，不做危险动作，不用器械与同伴打闹等；遵守体育活动规则。

（二）教师

教师要组织开展体育游戏、器械活动、散步等多种类型的户外体育活动；要保证幼儿每天的户外活动时间不少于2小时，其中体育活动不少于1小时，且活动分段进行；保证开展走、跑、跳、钻、爬、投掷、平衡等各种发展幼儿基本动作的活动；提供各种户外体育活动器具，根据幼儿活动需要保证足够的体育活动材料；观察幼儿参加体育活动的兴趣、动作发展、习惯、安全意识、意志品质等实际情况，做出积极的应对和调整。

十、游戏活动

游戏活动主要指在幼儿园一日生活中幼儿自发、自主、自由的实践活动。幼儿园游戏活动的基本要求是：
①根据幼儿的年龄特点、实际经验和兴趣，创设游戏环境，选择幼儿游戏内容。
②为幼儿提供安全、卫生、有教育性的游戏材料和自制玩具。
③加强游戏过程中的观察，并采用直接指导、交叉指导、平行指导等方式给予适当指导。
④开展多种类型的游戏活动，保证建构游戏、角色游戏、表演游戏等创造性游戏与娱乐游戏、教学游戏、音乐游戏等规则性游戏间的平衡。

十一、教育活动

教育活动是教师有目的、有计划地，从幼儿的兴趣和实际水平出发，采用集体活动形式组织的师幼互动活动，或在教师引导下的同伴互动活动，旨在促进每个幼儿在不同水平上得到发展。

（一）教师

根据本班幼儿实际需要和已有经验，结合本园实施课程的要求，修改、补充、调整、制订切实可行的活动计划；根据活动目标准备必需的教具，提供满足每个幼儿活动需要的活动材料并在当班前做好分发准备，熟练掌握和使用各类教具及教辅设备；根据活动类型设置便于幼儿活动与交流的空间位置；耐心倾听，理解幼儿的想法与感受，支持鼓励幼儿大胆活动；关注幼儿在活动中的表现与反应，敏感地察觉幼儿的需要，及时应答；关注活动中个别幼儿，因人施教，满足不同幼儿的需要。活动中注重培养幼儿的良好行为习惯。教师要善于发现和捕捉突发性的教学问题，在观察基础上合理分析，灵活调整教学目标、改进教学方法。

（二）幼儿

在老师或家长的指导下尝试多途径收集信息，并参与做好有关材料的准备；有参与活动的兴趣，能动用各种感官参与活动；乐于交流与分享自己的经验和想法，能正确地使用和整理活动材料或用具；遵守集体活动规则，养成良好的倾听习惯、发言习惯，用眼、握笔、坐立姿势正确。

模块三第一章　真题回放

第二章

幼儿生活常规

考点与解析

考点 幼儿生活常规教育

1. 建立一日生活常规的意义
2. 幼儿园一日常规要求
3. 培养幼儿一日常规应该遵循的原则

考点解析

一日常规就是需要幼儿在幼儿园一日生活的各种活动中应该遵守的基本行为规范，包括要遵守一日活动的时间及顺序的规定；遵守一日活动各环节具体要求的规定；遵守幼儿的一般行为规范的规定。幼儿园的常规培养教育就是对幼儿在园一日生活中规则、行为习惯和思想品德的培养教育过程，是贯穿在幼儿园的一日生活中的。

一、建立一日生活常规的意义

①可以促进幼儿形成良好的生活习惯。
②帮助幼儿学习在集体中如何生活，使幼儿适应幼儿园集体环境。
③可以维持班级活动的秩序，帮助保教人员组织班级活动。
④有利于幼儿心理健康发展。

二、幼儿园一日常规要求

（一）来园常规
①愉快来园，能主动向老师和小朋友问好，并向家长告别。
②学会将脱下的衣物叠放、挂放在指定位置。
③主动参加晨间户外晨练活动或室内各种活动，活动结束时能主动整理玩具或物品。
④学习做值日生工作。

（二）进餐常规
①饭前洗手。进餐前用肥皂按照正确的洗手方法，洗干净手。洗净手后，不再干别的事，以

免造成再次污染。

②吃饭时保持桌面、地面和衣服的清洁卫生。吃饭时，不用手抓饭，不剩饭菜。

③学会正确使用餐具。小班幼儿学会正确使用勺子，中、大班幼儿学会正确使用筷子。

④吃完饭后，能把碗、筷放在指定的地方，把椅子放入原位后离开餐桌。

⑤饭后用温水漱口，然后用干净的毛巾或纸巾擦嘴。

⑥中、大班幼儿可轮流担任餐前准备和餐后的整理工作，如饭前分碗、筷、小勺等。

（三）饮水的常规

①教会刚入园的小班幼儿识别自己水杯的标识，能根据自己的标识，正确拿取杯子。

②能接适量的水，不过多，不过少，不把水洒在地上。

③轮流取水，并学会排队，做到不拥挤。

④喝完水，立即把杯子放回原位，不玩杯子。

⑤不喝生水，不玩水。知道口渴时喝水，愿意定时饮水，需要时会主动取水喝。

（四）就寝的常规

①睡前能按顺序脱外衣、外裤、鞋子，并把衣裤叠整齐放在床后头或教师指定的地方；能将鞋子整齐地摆放，做到美观、整洁；起床后，会自己按顺序穿衣裤、鞋袜；起床后会自己整理床铺，将被子叠整齐，放置在床头。小班幼儿可在教师的帮助下完成以上任务，中班开始慢慢过渡到独自完成。

②睡姿正确（右侧卧或仰卧）；不带小玩物上床；不东张西望；不蒙头、吮手、咬被角等。

③入睡和起床时不吵闹。

（五）盥洗的常规

①分组组织幼儿，按顺序轮流进入盥洗室，尽量避免拥挤，以免发生矛盾。

②能用正确的方法洗手、洗脸。

③懂得节约用水的道理，学会节约用水的方法，盥洗时，不玩水，不把水龙头开得太大，不浪费水。

（六）如厕的常规

①对初入园的幼儿，要会用语言表达要大、小便，学会坐盆或蹲坑。

②4岁后的幼儿，开始学习自己料理大、小便，文明如厕，站在厕所便池边再脱裤子，蹲正位置，把大小便入池内，便后会用手纸自前向后擦屁股，如厕后及时整理好衣裤，学会冲便。

③有便意及时上厕所，不憋便，不因贪玩便湿裤子。

④不在厕所逗留玩耍。如厕时要注意安全，小心上台阶，小心滑倒。

（七）卫生常规

①知道自己身上是否清洁，在成人提醒下能拍打身上的尘土，知道地上脏不随便躺在地上。

②勤剪指甲、勤洗澡、不咬手指，不用脏手揉眼睛。

③会正确使用纸巾，会擦鼻涕。

④不随地吐痰，不随地大小便。

⑤会使用垃圾桶，会将废物扔进垃圾袋内。

⑥保持桌面、墙面清洁，不乱涂乱画。

（八）礼貌常规

①小班幼儿，会说"谢谢""再见"等简单的礼貌用语；能够做到安静地听人说话，不随便插嘴，不打断别人说话。

②中、大班幼儿会说"谢谢""再见""请""不客气""您好"等常见的礼貌用语，并会主

动用礼貌用语跟人打招呼和回答别人的问候；能够做到能集中注意力，耐心地倾听别人说话，不打断别人说话，学会用轮流的方式与人交谈，不抢着讲，不乱插嘴；个别交谈时，知道要控制音量，以对方能听到为准，不影响其他人。

（九）教学活动常规

①集中注意力听老师讲解，按老师的指令进行活动。

②回答问题时，应先举手，得到老师许可，方可起立发言；注意倾听同伴发言，不随便打断或插嘴。

③不随便进出活动室；在教学活动开始前，应做好必要的准备工作，如喝水、如厕，活动进行的过程中，不随便借故离开活动室，更不擅自离开活动室，随便进出；能坚持完成学习活动。

④不随便玩弄事先准备好的学具、操作材料等学习用品，以保证注意力集中在当前的活动中。

⑤掌握正确的坐姿、站姿、举手、握笔、看书、写字姿势。

⑥活动结束后，自己收拾学习用品，整理场地；离开时，能迅速地将椅子轻轻靠近桌子。

三、培养幼儿一日常规应该遵循以下几个原则

（一）提出的规则要求符合孩子的年龄特点

各班的常规要求应从孩子的年龄特点出发，循序渐进。幼儿园小、中、大班的常规具有螺旋式上升的特点。

（二）创造机会，让幼儿在多次实践中得到充分锻炼

充分的、多次的实践是建立良好班级常规的关键。教师应尽最大的努力创造条件，为孩子提供练习的机会。在态度上、方式方法上，都要有足够的耐心。

（三）提供正确的榜样示范

幼儿期是具体形象思维，孩子感受着周围所发生的一切，他们不仅看在眼里记在心里，还会像镜子一样在行动上一板一眼地表现出来。因此，在日常生活中，我们必须时时、事事、处处规范自己的言行，注意自己的举止，要求孩子做到的，自己首先必须做到，努力做孩子的表率。

（四）常规培养要持之以恒

教师之间密切配合、要求一致、持之以恒是做好常规工作的基础。对幼儿提出的要求不能时有时无，老师高兴了，就让幼儿放任、松懈，老师生气了，就严加管教。

（五）形成良好的教育合力

应本着尊重、平等、合作的原则，争取家长的理解、支持和主动参与。家庭与幼儿园形成教育合力是培养幼儿一日常规的关键，有了家长的支持和配合，常规培养才能收到良好的效果。

模块三第二章　真题回放

第三章

幼儿保健常规、疾病预防与营养

考点与解析

考点一　幼儿园卫生保健工作常规

1. 制度建设常规
2. 卫生消毒常规
3. 健康检查常规
4. 生活常规管理
5. 疾病防治常规
6. 安全工作常规

考点解析

一、制度建设常规

（一）制订学年、学期的卫生保健工作计划（包括月重点）

（二）卫生保健制度健全

①生活制度。
②饮食制度。
③体格锻炼制度。
④健康检查制度。
⑤卫生消毒及隔离制度。
⑥预防疾病制度。
⑦安全制度。
⑧卫生保健登记、统计制度。
⑨家长联系制度。

（三）各种资料齐全、记录完整、清楚、准确

具体包括：
①出勤登记表。

②传染病登记表。
③疾病登记表。
④晨检及全日观察记录表。
⑤预防接种记录表。
⑥体弱儿管理记录表。
⑦体格检查记录表。
⑧缺点矫治记录表。
⑨膳食调查记录表。
⑩体格锻炼观察表。
⑪事故登记表。
⑫家长联系簿。

（四）对资料进行统计，科学分析，并以此为依据做好卫生保健工作

具体包括：
①体格发育评价。
②膳食评价。
③出勤率统计。
④缺点矫治率统计。
⑤各种常见病患病率统计。
⑥传染病发病率统计。
⑦预防接种率统计。

（五）保健室建设

1. 必须建立保健室，并符合保健室设备标准

一般设备包括：桌椅、药品柜、保健资料柜、流动水或代用流动水设施、诊察床。
体检设备包括：体重计（杠杆式），灯光视力箱，对数视力表，身高计（供3岁以上使用）。
消毒设备包括：紫外线灯、常用消毒液。
常规医疗用品包括：常用医疗器械（针、镊子、剪刀等）、听诊器、血压计、体温计、手电筒、压舌板、软皮筋。
常用药品：常见外用药，防止常见病的中、西药。
高压消毒锅、电冰箱根据实际需要配备。

2. 必须设立隔离室

寄宿制幼儿园和设寄宿班的幼儿园必须设立隔离室（入园幼儿在70名以下的可设立隔离床），有配套设备；其他幼儿园视情况设立。

（六）定期检查计划、制度落实情况，有总结，有记录

（七）落实岗位责任制，卫生保健工作职责明确，责任到人

二、卫生消毒常规

（一）通风换气常规

活动室每天早晨幼儿入园前15分钟开窗通风（视天气情况灵活掌控），冬季定时开窗通风换气，保持室内空气清新；寝室每天紫外线灯消毒半小时。启用空调时应注意室内空气的新鲜、湿度和温度，室内外温差不宜过大，一般冬季室温15~18℃，夏季室温27~28℃。幼儿进出室内外温差较大的房间应及时增减衣服。

(二) 环境卫生常规

环境卫生保持清洁，坚持每天一小扫，每周一大扫，每月彻底清扫一次。

1. 活动室

空气新鲜，地面整洁；玻璃明亮，光线充足；室内摆设整洁舒适，布置无尘垢。

2. 寝室

定时开窗和关窗，通风良好，温度、湿度适宜，床铺整齐，窗明几净。床栏杆、暖气、窗台、柜子、灯罩、电扇等无尘土墙壁干净，无蛛网，床下无杂物。

3. 盥洗室

清洁通风，水池下水道处无头发、污物，地面无积水、污渍，便池、便盆及时冲洗，无尿碱，无臭味，无苍蝇。门、窗、镜、灯、柜等清洁干净。消毒水等物放在幼儿够不着的地方。

4. 桌椅高度应符合要求。

(三) 个人卫生常规

1. 幼儿园要在家长的配合下培养幼儿良好的个人卫生习惯

①幼儿每人一巾一杯，日常生活用品专人专用，做好消毒工作。

②幼儿饭前便后洗手，早晚用流动水洗手和脸，经常保持清洁。

③饭后要漱口，大、中班幼儿每日早晚要刷牙。

④定期洗头和洗澡。

⑤每天洗脚、洗屁股，洗屁股巾要每天消毒。

⑥每周剪指甲一次，每两周剪趾甲一次。

⑦保持幼儿服装整洁，衣服、被褥、床单要勤洗勤晒。

⑧保护幼儿视力。活动室采光好，阅读、书写、绘画活动有良好的照明。注意用眼卫生，一次连续近距离读、写、画时间不超过30分钟，近视幼儿适当缩短。看电视的时间每周一两次为宜，每次约20分钟，距离2~3米，电视机安放高度适中。长时间用眼后应有10~15分钟休息或组织户外活动，放松双眼、远眺。保持良好的读写姿势。

2. 工作人员个人卫生常规

①仪表整洁，勤洗澡、勤剪指甲。

②饭前便后和给幼儿开饭前用肥皂和流动水洗手。

③不得在幼儿寝室、活动室和其他幼儿集中活动的室内吸烟。

(四) 炊事卫生常规

①厨房经常打扫，保持内外环境清洁。

a. 物品摆放有序，用后及时归位。

b. 台面、墙（窗）面、地面清洁无污物、积水、蜘蛛网。

c. 消除老鼠、蟑螂、苍蝇和其他有害昆虫及其孳生条件。

②严格执行《食品卫生法》，特别要防止食物中毒。厨房用具包括刀、墩、板、桶、盆、筐、抹布以及其他工具、容器必须标志明显，做到生熟分开，定位存放，用后洗净，保持清洁。食具一餐一消毒（若用水煮则需在水开后煮15至20分钟，若用笼屉蒸则水开后至少要蒸30分钟），符合国家有关卫生标准。禁止重复使用一次性使用的餐饮具。

③采购食品，要按照国家有关规定进行索证，不买、不加工或使用腐烂变质和感官性状异常的食物及其原料，买来的熟食要加热处理后再吃，预防食物中毒及肠道传染病的发生。

④食品贮存应当分类、分架、隔墙、离地存放，定期检查、及时处理变质或超过保质期限的食品。

⑤炊事员应穿戴清洁的工作衣、帽,并把头发置于帽内,不留长指甲、涂染指甲、戴戒指加工食品,坚持上灶前用肥皂和流动清水洗手消毒,如厕前脱工作服,在操作间不抽烟,分饭菜时戴口罩。

(五) 清洗消毒常规

①玩具、图书要保持清洁,一周一消毒。
②餐具、餐桌一餐一消毒。餐具要先按规范清洗消毒,做到洗后无污物。
③小毛巾、水杯专人专用,一日一消毒。
④床单半月一换,被褥一月一晒。
⑤为保证幼儿随时饮水,下午水杯不宜过早消毒,最好下在班前消毒;消毒时应将所有水杯(包括未出勤幼儿的水杯)、点心盘和点心夹放入消毒柜消毒。
⑥每天下班前应将饮水器(或保温桶)中的余水倒干净,以免积水垢;每周应清洗一次饮水器(或保温桶)。
⑦盥洗室内所有盆、桶、壶应洗净晾干放入橱柜,以免柜内产生潮气、霉变。

三、健康检查常规

(一) 新生入园体检制度

所有新生或转学生必须持当地妇幼保健机构入园体检表按项目进行健康检查,体检合格后方可入园。离园一个月以上的幼儿必须重新体检。做好新生体检的统计和分析工作,及时筛选出体弱儿(如肥胖营养不良、贫血等)列入体弱儿专案管理。了解新生的疾病史、传染病史、过敏史和生活习惯,做好特殊疾病(如哮喘、癫痫、皮肤过敏、习惯性脱臼等)的登记工作,便于保健员和班级教师对其特殊的观察和护理。

(二) 幼儿定期体检制度

全园每位幼儿均建立健康档案(包括体检表、预防接种证)。按要求每学期为幼儿测量体重两次、测身高和视力各一次。每年当地妇幼保创机构为全园幼儿体检一次,及时对幼儿体格发育情况进行分析评价,并将检查结果和评价情况向家长反馈,同时,督促家长对患有龋齿、视力不良、贫血、沙眼等疾病的幼儿进行矫治,并及时提供治疗反馈信息。

(三) 坚持晨检和全日观察制度

每天按要求对幼儿进行晨间检查,认真做好晨检工作。一摸:有无发烧;二看:精神、皮肤和五官(外表);三问:饮食、睡眠、大小便和患病情况;四查:有无携带不安全物品,发现问题及时处理。严禁患不宜入园疾病(如传染病)的幼儿入园。晨检时,接受服药幼儿的家长带来的药品,做好幼儿服药的登记工作,即注明幼儿姓名、用药原因、药品名称和剂量、服药时间、内外服、护理要点、喂服人姓名,并且在保健医生的指导下服用。严禁幼儿私自带药入园,对幼儿私自带来的药品必须向家长问明情况再做处理。喂幼儿服药须在保健医生的指导下进行。对晨检时情绪不好的幼儿,或在家有不适情况、近日患病的幼儿,重点记录观察其精神、食欲、睡眠等情况,全天予以特别的关注,并按时、准确填写"班级全日观察表"。

保健员重点对在家发烧、腹泻、呕吐等情况的幼儿进行观察,在家发烧者要量体温。对无故未到的幼儿要及时与家长联系,对有异常的幼儿应立即采取措施。

(四) 工作人员体检制度

工作人员每年按要求进行体检,包括胸部 X 射线透视、肝功能、粪便常规检查,以及阴道霉菌、滴虫检查,体检合格者方可上岗。保健员做好工作人员体检分析工作,患有肝炎或其他传染病不宜在幼儿园工作的人员应及时离职治疗,待痊愈后,持县(区)以上医疗保健机构证明方可恢复工作。患慢性痢疾、乙肝表抗阳性、滴虫性阴道炎、化脓性皮肤病、麻风病、结核病、精神病等保教人员应调离工作。

四、生活常规管理

（一）晨午检常规（同健康检查常规之三）

（二）饮水常规

①早晨幼儿入园时，水杯应及时从消毒柜中取出放在水杯架上，防止尘土落入。

②饮水器（或保温桶）应有温热适宜、数量足够的开水，保证开水供应。

③小班上学期幼儿可坐在座位上由教师或保育员给每人杯中倒适量的水，小班下学期和中大班幼儿自己接水喝。要掌握幼儿饮水量，提醒幼儿及时饮水，保证每个幼儿足够的饮水量。不得限制幼儿饮水的次数。

（三）如厕常规

①不得限制幼儿便溺次数。

②帮助年龄小和自理能力差的幼儿。

③对遗尿和遗屎的幼儿，耐心地为他们更换、清洗衣物。

④将卫生纸裁好放在固定位置上，并教会幼正确使用。

⑤培养幼儿良好的大小便习惯，如会按时小便、按时大便，大便后自己擦净，整理好衣裤，便后用肥皂洗手等。

⑥观察幼儿大小便情况，发现异常情况，及时处理。

⑦幼儿集中如厕时，厕所一定要有教师或保育员。

（四）洗手常规

幼儿集中洗手时，盥洗室一定要有教师或保育员；幼儿饭前便后以及使用蜡笔、油画棒、橡皮泥或玩沙等户外活动后应洗手。步骤如下：

①卷袖子（小班幼儿及中大班部分衣袖难卷的幼儿由教师帮助卷袖子）。

②用流动水和肥皂洗手。

③洗完后双手在水池内甩几下，防止水滴在地上。

④用自己的毛巾擦干。

⑤教师（或保育员）帮助洗完手的幼儿拉下袖子。

⑥教育幼儿节约用水和肥皂。

（五）进餐（早、午、晚）常规

1. 教师开饭要求

①餐前首先规范擦洗和消毒餐桌，消毒后要防止再污染（如幼儿趴在桌上乱摸）。

②教师取拿饭菜前，要用流动水和肥皂洗净双手。

③所有餐具应放在桌上或饭架上，不要直接放在地上。

④分发完餐具后组织幼儿分组洗手。中大班可指导值日生摆餐具。

⑤食物要在温度适宜后进班。在餐厅集体进餐的幼儿，要待食物温度适宜后教师或保育员带入餐厅就餐。

⑥要将饭菜分开盛，有刺、有骨头的菜不与其他菜混放在一起，以免发生意外。

⑦整个开饭过程尽量保证教师与保育员都参与。

⑧幼儿进餐时，除及时帮助幼儿添饭外还要督促、观察幼儿进餐情况；不要让吃饭慢的幼儿最后站着吃或站在活动室外吃。

⑨进餐时保持安静，不催促、硬塞；哭闹咳嗽时不能强迫幼儿进食。
⑩准备好饭后用的餐巾和放碗筷盘的盆等物，餐后教师催促幼儿擦嘴并将碗盘内的残羹集中倒入汤桶内，剩饭单独放，餐后所有碗筷勺应整齐地放在碗筐内，便于厨房清洗。
⑪掌握好幼儿的食量，不能以多为幼儿添饭作为表扬鼓励幼儿的手段，更不能以禁止幼儿吃饭作为体罚幼儿的手段。
⑫按时开饭，每餐进餐时间为30~40分钟，保证幼儿吃饱每餐饭。
⑬幼儿进餐期间教师或保育员不得处理与进餐无关的事情。餐后，按要求清洁餐桌和地面。
总之，照顾幼儿吃好一顿饭的标志是：吃饭过程中，幼儿情绪好、食欲好、食量够、饮食习惯好、吃得卫生。

2. 幼儿进餐要求

①幼儿规范洗手后直接取饭入座就餐，保证洗手后进餐不等待。
②培养幼儿良好的饮食习惯：不挑食、不撒饭菜、不剩饭菜、吃完自己的一份饭菜。
③餐后正确使用餐巾擦嘴，用温开水漱口。
④餐后组织幼儿散步，散步时不宜做剧烈活动。
⑤小班下学期开始用菜盘，中班下学期开始可用筷子就餐，须注意安全。

（六）加点常规

1. 喝豆浆常规

①幼儿规范洗手。
②从水杯架取拿自己的水杯。
③豆浆要待温度适宜后进班，以防烫伤幼儿。
④喝完豆浆后，保育员应及时将水杯洗干净，然后放入消毒柜消毒，并及时取出放入水杯架，以保证幼儿随时饮水及饭后漱口。

2. 吃水果、点心常规

①餐桌常规消毒（同前）。
②吃午点前要洗手。
③吃点心时一定要用点心盘，点心（饼干等）应放在点心盘内，不要放在饼干桶盖上，水果要洗净削皮后再吃。
④吃完点心后，点心盘应进行消毒。

（七）睡眠常规

①做好幼儿午睡前寝室环境的准备工作，做到空气清新、温度适宜、光线柔和。根据季节掌握通风及寝室气温。秋、冬、春季穿脱衣服及入睡中避免冷风直吹幼儿。
②幼儿被褥厚薄、大小适宜。
③组织幼儿如厕后安静入寝室。
④睡前检查幼儿口中有无含留食物，幼儿不带玩具上床。
⑤幼儿午睡必须脱外衣裤。小班上学期可在教师指导帮助下进行，小班下学期开始能主动、独立脱外衣裤午睡，脱下的衣物放在固定的地方并叠放整齐，不能放在枕头下。
⑥值班人员应加强幼儿午睡巡视，根据室温随时给幼儿盖好被子，及时发现异常情况并妥善处理。
⑦起床时及时检查幼儿衣服和鞋袜，防止穿错和不穿。
⑧幼儿穿好衣服后指导中大班幼儿叠被子。检查床上褥子下面是否有异物，被里、被头是否开线。

总之，照顾好幼儿睡眠的要求是：按时睡，睡得好，按时醒，醒后精神饱满愉快；睡眠时间充足（2~2.5小时），不任意减少和增加睡眠时间，大班末期可适当缩短，以便与小学搞好衔接；保持良好的睡眠姿势和习惯。

（八）伙食常规

①建立伙委会，定期研究幼儿伙食问题。
②制定代量食谱，每周更换一次。
③按人按量供应主副食，不吃剩饭菜。
④定期计算幼儿进食量和营养量。
⑤两餐间隔不少于3小时半。
⑥少吃甜食，晚饭不能以吃甜食、菜汤、面汤为主，要尽量吃些炒菜。
⑦加强体弱儿和病儿饮食管理。
⑧职工伙食和幼儿伙食严格分开。
⑨每月向家长公布一次伙食账目。

五、疾病防治常规

（一）预防传染病

①按年龄和季节在卫生防疫部门的协助下完成预防接种管理工作，建卡率达100%。接种前必须了解幼儿的身体状况，接种后注意观察幼儿的身体反应，有异常者及时向医生报告并照顾好，凡是禁忌证者不应接种或暂缓接种。除禁忌证外，做到一个不漏，全程足量，保护易感儿童。

②传染病流行季节，应加强晨间检查，严禁传染病儿入园。

③幼儿离园一个月以上或外出（离本市、县区）返回时，应向家长询问有无传染接触史，并要经过医务人员重新检查。未接触传染病的要观察两周。对离开幼儿园3个月以上或有肝炎接触史的儿童应检疫42天，经体检证实其健康后方能回班。

④如发现有传染病儿，不管其是在园内还是在园外传染，应立即隔离治疗，对患儿班级各种物品（包括空气、玩具、水杯、毛巾、被褥等）进行严格彻底的消毒。对患有传染病的幼儿和工作人员应立即隔离治疗。患者待隔离期满痊愈后，经医生证明方可回园所或班。对患儿班级的其他幼儿按各种传染病规定的检疫期进行检疫，检疫期不串班、不混班，不办理入园、转园手续，控制传染病的续发和蔓延。

（二）防治常见病和多发病

①对新生的家长进行病史询问，了解新生有无高热惊厥、癫痫、过敏性疾病（包括哮喘、习惯性脱臼、先天性心脏病、食物过敏）等病史，以便保健员和班级教师、保育员在园内有目的地进行观察和护理。

②对幼儿在园内突发性的发烧、腹痛、腹泻及损伤等应及时送往医院，同时通知家长。

③要加强幼儿体格锻炼，增强体质，提高幼儿对疾病的抵抗能力。

 a. 按要求开展好早操（或课间操）、体育课和户外体育活动，保证1小时的户外体育活动时间。

 b. 在正常天气下，要有充足的户外活动时间，每天坚持两小时户外活动，加强冬季锻炼。

 c. 创造条件，充分利用日光、空气、水等自然因素，有计划地锻炼幼儿体格。

 d. 锻炼要做到坚持不懈和循序渐进，运动项目和活动量适合各年龄班的特点，对个别体弱儿要给以特殊照顾。

(三) 加强体弱儿管理

①在每次的体格发育测量中，筛查出肥胖儿和营养不良儿；在每月的疾病统计中筛查出反复呼吸道感染、反复腹泻的幼儿；在新生体检及年度全园幼儿体检中筛查出中度贫血儿。

②对以上体弱儿按常规进行建档管理。

a. 建专案病历，除按健康儿管理内容外根据每个体弱儿的具体情况，制定治疗方案，预约定期到保健门诊复查治疗。

b. 针对患儿的发病原因，进行科学喂养护理和防治。

c. 通过与家长个别交谈、开家长会、出宣传专栏、请专家上课等形式，加强对体弱儿的管理。

③疾病治疗痊愈后及时结案转为健康儿童系统管理。

六、安全工作常规

(一) 园舍设施

幼儿园园舍、桌椅、教具、采光、照明、卫生设施、娱乐器具及运动器械应适合儿童健康发育的需要，并符合国家规定的卫生标准和安全标准要求。对园舍、设施定期进行安全检查，及时发现和排除不安全因素并定期进行清洗、消毒，消除各种事故隐患。严禁使用危房。

(二) 物品放置

各种物品应放在固定、安全的位置。

①各种消毒液、洗涤清洁物品，必须妥善保管，放在相应的橱柜里。

②教师教学用的剪刀、裁纸刀、大头针及其他有尖锐棱角的物品应放在孩子够不着的地方，用后及时收起来。

(三) 药物管理

药物必须妥善保管，放在幼儿不能触及的地方，为幼儿喂药时应仔细核对，防止错服和漏服；剧毒药品要有专人管理，严禁放在班上。

(四) 环境创设

不给幼儿玩体积小、锐利、带有毒性物质的玩具及物品；幼儿园绿化和自然角内不种植带刺的植物（如仙人掌、仙人球、月季花等）；角色游戏区不用玻璃制品。

(五) 户外活动

要保证活动器材的完好率，建立活动前的器械检查和幼儿安全教育制度，按照体育活动规程和要求向幼儿宣讲安全注意事项，加强活动过程中的安全保护措施，设置必备的防护设备，保证足够的保教人员在场，避免各类伤害事故的发生。外出活动排队时，队伍前后均应有老师或保育员。活动中，保教人员必须随时留意每一位幼儿，不得自顾自聊天。活动结束后，要清点好幼儿人数。

(六) 用电安全

①电源电线配置安装要规范，电器开关必须安装在幼儿触及不到的地方。

②严禁超负荷用电，对电器设备及线路要定期进行维护检查，确保用电安全。

③餐厅、教室、寝室要做到人走灯灭，随时切断电源。

④废弃不用的电插座要用绝缘胶布粘贴好。

⑤正确使用紫外线消毒灯。

⑥幼儿园资料室、仓库等严禁使用超过100W的灯泡。

（七）消防安全

①幼儿园活动室、寝室、食堂等重点防火场所，各类消防设施、器材要完备。
②走廊、楼梯等安全通道，不得存放障碍物，并设置明显的人员疏散指示标记。
③寄宿制幼儿园必须设置完好的照明设施和停电应急设备，确保紧急情况下在园幼儿和教职员工能够安全撤离、疏散。
④要配合消防部门定期对幼儿园设施进行排查，对发现的各类火险隐情要及时排除。

（八）接送制度

建立健全并严格执行幼儿接送制度，不得违反规定随意接送幼儿，以防丢失幼儿。

（九）交接班制度

严格执行交接班制度，交接班时要认真点清幼儿人数，交代安全情况，并做好记录。下班后要关好门窗，拔下电源插头，关好水龙头。

（十）保教人员带班要求

①保教人员工作时要坚守岗位，全神贯注，不聊天，不串班，不做与工作无关的事。
②各项活动都要以幼儿为中心，注视幼儿的各项活动。
③对幼儿态度和蔼，严禁体罚或变相体罚幼儿。
④教师不允许让幼儿端饭锅、汤桶及碗筐；严禁让幼儿进入伙房、开水房、洗衣房等不安全的地方。
⑤保教人员不携带危险物品（如尖锐棱角物品、外用化学药金属物品、有壳核食物、外用化学药水等）进班；私人药品应妥善保管、不乱放；个人装饰简单，不浓妆艳抹，不佩戴耳环、戒指，不留长指甲，不梳披肩发，不涂指甲油，不穿高跟鞋。
⑥保育员、保健员和教师要掌握意外损伤急救方法，遇到意外损伤时，及时简单正确处理。不能处理的，报告保健医生或立即送医院。

（十一）安全教育

在日常生活中向幼儿进行安全教育，使幼儿掌握一些基本的安全常识，培养幼儿自我保护的意识和能力，要和家长密切配合，共同做好幼儿安全教育和保护工作。

（十二）外出活动

①幼儿园不宜组织幼儿到远处郊游、演出。
②组织日常外出活动时，要有领导亲自负责，并指定专人负责安全工作；活动前向幼儿进行安全教育，活动场所及所用的交通工具都要符合安全要求，确保幼儿在活动中的安全。
③举办有幼儿参加的各类竞赛、比赛及其他大型集体活动，必须经主管的教育部门批准。

（十三）安全事故报告制度

①避免触电、砸伤、摔伤、烫烧伤等事故的发生。
②若发生意外事故，应迅速采取有效措施妥善处理，把对幼儿的伤害降低到最低限度。
③坚持幼儿园安全事故报告和通报制度。各县区、市直幼儿园发生幼儿安全事故，必须向主管的教育行政部门报告；重大伤亡事故要向上一级教育行政部门报告。对发生幼儿安全事故的单位、直接负责人员和负有领导责任的人员，要在全市范围内予以通报批评。

考点二 学前儿童一般常见病及预防

1. 急性上呼吸道感染
2. 哮喘

3. 肺炎

4. 腹泻

5. 缺铁性贫血

6. 中耳炎

考点解析

一、急性上呼吸道感染

急性上呼吸道感染是学前儿童最常见的疾病，由于病毒主要侵犯鼻、鼻咽和咽部，因此，常用"感冒""急性咽炎""急性扁桃体炎"等名称，也可统称为"急性上呼吸道"感染，简称"上感"。

（一）病因

主要是以病毒为主的病原体的侵犯，以及因营养不良、缺乏锻炼和过敏体质造成的机体防御能力的下降。儿童容易发生上呼吸道感染。另外，居住拥挤、被动吸烟等因素也会导致此病的发生。

（二）症状

主要症状为鼻塞，流水样鼻涕，打喷嚏，微咳，咽部不适。轻症潜伏期约1~2天，有时可延长至5~7天，患儿多于3~4日内自愈。若病变范围较广，鼻咽部和咽部的症状更明显，并伴有发热时间可延长至一周以上，儿童烦躁不安、呕吐、腹泻、腹痛，有时颈部淋巴结肿大。重症者在发病时即有高热，可达40℃，甚至更高，持续一周左右，高热初期可发生惊厥，患儿全身无力，食欲不振，睡眠不安，鼻涕很多，咳嗽频繁，咽部充血，颈后和耳后淋巴结肿大。

（三）预防

增强体质是预防上感的关键。平时应注意体育锻炼，经常到户外活动，提高对外界环境变化的适应能力、提高抵抗力；保持室内空气流通，家庭成员患感冒时，应与幼儿隔离；少带幼儿到人多的公共场所；注意根据气温的突然变化，及时增减儿童所穿、所盖的衣物。

（四）护理

患病后要注意休息，居室要保持空气清新。多饮水吃清淡并富有营养的饮食。如果患儿高热，可在医生的指导下给予退热药，也可用物理降温法，定时测量体温。

二、哮喘

（一）病因

婴幼儿哮喘的病因很多，主要包括特异性体质、尘螨与冷空气诱发等。

1. 特异性体质诱发哮喘

哮喘体质儿童到了秋天呼吸道处于十分敏感的高反应状态，此时，患儿呼吸道如果受到外界因素的刺激，如吸入寒冷空气、刺激性气味、呼吸道病毒感染等，导致原有炎症反应加重，呼吸道阻力明显增高，诱发哮喘。

2. 尘螨与冷空气诱发哮喘

夏季尘螨被吸入呼吸道可引发过敏。秋末，虽然气温下降，空气中致敏成分也下降了，但是气道内炎症及高反应状态的消退需要很长的时间，若此时气温下降，可引起呼吸道黏膜内血管收缩，局部抵抗力降低，细菌、病毒容易乘虚而入，引起感染。

（二）症状

开始时一般有感冒症状，如发热、流鼻涕、打喷嚏、咽喉疼痛及咳嗽等症状，以晨起及活动后较重，随后即出现喘息，随着年龄增长，发作次数也会增加，多不伴发热症状。哮喘发作时多有紫绀及鼻翕，听诊肺部可闻其哮鸣音，但其哮鸣音多较粗短、低沉，常同时有水泡音。

（三）预防

应避免突然吸入冷空气，室内温度不宜调得过高，以免使室内外温差过大，冬天外出时应戴口罩。保持室内空气新鲜、流通，尽可能避免与感冒病人接触。控制、预防上呼吸道感染，消除气道内的过敏炎症，抑制气道高反应，抑制室内尘螨的含量，加强体质锻炼。

三、肺炎

（一）病因

主要由细菌或者病毒侵入肺泡而引起，肺炎常发生在上呼吸道感染和支气管炎之后，也可以一开始就患肺炎。患有营养不良、佝偻病、先天性心脏病、肺发育不全、麻疹及百日咳等疾病的儿童因免疫力低下，更易得肺炎。

（二）症状

临床表现有轻有重，开始时可有发热，高达39~40℃，咳嗽，气急严重者，可见鼻翼翕动。鼻、唇周围出现青紫，少数患儿缺氧，面色青灰，胸部出现吸气性凹陷，肺炎可伴有呕吐、腹泻，患儿烦躁不安，精神萎靡。

（三）预防

应注意学前儿童的体格锻炼，增强体质，预防感冒、麻疹、百日咳等疾病，加强营养，做到这些均可减少肺炎的发生。

（四）护理

患儿卧室应通风，保持空气清新，改善缺氧状况，衣着要宽松，以免加重呼吸道困难。患病期间及恢复期的饮食应易消化且富有营养，并保证有充足的维生素。肺炎是一种较为严重的疾病，发现后应及早住院治疗。

四、腹泻

（一）病因

腹泻是由多种因素、多种病原引起的以大便次数增多和大便性状改变为特点的消化道综合征，如喂养不定时、食物的量过多或过少、新添某种食物成分不适宜等。腹部受凉导致肠蠕动增加或天气过热使消化液分泌减少，消化道负担增加，这些因素都易诱发腹泻。食物或食具被细菌污染后也会引发幼儿腹泻。

（二）症状

腹泻症状轻者一日泻数次，粪便黄色或黄绿色，呈稀糊状和蛋花样，体温正常或低热，一般情况尚好，不影响食欲；严重者一日泻十至数十次，粪便呈水状，食欲减退，伴有频繁呕吐；尿量明显减少或无尿；因机体丢失大量水分和无机盐而发生脱水，酸中毒；严重时还会出现高热、嗜睡和昏迷，甚至发生惊厥危及生命。

（三）预防

加强水源及食品卫生的管理，注意喂养方式和饮食卫生。培养幼儿良好的卫生习惯，饭前便后要洗手，对食物、食具、衣物、玩具、便器等要做好日常性消毒工作。注意气候变化，防止小儿受凉或过热。

（四）护理

对患儿要多喂水，防止脱水。6个月以上的患儿可喂些菜汤、米汤直到腹泻停止。加强臀部皮肤的清洁和护理，便后要用清水冲洗臀部和会阴。

五、缺铁性贫血

（一）病因

主要是由于体内缺乏足够的铁，导致血红蛋白合成减少，导致贫血。缺铁的常见原因有先天储铁不足、铁摄入量不足、疾病等。

（二）症状

由于缺铁使红细胞数目减少，所以患儿面色苍白，口唇、耳垂、眼结膜、指甲床等处缺乏血色；活动后感觉心慌、气促；精神不振，疲倦，食欲减退，少数可有异食癖现象；由于脑组织供氧不足，长期贫血可影响幼儿智力的发展，还会影响孩子的生长发育。

（三）预防

合理搭配膳食，注意含铁食物，如动物血、肝脏等的摄取，注意富含维生素 C 食物的提供；提倡用铁制饮具烹饪；及时治疗各种感染性疾病，尤其是胃肠道疾病。

六、中耳炎

（一）症状表现

中耳炎的一些症状和感冒很相似，如鼻塞、低热、情绪不稳定等。但该病也有一些典型表现：耳鼓（鼓膜）呈现出红肿的外观；有持续性的低热，并且一躺下就哭闹；耳朵中有黄色的脓液流出；夜里容易惊醒而且很频繁；鼻涕很多、很稠而且发黄；眼睛有青眼圈等症状。

（二）治疗

中耳炎通常由细菌感染引起，所以，一般用抗生素来治疗，同时用一些缓解疼痛的药物。

（三）预防

1. 预防邻近器官病变

对与中耳邻近的器官，如鼻、咽、喉等要做好保护，如果这些器官发生了病变，如鼻窦炎、扁桃体炎、上呼吸道感染等，往往会引发中耳炎，故不可小视。

2. 预防急性传染病

急性传染病包括脑膜炎、中毒性菌痢、肺炎、流感等，急性传染病也会引起中耳炎，因此一旦出现这些疾病，也需要及时治疗，以减少引起中耳炎的概率。

3. 游泳或洗澡时要做好耳朵的防护措施

考点三　学前儿童常见传染病及其防治

1. 流行性感冒
2. 水痘
3. 麻疹
4. 流行性腮腺炎
5. 手足口病

6. 细菌性痢疾
7. 流行性乙型脑炎
8. 猩红热
9. 流行性脑脊髓膜炎（简称"流脑"）

考点解析

一、流行性感冒

（一）流行特点

1. 传染源

主要是流感患者和隐性感染病毒携带者。

2. 传播途径

主要通过空气飞沫传播，也可通过污染的食具、玩具等物品传播。

3. 易感人群

人群对流感病毒普遍易感。

（二）症状

年长幼儿症状表现有持续高烧、头痛、畏寒、四肢肌肉痛、明显乏力等，随后可出现咽痛、流涕、流泪、咳嗽等症状。婴幼儿流感的临床症状往往不典型，有的突发高热伴全身中毒症状，有的轻微流涕，常伴有呕吐、腹泻等胃肠道症状。

（三）护理

患儿要多喝水，饮食应易消化、有营养。房间多通风透气。高烧时应卧床休息，多采用物理降温法。咳嗽时给予止咳药。

（四）预防

注意室内开窗通风，少去公共场所，出门戴口罩。流感患儿一般要隔离至退热后2天，平均需要1周左右。另外，对患儿及其周围的一切物品要进行清洁消毒处理。可用中药预防，如口服板蓝根、柴胡中药制剂；有条件者可接种流感全病毒灭活疫苗。

二、水痘

水痘是由水痘——带状疱疹病毒所引起的急性呼吸道传染病，传染性极强，病后可获得终身免疫力。

（一）流行特点

1. 传染源

水痘患者为主要传染源，从水痘出诊前1~2天至皮疹干燥结痂时，均有传染性。

2. 传播途径

主要通过空气飞沫和直接接触传播。在近距离、短时间内也可以通过健康人间接传播。

3. 易感人群

普遍易感，学前儿童好发。

（二）症状

发病初期出现轻微发热及食欲不振，以后出现皮疹；皮疹先见于躯干、头部，后延及全身；开始为红色小点，6~8小时形成疱疹，24小时内疱液由清亮变为混浊，数日后疱疹逐渐变干结成痂皮；皮疹呈向心性分布，躯干最多，其次为头面部及四肢近端，数目由数个至数千个不等；出疹期间，皮肤瘙痒；如果无感染，1~2周后痂皮脱落，一般不留斑痕。

（三）护理

保持皮肤清洁；内衣、床单要勤换洗；修剪指甲，以免因瘙痒而抓（挠）伤皮肤。

（四）预防

隔离患者至全部疱疹结痂为止或出疹后7天。加强体育锻炼，合理营养，增强体质。最有效的预防措施是接种水痘疫苗。

三、麻疹

（一）流行特点

1. 传染源

麻疹患者本身是唯一的传染源，从潜伏期最后1~2天至出疹后5天内都具有传染性。

2. 传播途径

患者的口、鼻、咽、眼的分泌物均含有病毒，并随飞沫排出体外，故空气飞沫为主要传播途径。

3. 易感人群

人类对麻疹普遍易感，1~5岁为麻疹好发年龄。

（二）症状

自发热开始至出疹，一般为3~4天。发热同时出现上呼吸道炎症、咳嗽、流鼻涕、流眼泪、畏光等，发病后2~3天可在第一磨牙对面的颊黏膜上出现科氏斑，为麻疹前驱期的特征性体征，有麻疹早期诊断价值。此种细小口腔内疹，呈白色，针尖大小，散布在鲜红湿润的颊黏膜上。一般在发热3~4天后出现皮疹，皮疹先见于耳后发际，逐渐波及额部、面部，然后自上而下，急速蔓延到全身，最后到四肢。皮疹以玫瑰色斑丘疹为主，压之褪色，大小不等，直径2~5mm，疹盛时可互相融合，颜色逐渐转暗。皮疹在2~5天内出齐，出疹高峰时全身症状加重，体温可高达40℃，眼部红肿疼痛，患儿嗜睡烦躁，颈部淋巴结和脾脏均有轻度肿大。

（三）护理

居室应保持空气清新，注意保护皮肤和口鼻、眼部黏膜的清洁，因高热应给予足够的水分，还应观察有无并发症。

（四）预防

麻疹患者一般要隔离至出疹后5天，如有并发肺炎应隔离至出疹后10天。麻疹流行期间不带儿童到人群密集的地方活动，出门应戴口罩。托幼机构在此期间严禁举行各类集体活动，以减少感染和传播的机会。保护易感人群预防麻疹的最好办法是接种疫苗。

四、流行性腮腺炎

流行性腮腺炎简称"流腮"，俗称"大嘴巴""痄腮"，是腮腺炎病毒引起的急性呼吸道传染病，多流行于冬、春二季，患者可获得终身免疫力。

（一）流行特点

1. 传染源

患者和隐性感染者。病毒存在于患者唾液中的时间较长，腮腺肿胀前6天至腮腺肿胀后9天均可分离出病毒。

2. 传播途径

主要是患者喷嚏、咳嗽飞沫携带病毒，通过飞沫传播，也可通过唾液污染食具和玩具等途径传播。

3. 易感人群

学前儿童多发，在学校、托儿所等儿童集中的地方易爆发流行。

（二）症状

以腮腺的非化脓性肿胀和疼痛为特征，潜伏期一般为8~30天，平均18天。

起病大多较急，具有中度发热、食欲减退、怕冷、恶心、呕吐、全身疼痛等症状。数小时后腮腺肿大、疼痛，一般以耳垂为中心，向前、后、下发展，边缘不清，不发红，触之坚韧有弹性，有轻触痛，无化脓；张口咀嚼特别是吃酸性食物时疼痛加重。通常一侧腮腺肿胀后1~4天累及对侧。腮腺肿胀1~3天内达到高峰，持续4~5天，以后逐渐消退，整个过程为6~10天，最长达2周。

（三）护理

保持口腔清洁，饮食以流质、软食为宜，避免酸、辣食物。本病可采用中草药治疗，如板蓝根冲剂，用青黛粉调醋局部外敷也是常用的民间方法。注意观察有无并发症。

（四）预防

一旦发现腮腺炎患儿，应立即隔离，隔离直至腮腺肿胀完全消退才可再入园，有接触史的易感儿应检疫21天。流行期间不到人群密集的地方活动，避免与腮腺炎患儿接触。加强晨检及日常检查，发现发热、耳痛肿胀者应及时进行进一步检查，对易感者可连服板蓝根冲剂3~5天或接种腮腺炎疫苗或麻疹、风疹、腮腺炎三联疫苗。

五、手足口病

手足口病是由肠道病毒感染引起的，以手、足、口腔等部位发生丘疱疹为主要特征的常见儿童急性传染病。

（一）流行特点

1. 传染源

患者是主要的传染源。患儿的水疱液、咽分泌物及粪便中均可带有病毒。

2. 传播途径

主要是日常生活接触传播。

3. 易感人群

多发生在5岁以下儿童，3岁前发病率最高。

（二）症状

潜伏期一般为3~7天。

发病初期先有发热、咳嗽、流涕等轻度上呼吸道感染症状。之后，手指及脚趾背部出现椭圆形或梭形的水疱，发热1~2天后，患儿口腔内颊部、舌、软腭、硬腭、口唇内侧出现小米粒或绿豆大小、周围有红晕的灰白色小疱疹或红色丘疹。该病主要侵犯手、足、口、臀4个部位，临床上出现不痛、不痒、不结痂、不留疤的"四不"特征，水疱的液体清亮，然后水疱的中心凹陷、变黄、干燥、脱掉（脱屑）。只要护理得当，且不出现严重的并发症，水疱及皮疹通常会在一周内消退。

(三）护理

保持皮肤局部清洁，对发热患儿给予降温处理，对进食困难者，给予易消化的流食，饭后漱口。发现病症，及时就诊，患儿的餐具等应专用、消毒。

（四）预防

注意室内开窗通风，注意物品消毒，要对患儿的分泌物、污染物随时进行消毒。目前，手足口病还没有疫苗，应以预防为主。"常洗手、勤开窗、喝开水、食熟食、晒衣被"为预防手足口病的 15 字方针。

六、细菌性痢疾

细菌性痢疾简称"菌痢"，是由痢疾杆菌引起的常见急性肠道传染病。

（一）流行特点

1. 传染源

为痢疾患者和带菌者。

2. 传播途径

病菌由传染源排出的粪便排出体外。食品、物品被污染后经口造成传染。

3. 易感人群

学前儿童发病率较高。

（二）症状

普通型：起病急、高烧，大便每天数次到 10 次以上，大便带黏液脓血，有里急后重感。患儿全身乏力、食欲减退、恶心、呕吐、阵发性中下腹痛。

中毒型：多见于 2~7 岁幼儿。发病急骤，出现高热、惊厥、昏迷、休克呼吸衰竭等症状，全身中毒症状明显，肠道症状常见于发病后 24~36 小时才出现。此型病情较重，死亡率高。

慢性痢疾：病程超过 2 个月以上者，即为慢性痢疾。常见于营养不良、佝偻病、贫血的婴幼儿，或急性痢疾不典型，未经正规治疗，久而不愈所致；体温正常或低热，大便性质不定，有黏液、脓血。

（三）护理

注意饮食卫生，处理好病人排泄物以及污染的病人所用各种物品。拉痢疾使肛门松弛，易诱发脱肛，患儿不宜长时间蹲坐在便盆上。

（四）预防

发现患者应立即隔离，隔离至症状消失后 7 天。培养学前儿童养成良好的卫生习惯，如不喝生水，饭前使后洗手，不随便用口咬含杂物，生吃水果要洗净，不吃腐烂、变质、不洁食物等。

七、流行性乙型脑炎

流行性乙型脑炎，简称"乙脑"，是由乙脑病毒引起的急性中枢神经系统传染病。

（一）流行特点

1. 传染源

猪是本病的主要传染源，其次是马、牛、羊、狗、鸭等家禽、家畜。由于人的病毒血症持续时间短暂（一般在 5 天以内），且病毒数量少，所以，病人并不是主要传染源。

2. 传播途径

虫媒传播。蚊类是主要传播媒介。蚊虫对家禽、家畜叮咬吸血后则携带上了乙脑病毒。再叮咬健康人时，就会把乙脑病毒注入人体。

3. 易感人群

人群普遍容易感，成人多数成隐性感染，发病多见于学前儿童。

（二）症状

起病急，大多数患儿症状较轻或呈无症状的隐形感染。极少数患者出现中枢神经系症状，表现为高热头痛、嗜睡、喷射性呕吐、精神萎靡、食欲不振、昏迷、惊厥等。

（三）护理

供应足够水分，注意饮食和营养，降低体温。

（四）预防

搞好环境卫生，消灭蚊虫孳生地；居住环境应远离家禽、家畜圈养处；发现患者应立即隔离，隔离至体温正常；按计划接种乙脑疫苗。

八、猩红热

（一）流行特点

1. 传染源

主要是病人和带菌者。

2. 传播途径

主要经飞沫传染，被该细菌污染的日常用品如玩具等偶可造成间接传播，发病高峰为冬春季。

3. 易感人群

多发生在学龄前儿童。

（二）症状

起病急，通常有发热、头痛、咽痛，可有恶心、呕吐等。出疹期多始于发病后1~2天，皮疹从耳后、颈部、胸背上部及腋下开始，蔓延至躯干、四肢，24小时内遍布全身。皮疹为点状丘疹，大小约1mm，细小而密集，全身皮肤呈弥漫性猩红色，皮疹之间几乎见不到正常皮肤。此外，还有以下3个特征：

①贫血性皮肤划痕，即用手按压皮肤可见红色暂时消退数秒钟，呈现苍白的手印。

②帕氏线，即在肘弯腋窝等皮肤皱褶处，因皮疹过于密集，呈条条红线状。

③"杨梅舌"，即舌部由病初的舌质红、上附白苔、舌刺突起，演变为2~3天后的白苔消退、舌面深红、舌刺更显突出于舌面上，状似成熟之杨梅。皮疹于3~5天后颜色转暗，逐渐消退，并按出疹先后顺序脱屑。

（三）护理

应保持口腔清洁，注意皮肤护理，特效治疗药物为青霉素。

（四）预防

对患儿分泌物和物品进行消毒，病人停留过的房间，可用食醋熏蒸消毒，半小时后开窗通风。对易感儿童可口服板蓝根、复方新诺明等，教育幼儿养成良好的卫生习惯，注意个人卫生，生活有规律，提高自身免疫力。

九、流行性脑脊髓膜炎（简称"流脑"）

该病为脑膜炎双球菌引起的急性传染病，暴发型流脑病情凶险，需紧急抢救。

（一）流行特点

1. 传染源

主要是病人和带菌者。

2. 传播途径

主要经飞沫传染。

3. 易感人群

任何年龄都可发生，一般 15 岁以下发病率高。

（二）症状

病初症状类似上呼吸道感染。表现为发热、咳嗽、流涕等症状。菌血症期突发高热，多数病人精神较差，头痛、恶心、呕吐。皮肤出现瘀斑，是此期主要特征。瘀点、瘀斑，一般多见于躯干部，呈星状或圆形，大小不等，分布不均，不高出皮面，压不褪色，初为淡红，后转为暗紫红色，严重时为片状紫黑色。

（三）护理

磺胺类药物为首选，疗效不佳或过敏者可用青霉素、氯霉素。

（四）预防

室内经常开窗通风。保持空气清新，在冬季对因发热给予观察的幼儿，应重点观察其精神状况和检查有无皮肤出血，尽量少组织幼儿去人多的公共场所。养成良好的卫生习惯，勤晒衣被，加强体育锻炼，多喝水，多吃新鲜水果和蔬菜，按照计划要求接种疫苗。接触者，可服磺胺药 3 天进行预防。

医疗界英雄人物介绍：

抗疫女将军——陈薇：陈薇是中国的世界级生化武器防御专家，在"非典"时期立下显赫功劳，是救人无数的抗击"非典"的杰出科学家之一，也被誉为"埃博拉的终结者"。在新冠肺炎疫情初期，陈薇便带领自己的团队深入疫区，夜以继日地研发新冠肺炎病毒疫苗，为疫情防控做出了重大贡献，为人民构筑起一道生物安全防护的坚盾。

传染病学科女院士——李兰娟：李兰娟院士始终心系百姓，古稀年龄，本该颐养天年，可她仍奋斗在抗击疫情的最前线，每天只睡 3 个小时，就为了和病毒做抗争，赶快研发出治疗的药物。

世界著名麻风病防治专家——李恒英，1958 年，37 岁的李恒英，放弃了国外优渥的生活，只身一人回到了祖国。在这之后长达半个多世纪的岁月里，她每一天都在忘我地工作，硬生生把一个个与世隔绝的麻风寨，变成了幸福村。从 37 岁到 100 岁，为了实现一个"没有麻风病的世界"，她奋斗了半个多世纪。

考点四 幼儿的营养

1. 幼儿所需要的营养素
2. 平衡膳食

考点解析

一、幼儿所需要的营养素

营养是指机体摄取、消化、吸收和利用食物以满足自身生理需要的生物学过程。人体对营养素的需求从种类上看包括 6 种：蛋白质、脂类、碳水化合物（糖类）、维生素、无机盐（矿物质）和水。因为学前儿童生长发育迅速，新陈代谢旺盛，所以他们所需的营养素的量相对较多。

（一）蛋白质

蛋白质是生物体的主要组成物质之一，是生命的物质基础，如果没有蛋白质就没有生命。蛋白质是由氨基酸按照不同顺序和结构组成的高分子化合物，构成食物蛋白质的氨基酸有二十余种。氨基酸分成两类：一类是人体自身无法合成，必须由食物提供的，称为必需氨基酸；另一类是人体可以合成或可由其他氨基酸转化而来的氨基酸，叫非必需氨基酸。蛋白质具有合成和修补机体组织、调节生理功能、提供热能的功能。

1. 蛋白质的需要量

学前儿童如长期蛋白质摄取不足，会出现生长发育迟缓，体重过轻，抵抗力下降，甚至影响智力。摄取太多，超过人体需要的蛋白质量时，会加重肝脏和肾脏的负担，容易导致与代谢紊乱相关的疾病。在安排学前儿童膳食时，动物性蛋白质和豆类蛋白质应占所需蛋白质总量的 50% 较为理想。学前儿童膳食中蛋白质所需的热能，应占总热能的 12%~15%。

2. 蛋白质的食物来源

植物性食物和动物性食物中，动物性食物中蛋白质含量高、质量好，如奶、蛋、鱼、瘦肉。植物性食物主要是谷类和豆类。蔬菜、水果等食物中蛋白质含量很低，在蛋白质营养中作用很小。

（二）脂类

脂类是脂肪、类脂的总称。脂类可溶于多数有机溶剂，但不溶解于水。脂类除了是重要的产热营养素，是人体热能的储存库外，还具有供给人体热能、构成身体细胞和组织、促进脂溶性维生素吸收、维持体温、保护脏器的功能。

1. 脂类的需要量

脂类摄入不足或过多都会影响学前儿童身体的正常生长发育，学前儿童膳食中脂类所提供的热能应占总热能的 30%~35%，每日膳食中有 50g 脂类即可满足需要量。

2. 脂类的食物来源

脂类的来源主要分动物脂肪和植物脂肪两大类。必需脂肪酸的最好来源是植物油类，如豆油、花生油、葵花籽油、芝麻油等。乳类、蛋黄、猪油、肉类、奶油、肝类、鱼类、鱼肝油等，也都是脂类的重要来源。

（三）碳水化合物（糖类）

碳水化合物是由碳、氢、氧 3 种元素组成的一大类化合物，在自然界分布广泛，是一种最经济的营养素。碳水化合物具有供给热能、构成细胞和组织、保肝解毒、保护胃肠等功能。

1. 碳水化合物的需要量

学前儿童所需碳水化合物的供给量相对比成人要多。学前儿童膳食所提供的碳水化合物的热量约占总需热量的 50%~60%。若幼儿碳水化合物摄入不足，会引起生理机能的紊乱。若摄入了过多的碳水化合物，可在体内转变成脂肪储存起来，导致肥胖症。

2. 碳水化合物的食物来源

碳水化合物的来源非常广泛，但动物性食物含糖量很少，主要是由植物性食物供给。主要来源是谷类，如米、面、杂粮等；根茎类食物，如土豆、山芋和山药等。碳水化合物的摄取还可以来自各种食糖。蔬菜和水果是纤维素和果胶的主要来源，也含有少量的单糖。

（四）维生素

维生素又名维他命，是维持人体正常生理功能所必需的一种微量有机物质，也是保持人体健康的重要营养素。对幼儿来说容易缺乏的几种维生素如下：

1. 维生素A

维生素A可以维持正常视觉，尤其是暗光下的视觉功能。还有助于人体细胞的增殖和生长，提高机体免疫力。

主要来源：维生素A主要来源于动物性食物，如动物肝脏、肾脏、乳类、禽蛋等；植物性食物中含有胡萝卜素，又称维生素A原。胡萝卜素广泛存在于深绿色和红黄色的植物性食物中。深绿色叶片，如甜菜、菠菜、萝卜叶等含丰富的胡萝卜素。黄色蔬菜和水果，如胡萝卜、杏、桃、南瓜、西葫芦、甘薯和黄玉米含丰富的胡萝卜素，以胡萝卜含量最高。一般食物的色素越深，胡萝卜素的含量越高。

2. 维生素D

维生素D能促进钙、磷在肠道的吸收和在肾小管内的再吸收以及骨中钙的沉积，有利于骨的钙化，对骨骼、牙齿的代谢起着极为重要的作用。

主要来源：鱼类、蛋类和肝脏等食物含有较多的维生素D，牛奶和其他食物中含微量维生素D。晒太阳是获取维生素D最经济、最主要的来源。

3. 维生素E

维生素E保护细胞和细胞内部结构完整，防止某些酶和细胞内部成分遭到破坏，有抗氧化的作用。

主要来源：维生素E主要存在于各种植物原料中，特别是植物油（椰子油除外），其他食物如坚果（杏仁、花生、美洲山核桃、向日葵籽）、谷类（燕麦片、黑麦）、一些蔬菜水果（番茄、马铃薯、青菜、芦笋、胡萝卜、黑莓、鳄梨等）、一些海产品（龙虾、大马哈鱼、虾、金枪鱼）、蛋、奶油等都是维生素E良好、稳定的来源。

4. 维生素C

维生素C是维持体内正常代谢很重要的一种维生素，维生素C是胶原蛋白合成必不可少的辅助物质。维生素C有利于铁的吸收和增强机体的免疫力，还有利于生长发育以及具有一定的防癌抗癌等作用。

维生素C的主要来源是新鲜的蔬菜，一般蔬菜的叶部比茎部含量高，新叶比老叶含量高。

5. 维生素B_1

维生素B_1能维持胃肠道的正常蠕动和消化腺的分泌。在末梢神经功能方面以及在维持食欲、肌肉弹性、健康的精神状态这些间接功能中都是必不可少的。

主要来源：全麦、糙米、新鲜瘦猪肉、向日葵籽、豆类、花生等都含有丰富的维生素B_1，食物加工越精细，维生素B_1损失越多，烹调时加碱也可使维生素B_1损失。

6. 维生素B_2

维生素B_2是机体中许多重要辅酶的组成部分。维生素B_2能维护皮肤和黏膜的完整。若肌体中维生素B_2不足，则物质代谢紊乱，可能出现各种缺乏病。

主要来源：维生素B_2在动物性食物中含量较高，尤其是脏器（肝脏、肾脏、心脏）其次是奶类、蛋类、许多绿色蔬菜和豆类中含量也较多。

（五）无机盐

无机盐是构成人体的重要成分之一。人体内的无机盐按照其含量的多少可分为常量元素和微量元素。钙、磷、镁、钠、钾、氯、硫 7 种元素的含量超过了体重的万分之一，属于常量元素；铁、铜、锌、碘、氟、硒、锰、铬、镍等元素的含量少于体重的万分之一，被称为微量元素。下面介绍几种学前儿童容易缺乏的无机盐：

1. 钙

钙是体内最丰富的矿物质，是构成骨骼和牙齿的主要成分，维持正常神经和肌肉的兴奋性，参与血液凝固并促使某些酶类活动。

主要来源：乳类及其制品是食物中钙最好的来源，海产品中的虾米、虾皮、紫菜、海带等钙含量丰富。豆类及其制品，绿叶蔬菜、杏仁、花生酱等钙含量也较丰富。

2. 铁

人体中铁 60%~70% 存在于血红蛋白中，是合成血红蛋白的重要原料。铁还有助于形成肌肉中的肌蛋白。铁还是一些与能量代谢有关的酶的组成成分。

主要来源：主要存在于动物性食物中，如动物瘦肉、血、肝脏、蛋黄等。植物性食物，如黑木耳、芝麻酱、海带、豆类、绿叶蔬菜、有色水果等。

3. 锌

成人体内含锌量为 2~3 克，主要存在于骨骼、皮肤和头发中。锌在组织呼吸和蛋白质、脂肪与糖类的代谢中起重要作用。锌能改善味觉，还能增强对疾病的抵抗力。

主要来源：动物性食物中的锌不仅含量丰富，而且吸收率高，如海产品、肉、蛋、奶。

4. 碘

碘是人体必需的微量元素之一。碘的唯一功能是用于合成甲状腺分泌的甲状腺素。

主要来源：食物中以海产品含碘量最高，如海带、紫菜、海参、海虾等，加碘盐也是碘的重要来源。

（六）水

水是人类赖以生存的重要营养素，它是生物体内各种组成成分中含量最大的一种。水的生理功能是多方面的，除了不能产生热能以外，在构成机体成分、促进营养素的消化、吸收与代谢、调节体温、润滑、促进毒物排泄等方面都起着重要作用。

1. 水的需要量

幼儿对水的需要量较多，2~3 岁的幼儿每天每公斤体重应需 100~140mL 的水；4~6 岁的幼儿每日每公斤体重应需 90~110mL 的水。幼儿如果摄取的水量低于每日每千克 60mL，即可发生脱水症状。

2. 水的来源

人体内的水主要有 3 个来源：饮水、食物中的水、体内代谢产生的水。为了学前儿童的健康，除了从食物中补充一些水分外，最主要的是让学前儿童多喝白开水。

二、平衡膳食

膳食是指日常进用的饭菜。平衡膳食是指选择多种食物，经过适当搭配做出膳食，满足人对各种营养和能量的需求。

（一）学前儿童平衡膳食的要求

1. 营养均衡，食物多样化

各种营养素品种齐全，粗粮和细粮，荤和素合理搭配，既要有富含优质蛋白质的蛋、奶、鱼、肉、豆等，还要配上新鲜的蔬菜和水果，从而满足幼儿所必需的热能和各种营养素。

2. 食物要有利于消化

在烹调时既要保持食物中的各种营养素，也要注意把食物煮熟、烧透，避免油腻、辛辣、刺激性食物，做到碎、细、软、烂，以利于幼儿的消化吸收。

3. 食用富含优质蛋白质和碳水化合物的食物，三餐比例适当

在膳食中要保证充足的热量和优质蛋白质，一般来说，幼儿膳食中优质蛋白质的摄入不低于总蛋白质的50%，要多吃含碳水化合物多的食物。三餐供热比例为：早餐占30%左右，中餐占40%左右，晚餐占25%左右，点心占5%～10%。

4. 能够增进食欲

膳食要能增加和保持幼儿的食欲，主要应做到：食物多样化，讲究色、香、味、形，培养幼儿对多种食物的喜爱；创造良好的就餐环境；养成幼儿良好的饮食习惯，用餐定时、定量等；保持幼儿愉快的情绪，做到在餐前和进餐时不批评幼儿，不强迫幼儿进食，让幼儿在轻松愉快的情绪状态下用餐。

5. 在进餐活动中注意个体差异

要估计幼儿的食量进行盛饭，这样能使幼儿进餐信心大增，第一碗不宜过多，吃完后再添，避免他们看到太多的饭菜产生畏难情绪而影响食欲。

6. 食物对人体无毒无害，保证安全

食物不应含有对人体造成伤害的各种有害因素，食物中的有害微生物、化学物质、农药残留、食品添加剂等应符合国家规定的食品卫生标准。

（二）制定合理的膳食制度

合理的膳食制度就是科学地规定每日进餐次数和间隔时间、合理分配各餐食品的数量和质量，以提高营养素的消化和吸收水平。

《托儿所幼儿园卫生保健工作规范》提出：每日早餐、午餐、晚餐热量分配比例为早餐占20%～25%，中餐占30%～35%，晚餐占25%～30%，优质蛋白质占蛋白质量的50%以上。早餐的食物种类应该包括谷类、奶类或蛋类、蔬菜类。中餐的食物种类应该包括谷类、动物性食物、蔬菜及水果。晚餐的食物种类也应该尽量做到多样化，避免或少摄入高脂肪和高蛋白的食物。点心应以奶类、水果和稀软面食为主，以免影响正餐的进食。

一般根据食品在胃中的排空时间规定每日的进餐次数。由于普通食品在胃的排空时间为3~4小时，可以参考学前儿童的食量，将学前儿童每日的进餐次数定为三餐一点或三餐两点。从就餐的时间来看，早餐在7:00—8:00，午餐在11:00—12:00，晚餐在17:30—18:30，上、下午的点心时间可分别安排在10:00前后、15:00前后。

（三）培养幼儿良好的饮食习惯

为了促进幼儿身心健康发展，不仅要提供其生长发育所需的营养而且要帮助其建立良好的饮食习惯，掌握基本的进餐技能。

1. 幼儿良好饮食习惯的具体内容

《幼儿园教育指导纲要（试行）》中指出：应根据幼儿的需要建立科学的生活常规，培养幼儿良好的饮食习惯。良好的饮食习惯是保证幼儿合理摄入营养的重要前提，不仅对学前儿童的健康成长至关重要，同时也对提高人口素质具有重要意义，学前儿童良好的饮食习惯主要包括5个方面：

（1）能够定时、定位、定量进餐

人的肠胃活动是有节奏的，幼儿定时、定量进餐可以促进胃液的分泌，便于消化吸收食物的

营养。幼儿定位进餐的习惯，不仅有利于教师有针对性地进行指导，保持环境清洁卫生，还有利于培养幼儿吃饭时集中注意力，促进胃肠分泌活动。

（2）能独立进餐

在进餐中注意培养幼儿独立进餐的习惯，引导幼儿独自使用勺、筷等自主进餐。针对独立进餐的幼儿给予及时的表扬和鼓励，让幼儿体验自己吃完一份饭菜，享受成功的喜悦。

（3）能专心进餐

进餐时不能边吃边干其他事，如看电视、玩玩具、看书，这样不利于食物的消化；更不能嬉笑大闹，避免食物进入气管引发气管堵塞等意外伤害。

（4）进餐时细嚼慢咽

幼儿在进餐时要对食物进行充分咀嚼后才能将食物咽下，这样有利于食物的消化和吸收。保教人员不能催促幼儿，更不能以"谁吃得最快"激发幼儿快速进餐。

（5）不挑食

挑食会导致某些营养素的摄入不足或过量，造成幼儿体质虚弱抵抗力差，容易生病或是过度肥胖，严重影响幼儿的生长发育。保教人员应该尽量为幼儿提供营养全面的膳食，并采取有效措施纠正其挑食的不良习惯。

2. 幼儿良好的饮食习惯的培养

幼儿良好饮食习惯的培养可以从以下几个方面开展工作：

（1）在教学活动中引导幼儿养成良好的饮食习惯

根据不同年龄阶段的幼儿及幼儿的兴趣开展形式多样的教育活动，同时要创造机会让幼儿参与到实际活动中去，真实地感受健康饮食习惯的重要性。

（2）在日常生活中注意随机教育

可以在日常生活中利用游戏、孩子喜欢的动画片的角色形象续编故事、树立模仿典型等形式培养幼儿良好的饮食习惯。

（3）社区、家庭、幼儿园多方合作

家长也是孩子最重要的老师，起着榜样作用，家长良好的饮食习惯会让幼儿感同身受，可帮助幼儿养成良好的饮食习惯。教师及时与家长沟通孩子在园的种种表现，以及在家的情况，做好双向的交流沟通工作，做到发现问题及时纠正。

（4）充分利用幼儿园主题活动

根据不同的主题开展与饮食习惯相关的丰富多彩的活动，促进幼儿良好饮食习惯的养成。

模块三第三章　真题回放

第四章

幼儿园安全问题

考点与解析

考点一　幼儿园安全教育

考点解析

（一）遵守幼儿园的安全制度

经常性、多渠道地教育孩子遵守幼儿园的各项规章制度。教育幼儿不得随便离开自己的班级，有事必须得到老师的允许才能离开；遵守秩序，出入各教室及上下楼梯时不要拥挤；运动、游戏时遵守规则；不做有危险的活动或游戏，等等。

（二）遵守交通规则

幼儿常常因为不懂或不遵守交通规则而发生车祸。要教幼儿遵守公共交通秩序。例如，要走人行道，横过马路时要走人行横道线，不能在马路上停留玩耍、追逐打闹、踢足球等。

（三）懂得生活中潜在的危险

①懂得"水、火、电"的危险，通过多种途径向幼儿展示"水、火、电"对人的用途及对人的危害。教育幼儿在距水边较近的地方玩耍时要注意安全。教育幼儿防火用电的基本知识，如不玩火、不摆弄电器。在室外遇到雷雨，不可在大树下避雨，尤其是在高大孤树下，以免被雷击，并注意躲开被刮断的电线等。

②不采食花、草、种子，以免误食有毒植物。

③不要捡食小物件，不能将小钢珠、豆粒、破碎玻璃等小东西放进鼻、耳中，或把玩具放在口中吸吮、咬。

（四）教给儿童自救的粗浅知识

在幼儿园安全教育工作中，应提高学前儿童自我防备和救护的能力，教给他们自救的粗浅知识，如突遇火灾、煤气泄漏、烧烫伤，以及迷路走失等的处理方法。

考点二 幼儿园常见安全问题

1. 幼儿常见意外伤害及处理
2. 突发事件的应急措施

> 考点解析

一、幼儿常见意外伤害及处理

（一）轻微外伤

1. 擦伤

因摔跤等把皮肤擦伤，常伴伤口污染。

处理方法：不要用手揉患处，应先用凉开水冲洗伤口，除去污物；然后涂红药水，盖上纱布。

2. 挫伤

受到硬物撞击或受到石子、弹弓子等的打击，皮肤未破，但伤处肿痛、颜色青紫。

处理方法：在挫伤初期可局部冷敷，不宜揉搓伤处，防止皮下继续出血。24小时后可热敷，改善伤处血液循环，或用伤湿止痛膏等外贴患处。对严重者应限制受伤的肢体活动。如疑有内脏损伤，应立即送医院处理。

3. 割伤

削铅笔、水果等常不慎将手割破出血。

处理方法：可先用棉签压迫止血，然后用碘酒消毒伤口。若有玻璃等异物，需将异物清理干净后再对伤口做消毒处理。通常伤口较小，伤口内又无异物，用创可贴包裹伤口即可。

4. 扭伤

从高处跳下来易发生扭伤等，扭伤多发生在四肢的关节部位，肌肉、韧带等软组织因过度牵拉而受到损伤。

处理方法：先判断是否有骨折、脱臼。如无骨折、脱臼，可用冷水浸湿的毛巾或冰块敷于伤处，也可用红花油涂抹伤处。1～2天后，可用热敷促进消肿和血液的吸收。中药七厘散外敷伤处有良好效果。

（二）出血

1. 鼻出血

儿童鼻出血原因很多，最常见于用手抠挖鼻痂、发热及空气干燥时，也可见于幼儿偏食，不爱吃蔬菜，缺乏维生素C而引起的鼻出血。

处理方法：安慰儿童，不要紧张，安静坐下，头略向前低。捏住鼻翼，一般压住5～10分钟即可止血。如果仍然出血，可用0.5%麻黄碱或1/1000肾上腺素湿棉球填塞出血侧鼻孔，一定要深达出血部位，前额、鼻部用湿毛巾冷敷。若儿童常发生鼻出血，应去医院做全面检查。

2. 创伤出血

少量外伤出血不会有很大危险，但若遇到动脉损伤，就会引起大出血。发生大出血要立即采取止血措施。

处理方法：对伤口较小的静脉和毛细血管出血，可用干净的纱布紧压出血处，即可止血。较大伤口，用干净的纱布、棉花垫在伤口上，用绷带包扎。当发生动脉出血时，用拇指压住出血血管的上端（即近心端），压闭血管，阻断血流，临时止血后迅速送病儿去医院做进一步处理。

3. 内出血

内出血常见于小儿腹部受伤、肝脾破裂后发生。伤者脸色惨白、出冷汗、手脚发凉、呼吸急促，心慌、心跳快而弱。内出血无外伤，没有血液流出，容易被忽略而延误诊治。怀疑有内出血，应迅速送医院就诊。

（三）脱臼

较强外力作用于关节，使关节面失去正常的相互位置而形成关节脱臼，较常见的脱臼有桡骨小头半脱位及肩关节脱臼。

处理方法：桡骨小头半脱位整复方法简便，可请有关节复位经验的人进行关节整复。复位后，仍需注意保护关节，勿用力牵拉。因为关节受过拉伤后，关节囊松弛，容易重复发生脱臼。

（四）骨折

1. 骨折的症状

①因断骨刺伤周围的组织，有剧烈的疼痛和局部明显的压痛。
②骨折后失去正常的功能。如指骨骨折，不能握物；下肢骨折，不能站立、行走。
③骨折后，原来附着在骨骼上的肌肉失去平衡，组织肿胀，局部出现畸形。

由于小儿骨骼韧性较大，可以发生"折而不断"的现象。这类骨折容易被忽略，而未能送去医院治疗。骨折未经复位就愈合了，肢体就会出现畸形，甚至影响正常功能。所以，小儿肢体受伤后，要去医院检查，看是否发生了骨折。

2. 处理方法

若有大出血，先止血。同时，应限制伤肢再活动，避免断骨进一步损伤周围组织，在急救处理前不可用手揉搓骨折处。

（1）肢体骨折

使用薄木板将伤肢固定，木板的长度必须超过伤处的上、下两个关节。在伤肢上垫一层棉花或布类，用三角巾或绷带把木板固定在伤肢上，将伤肢的上、下两个关节都固定住，使骨折处不再有活动的可能，露出手指和脚趾，以便观察肢体的血液循环。

（2）肋骨骨折

仅肋骨骨折，未伤及肺，伤者不觉呼吸困难，可用宽布带将断骨固定，让伤者深呼吸，用宽布带缠绕断骨处的胸部，以减少呼吸运动的幅度。若伤者感到呼吸困难，可能已伤及肺，不要处理断骨，速送医院。

（3）颈椎骨折

先在颈下垫一小枕，保持颈椎的生理曲度，再在头的两侧各垫一小枕，并固定在担架上，以避免头部晃动。搬运时不可硬搬头部，应将头部背部同时抬起，保护颈部。

（4）腰椎骨折

凡伤及腰部，应严禁伤者弯腰、走动，也不得搀扶、抱持伤者而使其腰部弯曲。应有数名救护者动作一致地拖住伤者的肩胛、腰和臀部，使伤者的腰部不致弯曲，将伤者"滚"到木板上，伤者俯卧，用宽布带将其身体固定在木板上。千万不能用帆布、绳索等软担架运送，一定要保持脊柱挺直位置，更不能扶持伤员试图行走。如果处理不当，可造成脊髓神经损伤，导致截瘫，在运送过程中，要尽量平稳。怀疑伤及骨盆，也要选用木板做担架。

（五）烧伤、烫伤

在小儿烧（烫）伤中，因开水、热粥、热汤等烫伤者占首位，火焰烧伤次之，化学烧伤，如石灰烧伤、电器击伤也时有发生。按照烧（烫）伤程度不同可分为三度烧（烫）伤。

1. 烧伤分度

按照烧（烫）伤程度不同可分为三度烧（烫）伤：

①一度烧（烫）伤：仅表皮受损，局部皮肤发红、肿、热、感到灼痛，没有水疱。

②二度烧（烫）伤：伤深及真皮。局部红肿有水疱，疼痛剧烈。

③三度烧（烫）伤：损伤皮肤全层，甚至可达皮下，受伤皮肤感觉消失、无弹性、无水疱、蜡黄或焦黄。

2. 处理方法

烧（烫）伤发生后，应立即将伤处置于冷水中，以使血管收缩达到减少渗出的目的，轻者涂抹牙膏、肥皂水等，以防感染。对着衣部位，先要用冷水使烫伤处冷却20~30分钟，然后剪开衣服，并脱下来，注意保持创伤面的清洁。对烫伤严重、面积较大的患儿，不要弄破水疱，不要弄脏烧伤部位。应给予简单处理后迅速送医院治疗。若被腐蚀性药品烧伤，应立即用大量凉水冲洗创面。被生石灰烧伤切忌用水冲洗，因为生石灰遇水生热、更加重伤势，应先将生石灰颗粒从创面除去，再用水冲洗。

（六）异物

1. 鼻腔异物

幼儿无意中将纸团、小珠子、豆粒、花生米、果核等小物件塞入鼻孔。异物可引起鼻塞，日久鼻腔有臭味并流有血性或脓性的鼻涕。

处理方法：若发现幼儿将异物塞进鼻孔、可当即嘱咐幼儿用手按紧无异物的一侧鼻孔，用力擤鼻，将异物排出。切勿用镊子去夹圆形异物，因为用镊子很难夹住异物，反而会使其深陷。豆粒等异物在鼻腔内泡涨，也不容易去除。异物不易取出时应去医院处理。

2. 气管异物

幼儿把异物不慎吞进气管时，会出现呛咳、吸气性呼吸困难的症状。如异物较大，嵌于气管分叉处，将导致吸气和呼气困难。这时成人不要惊慌失措，也不要用手掏异物。

处理方法：

（1）倒立拍背法

成人可立即倒提幼儿两腿，使其头向下垂，轻拍其背部。这样可通过异物的自身重力和幼儿呛咳时胸腔内气体的冲力，迫使异物向外咳出。

（2）推压腹部法

让幼儿取坐或站位，家长站在其身后，用两手臂抱住幼儿，手握成拳形，大拇指向内放在幼儿的肚脐与剑突之间，用另一只手掌压住拳头，有节奏地向上向内推压，以促使幼儿膈抬起，压迫肺底，让幼儿肺内产生一股强大的气流，使异物从气管内向外冲出，并随气流到达口腔。

若上述方法无效或情况紧急，应及时送到医院请医生诊治。

3. 吞咽异物

（1）误服药物

清楚误服的药物的品种、分量、服下的时间等，如药性不严重的可给幼儿喝一些牛奶或清水，以减低胃内药物的药性；若较严重或对所服何种药品不清楚，应立即送医院观察处理。

（2）吞下纽扣、硬币等类似物品

硬币等这些物品可通过胃肠的蠕动随大便排出，只需留意幼儿的大便，确认已经排出体外就可以了。如果吞入纽扣、硬币等，幼儿出现咳嗽、呼吸困难等就说明异物进入了气管，此时应立即送医院抢救。

(3) 误服毒物

误服了酸、碱、灯油、杀虫剂、毒药等，若能准确知道误服物品作用不强，可让幼儿倒趴在大人腿上，然后用手刺激幼儿的咽部令其呕吐，待将胃内容物吐出后可服大量牛奶；如果幼儿服用的是作用较强的物品，除了给幼儿大量喝牛奶外，应立即送医院抢救，千万不可自行处理让幼儿呕吐，这样只能加重食管的灼伤。

（七）眼外伤

眼睛是一个精细而娇嫩的器官，遭受外伤后视力即受影响，严重的可致失明。各种眼外伤，都要认真对待。

1. 眼内异物

对附在角膜上的异物，可用清水清洗掉。如果沙子、铁屑等异物已嵌在角膜上，应迅速送医院处理，不得自己用针等锐物去挑拨异物，防止损伤角膜和预防感染。沙子、谷皮、小飞虫等迷眼，嘱咐幼儿不要用力挤眼、揉眼，要安静地等着大人来处理。粘在眼表面的异物，翻开眼皮后，可用干净的手帕或棉签轻轻擦去。

2. 钝挫伤、刺伤、划伤

认真观察病情。对轻者，可立即用毛巾冷敷，以减少眼内出血；对重者，可用消毒纱布覆盖，速送医院处理。

3. 酸、碱烧伤

碱、硫酸等溅入眼内可致眼严重烧伤，一旦发生应立即用大量清水彻底冲洗，分开上下眼睑，将结膜穹隆部也冲洗到，以免残留化学物质。边冲洗边令伤者眼球向各方转动。若是生石灰进入眼睛，一不能用手揉眼睛，二不能直接用水冲洗，因为，生石灰遇水会生成碱性的熟石灰同时产生热量，处理不当反而会灼伤眼睛。此时，应用棉签或干净手绢将生石灰粉拨出，然后再用清水反复冲洗受伤的眼睛，至少要冲洗15分钟。冲洗后还应去医院检查治疗。

（八）晕厥

晕厥是由于短时间的大脑供血不足，而失去了知觉，突然晕倒在地。常由于疼痛、精神紧张、空气闷热、站立时间过久等引起。

晕厥发生前，多有短时间的头晕、恶心、心慌、眼前发黑等症状，然后摔倒在地，病儿面色苍白、四肢冰冷、出冷汗。

处理方法：让病儿平卧，松开衣领、腰带，头部可略放低，脚略抬高。一般经过数十秒，脑部血液供应改善后，即可恢复。病儿清醒后，可喝一些热饮料。

（九）中暑、冻伤的处理

1. 中暑

中暑是机体热平衡功能紊乱的一种急症。在闷热的教室、房间、公共场所易发生，也可因在烈日下活动或停留时间过长，由日光直接暴晒所致。初感头痛、头晕、口渴，然后体温迅速升高、脉搏跳动加快、面色发红，甚至昏迷。

处理方法：迅速将病儿移至阴凉通风的地方，解开其衣扣，脱去多余的衣服，让其平卧休息。用冷水浸湿毛巾敷在病儿头上，用扇子扇风，帮助散热。让病儿喝一些淡盐水或清凉饮料，也可口服人丹、十滴水等。对昏迷者可用针刺人中或立即送医院。

2. 冻伤

冬季落水或衣着不暖、疲劳、饥饿且在严寒中长时间停留，可发生全身冻伤。

急救的原则是保暖复温，要将病儿救护到温暖的屋里。搬动时，动作要轻柔，以免用力不当造成肢体扭伤或骨折。为病儿脱去已经冻结的衣服，裹上厚棉被，用温热的水灌热水袋，放入棉被内以暖和身体。病儿清醒后，给热饮料，如牛奶、姜糖水等。在进行上述处理的同时，请医生为病儿做进一步的治疗。

若是轻度冻伤，如耳郭、手、足、面颊等部位冻伤，仅伤及皮肤表层，局部红肿，感到痒和痛，在冻伤部位可用白酒和辣椒水轻轻涂擦，再涂上冻伤药膏，伤愈后不留瘢痕，但再受冻易复发。重度冻伤，局部皮肤呈紫黑色、肿胀，有水疱，不要用热水烫、火烤，不要捶打伤处，勿弄破水疱，注意保暖。严重者送医院处理。

（十）触电

幼儿因玩弄电器、电线、电源插座等而导致触电。

处理方法：采用选择干燥的木棒、竹竿等绝缘体挑开电线或关闭电源等措施，让幼儿脱离电源。切不可用手直接去拉幼儿，以免施救者自身触电。若触电者呼吸、心搏骤停，应立即进行口对口人工呼吸和胸外心脏按压。

（十一）溺水

幼儿在无人监护状态下游泳是造成溺水的主要原因，也有幼儿失足跌落水中的现象。

处理方法：可利用现场条件进行水上救护，如可将救生圈等漂浮物或绳索抛给落水儿童，或由会水者下水施救；及时清除溺水儿童口鼻内的淤泥杂草，同时解开衣扣和裤带，尽快将溺水者呼吸道和胃里的水倒出来，救护者取半跪姿势，将溺水者腹部放在膝盖上，使其头与脚下垂，轻拍其背，使水倒出。如果溺水者心跳呼吸已停止，立即进行口对口人工呼吸及胸外心脏按压，抓紧时间抢救，然后急速将幼儿送至医院。

二、突发事件的应急措施

（一）火灾事故应急处理

1. 立即报警

发现火灾发生后，要立即拨打"119"火警电话，以便及时处理火灾事故，并及时通知主管领导。

2. 组织扑救火灾

发生火灾后，除及时报警以外，主管领导应立即组织员工进行扑救，扑救火灾时要按照"先控制、后灭火；救人重于救火；先重点、后一般"的灭火战术原则。

应派人及时切断电源，组织抢救伤亡人员，按照平时消防演练逃生路线迅速疏散幼儿，如不能逃离，应迅速带幼儿进入相对安全的区域，隔离火灾危险源和重点物资，充分利用现场的消防设施器材进行灭火。

3. 协助消防队灭火

自救的基础上，当专业消防队到达火灾现场后，要简要地向消防队负责人说明火灾情况，并全力支持消防队员灭火，听从专业消防队的指挥，无关人员要远离火场，保持道路畅通，齐心协力，共同灭火。

4. 现场保护

当火灾发生时和扑救完毕后，要派人保护好现场，维护好现场秩序，等待对事故原因及责任人的调查。同时应立即采取善后工作，及时清理，将火灾造成的垃圾分类处理并采取其他有效措施，从而将火灾事故对环境造成的污染降低到最低限度。

5. 加强自查自纠

要吸取事故的教训，加强对全体员工进行防火安全教育，提高员工的安全防火意识，同时加强自查自纠，消除隐患，防止同类事故的发生。

（二）地震应急处理

①地震发生时，各年级都要听从幼儿园的统一指挥，当班教师教育幼儿不能慌张、哭闹或随意乱跑，组织本班学生按照幼儿园规定的紧急疏散线路快步、有序地撤离教学楼，到操场指定集合地点。

②如发生地震时在室外，立即组织全部幼儿蹲下，并注意避开电线、大树等危险物品。

③在走廊的同学，也应立即选择有利的安全地点，就近躲避，卧倒或蹲下，用双手保护头部，不要站在窗口边。

④如发生震动较大破坏性地震，处理如下：如果幼儿在室内，不要试图跑出楼外，因为震动特大，时间来不及。最安全、最有效的方法是，立即组织幼儿躲到两个承重墙之间最小的房间，如洗手间、厕所等；也可以躲在桌子、柜子等下面以及教室内侧的墙角，并且注意保护好头部；趴下时，头靠墙，使鼻子上方双眼之间凹部枕在横着的双臂上面，闭上眼和嘴，用鼻子呼吸；千万不要去窗下躲避；待地震减轻时，立即按疏散路线将全部幼儿疏散到楼下塑胶操场中间。

⑤地震时如果幼儿正在睡觉，要立即叫醒幼儿，在震动激烈时，有序组织幼儿趴在午睡室通道上、躲在桌子下或墙脚下，待震动减轻时立即组织幼儿疏散到楼下塑胶操场，疏散路线及要求同上。

⑥如果地震发生后因不能迅速撤离而被困于室内或被建筑物挤压等千万不要惊慌，要就近检查幼儿身体状况，并尽量为幼儿找到饮食，同时不能盲目采取措施，要懂得发送报险信号，等待救援。

⑦时刻与幼儿在一起，消除幼儿的恐惧心理。

模块三第四章　真题回放

模块四　幼儿园环境创设

【前言】

中共中央国务院印发《关于深化教育教学改革全面提高义务教育质量的意见》中提出：树立科学的教育质量观，深化改革，构建德、智、体、美、劳全面培养的教育体系，健全立德树人落实机制，着力在坚定理想信念、厚植爱国主义情怀、加强品德修养、增长知识见识、培养奋斗精神、增强综合素质上下功夫。

陈鹤琴先生说过："儿童教育要取得较大的效益，必须优化环境。"《幼儿园教育指导纲要（试行）》总则中也指出："幼儿园应为幼儿提供健康、丰富的生活和活动环境，满足幼儿多方面发展的需要，使幼儿在快乐的童年生活中获得有益于身心发展的经验。"可见，环境是重要的教育资源，在幼儿教育活动中，我们应抓住园内外环境中的有效资源，促进幼儿体、智、德、美、劳全面发展。

【考纲解析】

考纲要求	1. 理解幼儿园环境的概念、分类、特点。 2. 掌握幼儿园环境创设的概念、原则、基本要求、基本方法。 3. 了解幼儿园室内外环境创设的内容。 4. 掌握幼儿园各学习领域的环境创设方法。 5. 掌握幼儿园活动区的环境创设方法。 6. 了解幼儿园与家庭、社区的配合与合作方式
常见题型	单项选择题+简答题+论述题+材料分析题

模块四　幼儿园环境创设

【内容导读】

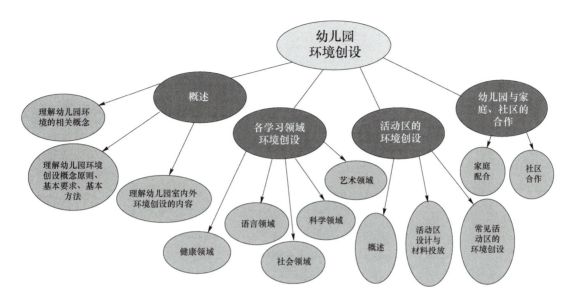

第一章

幼儿园环境创设概述

考点与解析

考点一　幼儿园环境概述

1. 幼儿园环境的概念
2. 幼儿园环境的分类
3. 幼儿园环境的特点

考点解析

一、幼儿园环境的概念

（一）环境

环境是指人生活于其中，并能影响人的一切外部条件的总和，也包括人们赖以生存的自然条件的总和。

（二）幼儿园环境

相对于一般环境而言，幼儿园环境是一种特殊的环境，它有广义和狭义之分。其中，广义的幼儿园环境是指幼儿园教育赖以进行的一切条件的总和，它既包括幼儿园内部的小环境，也包括与幼儿园教育有关的家庭、社会、自然和文化等大环境；狭义的幼儿园环境是指在幼儿园中对幼儿身心发展产生影响的一切物质与精神要素的总和，它是涵盖幼儿园的全体工作人员、幼儿、幼儿园设施设备、空间布局，以及各种信息要素，并通过一定的教育制度与观念以及文化传统所组织、综合的一种动态的、有形与无形相结合的教育空间范围。

一般来讲，幼儿园环境均指狭义的幼儿园环境。

二、幼儿园环境的分类

（一）按存在形式分

按存在形式分，幼儿园环境可分为室内环境和室外环境。其中，室内环境包括门厅、走廊、楼梯和活动室等；室外环境包括主体建筑、园门、园区绿化区域和游戏活动场地等。

（二）按组成性质分

按组成性质分，幼儿园环境可分为物质环境和精神环境。其中，物质环境主要包括生活设施、玩教具材料等有形的物质；精神环境主要是指由集体氛围、活动气氛和心理因素构成的一个复杂的环境系统，它与物质环境共同构成了幼儿园环境的整体。

尽管与物质环境相比，精神环境是一个看不见、摸不着的无形环境，但它对身处其中的教师和幼儿的心理活动与社会行为，乃至整个幼儿园的教育活动，都有着不可忽视的、巨大的潜在影响力。在具备了基本的物质条件后，对幼儿园教育起决定作用的是精神环境。

三、幼儿园环境的特点

（一）教育性

幼儿园作为专门的幼儿教育机构，其环境创设与其他非教育机构有显著区别。它是根据幼儿园教育的目标及幼儿的发展特点有目的、有计划、有组织地精心创设的。

在幼儿园的环境中，环境不仅是教育的场所，更是教育者实施教育的手段，还是实现教育目的的一种必要途径。在这种环境中，材料的选择、空间的安排、教师的语言和行为都直接或间接地体现了一定的教育意图。

（二）可控性

幼儿园内的环境与外界环境相比具有可控性，即幼儿园内环境的构成处于教育者的控制之下。具体体现在两个方面：一方面，幼儿园里的各种教学、生活用品，各种玩具、基础设施等必须经过精心筛选和设计，充分考虑其教育性、安全性等；另一方面，可控性还表现在教师可以根据教育的要求及儿童的特点，有效地调控环境中的种种要素，维护环境的动态平衡，使之始终保持在最适合幼儿发展的状态。

（三）生活性

生活性是指幼儿园作为学前儿童生活的场所，在环境设置上要贴近儿童的生活、充满生活情趣。例如，主题墙的设计无论是春天的繁花、夏天的虫鸣，还是秋天的落叶、冬天的雪花，都应让孩子感受到一年四季的变化。

（四）美观性

幼儿园的环境应内容丰富并富有美感。

考点二　幼儿园环境创设概述

1. 幼儿园环境创设的概念
2. 幼儿园环境创设的原则
3. 幼儿园环境创设的基本要求
4. 幼儿园环境创设的基本方法

考点解析

一、幼儿园环境创设的概念

幼儿园环境创设是指教育者根据幼儿园教育的要求和幼儿身心发展规律、需要，充分发掘和利用幼儿生活环境中的教育因素，并创设幼儿与环境积极作用的活动场景，把环境因素转化为教育因素，促进幼儿身心主动发展的过程。

创设整洁有序、与教育相适应的良好环境，是幼儿园实现教育目标，保证幼儿身心健康，促进其体、智、德、美、劳全面和谐发展的必要条件。

二、幼儿园环境创设的原则

（一）童趣性原则

幼儿是幼儿园的主体，幼儿园的空间环境就应该是幼儿喜爱的、能满足幼儿活动需要的环境。只有这样的环境，才能使幼儿乐于接纳并能与之融为一体。遵循童趣性原则，就是在创设幼儿园环境时有意识地突出设计方案的童趣化。目前，国内幼儿园建筑造型中常见花园式、积木式或城堡式的设计风格，其设计意图就是幼儿园营造为孩子们喜欢的童话世界，充分体现了童趣性原则。例如，某幼儿园采用城堡式的建筑设计，让幼儿感觉置身于一个童话世界中。

（二）独特性原则

独特性原则首先指不同地区、不同幼儿园应结合本地、本园的特点，创设出有自己特色的空间环境，而不能生搬硬套、模仿别人的做法。

此外，环境创设还要体现幼儿的年龄特点。幼儿的年龄一般分成3个阶段，每一个阶段中幼儿的个性、生理及认知发展水平都不一样，对环境的接受能力也会有差异，这就要求幼儿园要有针对性地为不同年龄阶段的幼儿创设不同的环境。

（三）启发性原则

一个具有启发性的环境能始终吸引着幼儿，激发他们的想象力和创造力，从而使幼儿成为环境的主人。由于理解能力的限制，幼儿往往缺乏对事物进行综合分析和推理的能力，因此，任何空洞抽象的口号宣传、理论说教都不能让幼儿实现真正的内化，而只有通过润物细无声的熏陶，以及教师运用具体实验并配合运用启发性原则的教育，才能使幼儿在看、听、摸、做的过程中建构知识，形成某些观念。

（四）互动性原则

互动性原则强调环境创设与幼儿发展的互动关系。只有在和环境互动的过程中，才能使幼儿真正与环境对话，并从中受到教育。因此，在环境创设过程中，应让幼儿积极参与，给幼儿提供活动和表现的机会，充分发挥幼儿自身的潜在能力。

（五）艺术性原则

艺术性原则是指在创设幼儿园环境时，应该在造型和色彩上符合幼儿的审美特点，给幼儿以美的视觉享受。

（六）安全性原则

安全性原则是指幼儿园的园舍建筑、设施设备、活动场地、玩教具等有形的物质条件必须要符合国家颁布的相关卫生标准和安全标准，对幼儿的身体或心理没有危险和安全隐患以及不造成幼儿畸形发展。安全的幼儿园环境是适合幼儿发展的必备条件，只有在安全的环境里，幼儿的生命健康才能获得保障，幼儿才可能获得自由、快乐的发展。

三、幼儿园环境创设的基本要求

幼儿园环境创设是一种创造性的活动，要满足幼儿对环境的各种要求，包括舒适度要求、适宜度要求及和谐要求3个方面：

（一）舒适度要求

幼儿园是幼儿的俱乐部，首先必须环境舒适。只有在舒适的环境里，幼儿活动的积极性、活动的效果才会达到较理想的状态。如果幼儿长期处于杂乱、肮脏、简陋并且活动费力的环境中，就会产生强烈的厌恶感。

(二)适宜度要求

适宜度要求是指幼儿园环境创设应符合幼儿的生理和心理特色。首先,要了解幼儿身体各部分的尺寸,并以此为依据确定各设施设备的尺寸,以方便幼儿使用。其次,要根据幼儿视觉器官的特点进行环境创设。幼儿眼睛的视野小于成人,其头部转动的角度与视野范围的角度大致相同。幼儿头部转动的适宜度范围是左右45°,上下30°,若是超出了这一范围,幼儿就会感到不适。因此,幼儿园环境的创设要从幼儿的生理特征出发进行设计和布置,如活动室墙饰的高度要以幼儿的视野为中心。

(三)和谐要求

从形式上,幼儿园环境创设就是创造一个美的环境。环境美包括自然景观美、建筑物美、雕塑美、绘画美、书法美和工艺美等。但美化环境并非这些构成要素的机械相加,而是将各种要素有机统一起来。它着重强调环境与人之间、环境诸要素之间、各要素内部组成部分之间的关系,以寻求环境的整体审美效果。

四、幼儿园环境创设的基本方法

(一)讨论法

讨论法是指在环境创设过程中,教师引导全班幼儿或几个幼儿通过讨论的方法集思广益、互相启发,选择或确定环境创设的主题和内容,与环境和材料互动的方法。

(二)探索法

探索法是指让幼儿在环境中自己发现问题,独立地解决问题,从而获得知识的方法。这种方法可以培养幼儿学习的内在动机,提高他们与环境和材料互动的积极性。

(三)操作法

操作法是指教师指导幼儿动手操作,让幼儿掌握知识、形成技能和习惯的基本方法。

(四)评价法

评价法主要是对环境质量的评价,包括对幼儿适应环境的评价、对幼儿的环境创设和互动行为的评价、对教师的环境创设效果的评价等。

考点三 幼儿园室内外环境的创设

1. 室内环境创设
2. 室外环境创设

考点解析

一、室内环境创设

(一)门厅

门厅一般比较宽敞,可以考虑采用大型装饰壁画,壁画内容既可以是幼儿的绘画、剪纸和手工作品等,也可由专业人员设计制作,还可以设置橱窗、展柜,使人们可以驻足观赏。

(二)走廊

宽敞的走廊则可以设为展示区,设置各类橱窗、展示栏等展示师生的书画、手工作品等。

(三)楼梯

沿着楼梯墙面,可以设立画廊,悬挂各种工艺美术品,增加展示艺术作品的空间;也可以根据楼梯特点，运用剪贴、手绘等方法制作专门的墙饰；在楼梯的拐角处，可巧用塑料花或装饰植物来点缀；楼梯的台阶、护栏上还可以配合楼层总体色调，用彩色油漆涂刷；楼梯的角落可以布置成阅读区、娃娃家等活动区。

（四）活动室

幼儿园的活动室按功能可分为多功能活动室、专用活动室和班级活动室3种类型。

（五）生活区

幼儿在生活区的主要活动是睡眠和盥洗，有的幼儿园把生活区和活动区分开，设有专门的睡眠室、卫生间，有的幼儿园则是按班级把幼儿的活动、午休、盥洗等功能集中在一起分区域设置。

二、室外环境创设

（一）主体建筑

幼儿园的主体建筑主要是指教学楼，主体建筑在总体设计上应有儿童的生活气息，色调要明亮、清新夺目，富有童趣。

（二）园门

园门是幼儿园给人的第一印象，往往也是幼儿园对外形象的代表。园门的样式无论采用哪种设计样式，其色彩和造型都应该与幼儿园的整体环境和建筑风格相协调，并能体现出幼儿园的特点。

（三）园区绿化环境

环境美化离不开绿化，幼儿园环境绿化工作有着多种意义。环境绿化的基本方法是广植树木、多种花草。

（四）室外游戏活动场地

幼儿天生好动，创设良好的室外游戏活动场地对于完善幼儿心理社会环境、促进幼儿身心健康发展具有重要意义。幼儿园的游戏活动场地按照不同的活动功能可分为若干区域，包括游乐设施区、体育活动区、玩水玩沙区等。

模块四第一章　真题回放

第二章

幼儿园各学习领域的环境创设

考点与解析

考点一 健康领域的环境创设

1. 健康教育对环境创设的基本要求
2. 健康领域教育活动的环境创设

考点解析

健康领域是幼儿园教育中一个非常重要又有些特殊的领域,因此,其环境创设也显得尤为重要。

一、健康教育对环境创设的基本要求

(一)任何环境的创设都要考虑健康领域的要求

例如,活动区的环境创设要便于幼儿自己取放材料和玩具,以培养幼儿的自理能力;阅读区的光线要充足,以保护幼儿的眼睛。

(二)环境的创设要有一定的秩序感与稳定性

例如,要让幼儿养成用进区卡进入活动游戏的习惯,每个区域的卡片数量保持正确,没有丢失,区域的调整频率不能太高。

(三)环境的创设要有一定的引导性

例如,可以在睡眠室营造温馨宁静的氛围,提醒幼儿要保持安静,在每个幼儿的小床边贴一双排列整齐的小脚印,提醒幼儿整齐摆放自己的鞋子。

二、健康领域教学活动的环境创设

(一)有关日常健康行为的教学活动的环境创设

有关日常健康行为的教学活动与日常生活联系较紧密,甚至可以直接利用日常生活环境,但这类活动的环境创设并不是单一地来自日常生活,还需要纳入一些其他的环境材料。例如,某幼儿园将"节约用水"的字样及正确的洗手步骤贴在洗手池旁边,以提醒幼儿注意。

（二）有关饮食营养的教学活动的环境创设

饮食营养有关的环境创设更多地涉及各种谷类、蔬菜、水果等食物，这些食物不完全以实物的形式出现，还可以通过图片、拟人化的形式出现，可以制作、表演等。例如，某幼儿园将蔬菜组合成各种造型，以提高幼儿对蔬菜的认识，改掉挑食的习惯。

（三）有关身体生长的教学活动的环境创设

有关身体生长的教学活动的环境创设更多是围绕人体来进行的，但它不是单一的人类身体的呈现，要达到这类活动的目标，还需要很多的材料与环境作为辅助。例如，为了帮助幼儿认识五官，幼儿教师组织了活动"神奇的五官"，让幼儿在圆圆的脸上画上眉毛、眼睛、鼻子、嘴巴和耳朵。

（四）有关安全的教学活动的环境创设

有关安全的教学活动中涉及较多的认知性的内容，为避免教育过程的单调枯燥，可以将其活动化。例如，某幼儿园组织了"安全过马路"的小游戏，让幼儿在游戏中体验交通规则，丰富交通安全知识。

（五）有关体育锻炼的教学活动的环境创设

有关体育锻炼的活动的环境创设主要在户外场地进行，对场地的基本要求是安全和充足的空间，在此基础上，要有适当的体育锻炼器材，如球类、绳类、平衡类、投掷类及大型体育器材等。

（六）有关心理健康的教学活动的环境创设

心理健康的教学活动的环境创设更为注重的是心理氛围的营造，因而各种活动材料的使用都是为了心理氛围的创设而服务的。如在某幼儿园组织的攀岩比赛活动中，教师让全班小朋友为每一个到达顶峰的幼儿加油喝彩，可以看出，其中最重要的就是教师所营造的心理氛围。

考点二　语言领域的环境创设

1. 语言教育对环境创设的要求
2. 语言领域教育活动的环境创设

考点解析

幼儿期是语言发展的关键时期，在这一时期，幼儿的听觉和语言器官逐渐发育完善。在此期间，如果能创造一个有利于幼儿发展的语言环境，给予幼儿正确的语言教育，幼儿就能自如地运用口语表达自己的见解、愿望和情感。

一、语言教育对环境创设的基本要求

（一）创设互动情境，为幼儿提供充分练习的机会

教师应当以创设有趣的、合适的、真实的交际环境为主要任务，为幼儿提供充分的练习机会，让幼儿与周围环境特别是与教师、同伴进行交流，利用互动巩固幼儿获得的语言经验，使幼儿在迁移性练习中领悟语言的特性。

（二）整合各领域和一日生活各环节，创设富有情趣的语言环境

根据语言教育具有整合性的特点，教师在进行环境创设时，需要为幼儿创设富有情趣的语言环境，丰富幼儿的语言经验。在这种整合的语言教育环境中，幼儿不是单纯地接受教师传递的语言信息，而是一个主动地参与语言的输入、加工和输出的创造者。

（三）营造宽容、自由的话语氛围，对幼儿的语言学习做出积极的反馈

教师在对幼儿的语言表达进行指导时，不要直盯着幼儿表达或理解中的错误，要对幼儿的语言学习做出积极的反馈。对于有些幼儿学习语言和运用语言活动中表现出来的哪怕是微小的优点，教师都可以给予积极的反馈，从而增强幼儿学习语言和运用语言的兴趣和信心。

（四）遵从语言教育中的年龄差异

教师可以为小班幼儿准备一些语速缓慢，但是发音标准的儿歌、童话磁带，在说话、示范时也尽量做到发音准确，对幼儿语言的指导重点在其发音的准确性方面，而对于中大班的幼儿，教师可以通过让幼儿观看多媒体课件、情境表演等方式让幼儿感受语音的表现力，说话、示范时也要注意充分地表现自己的语音修养能力，在指导幼儿语言表达的过程中也有意识地注意培养幼儿的语音修养。

二、语言领域教学活动的环境创设

（一）谈话活动的环境创设

1. 创设谈话情境，引出谈话主题

一般来说，谈话活动总是围绕一个中心话题来开展的，这是谈话活动的第一步，因此，要创设一个适当的、良好的谈话情境，引出谈话的主题。

2. 围绕话题运用已有经验自由交谈

引出话题后，教师要给幼儿提供围绕话题自由交谈的机会，以调动幼儿个人对谈话活动的已有经验，相互交流个人见解。

3. 围绕中心话题拓展交谈内容

在幼儿运用已有知识经验充分地交谈后，教师要适时地将幼儿集中起来，以提问或启发的方式帮助幼儿学习新的谈话技能和谈话规则、掌握正确的谈话思路和方法。

4. 教师隐形示范新的谈话经验

在通过逐层深入拓展谈话内容的基础上，教师可以通过隐形示范向幼儿提供谈话范例，帮助幼儿掌握新的谈话经验，使其谈话水平进一步提高。

（二）讲述活动的环境创设

1. 创设一个让幼儿充分感知理解凭借物的环境

所谓凭借物，是指幼儿在活动中讲述的对象。幼儿园讲述活动按凭借物的特点来分，可分为看图讲述、实物讲述、生活经验讲述和情境表演讲述。

2. 营造一个有秩序的能促进幼儿认真倾听的环境

讲述活动侧重培养幼儿独立构思和表达的能力，所以，活动过程中常常采用轮换的形式，有讲述者也有倾听者，活动过程中必须有安静、耐心的倾听者，才能保证活动顺利地开展下去。

（三）听说游戏活动的环境创设

1. 设置游戏情境，营造游戏氛围

在听说游戏开始时，教师要通过各种方式去设置一定的游戏情境，如用一些与听说活动内容有关的动作、语言、图片、实物等去布置一定的游戏情境，营造游戏氛围。

2. 保证游戏时间，创设轻松的教育环境

教师应让幼儿充分体验听说游戏的乐趣，使其在轻轻松松的环境中实现语言教育目标。

（四）文学教育活动的环境创设

1. 创设相应的文学情境，为引出文学作品做铺垫

在开展文学教育活动时，教师可结合图片、幻灯片，借助美术、音乐等艺术手段，布置一个安静、和谐、优美的环境，将幼儿带入一个充满幻想和神奇的文学宫殿中。

2. 提供丰富的体验环境，帮助幼儿体验作品的艺术魅力

在文学教育活动中，体验作品的艺术魅力和情感特征是教育目标之一，要做到这一点，教师可以通过提供丰富的体验环境来实现，即通过富有感染力的语言来表述文学作品。

（五）阅读活动的环境创设

1. 创设宽松、自由，具有浓厚阅读气氛的环境

各班可以以墙面、阅读区的环境创设为主，生活区、活动区的环境创设为辅，努力营造有趣味的阅读情境，促进班级良好阅读氛围的形成。

2. 创设丰富的阅读物质环境

教师除了安排一定的集体阅读时间外，还应该在日常活动中保证幼儿拥有一定的阅读时间，这种时间安排可以是随机的、不固定的。

考点三　社会领域的环境创设

1. 社会教育对环境创设的基本要求
2. 社会领域教育活动的环境创设

> **考点解析**

促进幼儿积极地社会化是幼儿园教育的一个重要任务。但是，幼儿的社会化是一个复杂的过程，积极地社会化并不会自然地发生，它需要教育者创设积极的教育环境并加以适当引导才能实现。

一、社会教育对环境创设的基本要求

（一）创设能够引发幼儿真实生活体验的活动环境

对于社会领域的教学，常常需要创设一定的情境引发幼儿的真实生活的体验。

（二）投入积极的情感，营造良好的情感氛围

在社会领域的教学活动中，教师要投入积极的情感，通过爱与关心来建立教师与幼儿之间的双向接纳关系，为幼儿的社会性发展营造良好的情感氛围。

（三）积极创造条件，为幼儿提供实践机会

只有在教学活动中为幼儿提供充分的实践机会才能使这些知识与态度内化为幼儿自己的体验。

二、社会领域教学活动的环境创设

社会领域的教学活动分为自我教育活动、社会环境与社会规范认知教育活动、人际交往教育活动、多元文化教育活动4类。在进行环境创设时，要注意各自的侧重点。

（一）自我教育活动的环境创设

对于自我教育活动的环境创设，应该注意营造平等、宽容的心理氛围，同时，创设有利于发

挥幼儿主体性的环境。

（二）社会环境与社会规范认知教育活动的环境创设

对于社会环境与社会规范认知教育活动的环境创设，应该注意利用与幼儿生活有紧密联系的具体的社会环境，同时，鼓励幼儿与环境产生积极互动。

（三）人际交往教育活动的环境创设

对于人际交往教育活动的环境创设，应该注意创设人际交往情境，激发幼儿的交往兴趣，同时利用游戏，让幼儿在游戏活动中体验交往。

（四）多元文化教育活动的环境创设

对于多元文化教育活动的环境创设应该注意在活动中要让幼儿感受到教师的言行举止都表现出对各种文化的尊重，同时，把民族文化和世界文化结合起来。

考点四 科学领域的环境创设

1. 科学教育对环境创设的基本要求
2. 科学领域教育活动的环境创设

考点解析

幼儿具有天生的好奇心与创造力，他们对周围世界充满着好奇，表现出渴望认识周围世界和学习科学的需要。因此，教师应创设有助于培养幼儿创新能力的科学教育环境，让他们在愉快的情绪中学习科学、感受科学。

一、科学教育对环境创设的基本要求

（一）创设适宜幼儿进行探究的物质环境

在幼儿园里，教师可根据班级和园内的实际情况，布置植物角、动物角、科学发现室等可供幼儿进行科学探究活动的环境，也可以在园内或活动室内布置科学墙，还可以结合主题活动布置环境。

（二）营造安全的心理氛围

为幼儿提供心理上的安全感，需要教师鼓励幼儿，真正尝试了解幼儿的意图、行动、解决问题的方式，成为幼儿的支持者。

（三）提供适合幼儿探究的有意义的活动材料

材料要能激起幼儿的探究兴趣，要提供有广泛的操作余地、能让幼儿立即观察到活动效果的材料。

二、科学领域教学活动的环境创设

（一）观察类科学教育活动的环境创设

对于观察类教育活动的环境创设，应该注意选择合适的观察对象，同时，创设一个需要调动幼儿多种感官参与的教育环境。

（二）实验操作类教育活动的环境创设

对于实验操作类教育活动的环境创设，应该注意创设问题情境，引发幼儿对实验操作教育活动的兴趣，同时，创设教育情境使幼儿感到实验操作对自己有意义。

（三）技术制作类科学教育活动的环境创设

对于技术制作类科学教育活动的环境创设，应该注意借助社会资源，提供充足的操作时间。

（四）交流讨论类科学教育活动的环境创设

对于交流讨论类科学教育活动的环境创设，应该注意建立民主课堂，创造平等对话的环境，同时，提供幼儿能利用多种手段表达科学认识的环境。

（五）数学类科学教育活动的环境创设

对于数学类科学教育活动的环境创设，应该注意因地制宜，立足幼儿的实际生活，同时，创设优化的操作环境。

考点五　艺术领域的环境创设

1. 艺术教育对环境创设的基本要求
2. 艺术领域教育活动的环境创设

考点解析

艺术是人们进行情感和思想交流的一种文化形式，也是人类精神活动的特殊形式。对幼儿进行艺术教育，可以开发其空间想象能力和创造力，使其大脑的潜能不失时机地得到发展。

一、艺术教育对环境创设的基本要求

（一）丰富幼儿的感性认识，为幼儿创造充满情感色彩的环境

教师对活动室内外的布置、各活动区角的创设应尽量做到和谐优美、造型生动、色彩鲜明，符合幼儿的审美情趣。同时，教师也要注意运用艺术化的语言引导幼儿去感知对象的声音、形状、色彩等艺术特点。

（二）提供适宜进行创造的艺术活动机会和物质条件

教师要允许幼儿自由表达，鼓励幼儿独立自由地创作，此外，教师应尽可能地为幼儿提供丰富多样的便于开展艺术活动的材料。

（三）创设愉悦的艺术环境

首先，要注重保护幼儿的艺术兴趣，尽可能地为幼儿创设参与艺术活动的条件。其次，要注重形成教师与幼儿之间的共鸣，设置游戏情境，增加愉悦性。

（四）提供可操作的艺术环境

要为幼儿提供可以动手操作的材料，同时，同一活动中尽量安排多种操作类型或需要不同操作技能的活动，以增强幼儿不同感官的协调性。

二、艺术领域教学活动的环境创设

（一）音乐教学活动的环境创设

对于音乐教学活动的环境创设，应该注意创设一个充满活力的环境，让幼儿积极主动投入，同时创设表演情境，给幼儿展示的舞台。

（二）美术教学活动的环境创设

对于美术教学活动的环境创设，应该注意营造一个自由、轻松的美术活动氛围，同时，创设一个幼儿自愿接受学习的环境。

第三章

幼儿园活动区的环境创设

考点与解析

考点一 幼儿园活动区环境创设概述

1. 幼儿园活动区的概念
2. 区域活动对幼儿发展的意义
3. 幼儿园活动区环境创设的原则
4. 幼儿园活动区域布局策略

考点解析

一、幼儿园活动区的概念

活动区也称兴趣角或活动区角,是幼儿园在活动室内外设置的,让幼儿通过自身活动主动地练习、巩固原有知识,并获取知识经验,使幼儿获得自主发展的场所。

二、区域活动对幼儿发展的意义

(一)培养幼儿的学习兴趣和能力

面对丰富的区域活动内容,幼儿可以按照自己的兴趣和需要自由选择,同时,在区域活动中,幼儿有充分、自由的时间和空间去操作各种材料。

(二)促进幼儿潜能的发挥

活动区能为不同发展速度、不同认知风格、不同个性的幼儿提供适合其个性发展的教育环境。

(三)促进幼儿主动性的发展

活动区域为幼儿提供了各种选择机会,同时,促使幼儿主动地思索和表达。宽松自由的区域活动能满足幼儿自主表达的愿望,他们可以通过语言、动作、图画、音乐等多种形式主动地表达自己的思想、情感以及对世界的认知。

(四)促进幼儿社会性的发展

区域活动中的多向交往以及对物质材料的探究和交互作用处于大量、重复发生的状态,这对幼儿社会性的发展具有极大的促进作用，具体表现在能促进幼儿交往和合作能力发展以及促进幼儿纪律性和责任感的发展上。

三、幼儿园活动区环境创设的原则

（一）教育性原则

幼儿在活动区中的活动内容可以直接与幼儿园的课程内容相关。活动区的活动可以是幼儿园常规教育活动的巩固或补充、延伸。同时，幼儿在活动区中的活动内容也可以与幼儿园的课程不直接相关，而是幼儿的兴趣所致、自由发挥，只要能够促进幼儿发展的内容，都可以引入区域活动之中。

（二）整体性原则

整体性原则包括两个方面内容：一是整个活动室的空间布置应是一个整体；二是幼儿的发展是一个整体，活动区的设计也应涵盖幼儿发展的每一个方面。

（三）共同发展原则

在活动区的设置以及活动的开展上，应促进全体幼儿的共同发展，要符合幼儿的年龄特征，也要注重个别差异。

（四）动态性原则

活动区的种类和数量应该是动态的，教师也要随着活动的进展和幼儿的发展不断给予大量生动、形象的刺激物。

四、幼儿园活动区域布局策略

（一）干湿与动静分区

区域活动的环境要根据活动的内容、活动的特点来进行合理的布局：如科学区、自然角、美工区中的一些活动内容有时需要用水，可以在相对靠近盥洗间或有水池的地方；而阅读区、建构区等无须用水，可以选择远离水源的地方；有些活动区域需要比较安静的环境，如阅读区、数学区；有些活动区域幼儿进行活动的动静较大，如小舞台、建构区、角色区等。

（二）固定与临时分区

设计时既要考虑到幼儿在自由活动时间可以随时进入活动区，又要留有一块随时可以集体活动的宽敞空间。因此，教师要根据本班环境条件和资源，因地制宜地设立 2~3 个甚至更多的固定活动区域，其他活动区域可以临时用地垫、拖拉柜或者其他材料进行区域分割。在条件许可的情况下，要多设立固定的活动区域，以便于操作。

（三）独立与整合分区

一些区域活动独立性较强，和其他区域幼儿交互比较少，如建构区、数学区、阅读区等，最好位置相对固定，形成有序的操作氛围；一些区域活动因内容不同，常常会和其他区域幼儿发生联系，教师可以根据需要进行一些区域活动的整合，如美工区的一些编织、粘贴活动也可以和数学区、生活区整合。

考点二 活动区的设计与材料投放

1. 活动区的设计
2. 活动区材料的选择与投放
3. 活动区材料的管理

考点解析

一、活动区的设计

（一）活动区的选择

选择活动区时主要从种类和数量两个方面考虑。教师可以根据幼儿的年龄特征、需要和兴趣、现有的资源等选择活动区的种类；活动区的数量应根据活动室的大小来确定，一般以四五个为宜。

（二）活动区的空间利用

在利用活动区的空间时，应注意合理设计活动区的面积并充分利用活动区的空间。

（三）活动区的功能开发及情境布置

教师应注重活动区的功能开发及情境布置，可在活动区展示幼儿作品，利用环境暗示规则，可适当布置活动区的情境。

（四）活动区的人数管理

活动区的人数影响着活动的质量，教师一定要在区域活动开展之前确定每个活动区的人数，对活动区人数进行管理。可以设置进区卡，或者设置"身份卡"。

（五）活动区的分隔

各活动区之间应有明显的界限，区域分隔清楚。这样可以让幼儿明确各活动区的位置，知道每个区域进行的活动类型，以便于幼儿开展活动及教师管理。进行活动区的分隔时，应注意几个方面：首先，活动区之间的界限明确；其次，关联性大的活动区应相邻设置；再次，活动区之间的封闭性应有所区别；最后，保证活动区之间的"线路"畅通、安全。

二、活动区材料的选择与投放

在活动区中，材料的选择与投放是一项复杂的工作。其复杂性体现在材料的投放要符合幼儿的兴趣爱好、需要，以保持幼儿有探究材料的兴趣，还要在材料中隐含着教育性原则，要保证幼儿取得与教育目标一致的探究结果。选择活动区材料的时候，要同时关注材料的品质和数量，并根据幼儿的兴趣、发展的需要以及活动的内容进行投放，使材料的投放具有操作性、启发性、丰富性、针对性和安全性。

三、活动区材料的管理

（一）材料的收集准备

除了购置的材料之外，活动区材料中一部分是教师收集、准备和制作的，另一部分材料则是由教师发动幼儿以及幼儿家长共同收集准备的。在收集材料的过程中，教师要关注材料中隐含的教育价值，让幼儿积极参与材料的选择和构建过程，将活动区域环境创设和材料收集的过程作为幼儿的学习过程。

（二）材料的整理、存放和保管

在对活动区材料进行整理、存放和保管时，应注意材料应当分类放在开放的、低矮的架子上，以便幼儿自由选择和取放；材料应摆放整齐，分类清楚，并贴上标签，用文字或图案来表示物品存放的位置，且存放位置应该是相对固定的；音乐玩具最好放入带玻璃的橱柜中，以保护其良好的音质。

（三）材料的清洗、消毒和维护

教师要重视材料的卫生，一方面要教育幼儿不要把材料随便乱丢，也不要把材料放在嘴里，玩后要洗手；另一方面，幼儿园要定期对玩具材料进行清洗消毒。

考点三 常见活动区的环境创设

1. 角色扮演区
2. 建构区
3. 美工区
4. 阅读区
5. 自然角

考点解析

一、角色扮演区

(一) 区域布局

角色扮演区在活动室的区域布局中应该占用一块较大的范围。幼儿进行角色游戏时，常常走来走去、大声交谈，发出的声响较大，因而，角色扮演区应远离比较安静的益智区和阅读区。同时，由于角色游戏和建构游戏经常直接发生联系，建构区的声音也比较嘈杂，因此，可以将角色扮演区尽量靠近建构区。

(二) 主题环境设计

设计主题环境时，应尽量创造一个仿真的环境，激发幼儿的兴趣，使幼儿游戏时如同身临其境一般，满足他们操作的欲望，体验现实生活中各种角色的需要。同时，微缩型的仿真环境，加上使用的各种小道具，非常符合幼儿的思维特点，有助于游戏情节的顺利开展和推进，幼儿也能从中获得真实体验和一定的生活经验。

(三) 材料准备

不同年龄阶段的幼儿，其游戏发展的水平各有不同，如小班的角色游戏以模仿为主，大班幼儿的角色游戏则以创造居多。教师应根据实际需要准备和投放不同的材料，以促进游戏水平的发展。

二、建构区

(一) 区域布局

教师应为建构区安排较大的活动空间，以保证幼儿有足够的空间进行自己的创造。为避免建构区的声音干扰其他区域幼儿的活动，教师应本着动静分开的原则，将该区域与阅读区、益智区等安静的区域分隔开来，可与角色扮演区等比较吵闹的区域相邻设置。

(二) 区域环境设计

建构区不需要放置桌椅，地面可以铺上各式地毯或地垫，同时，幼儿在取放积木时，必须来回穿梭于自己的作品和放置积木的架子之间，为避免幼儿的积木作品被自己或同伴碰倒，教师应将架子与搭积木的区域分开，并做出明显的标记。

(三) 材料准备

小班应为幼儿准备足够数量的玩具材料，而对于中班和大班幼儿，教师既要提供个人单独操作的材料，也要提供一些需要合作操作的材料，使他们能在一起进行分工、合作活动。此外，还应给中班和大班幼儿提供不同性质的活动材料，包括成型玩具、半成品材料和一些原始材料等。

三、美工区

(一) 区域布局

美工活动比较安静，布局时可与阅读区、益智区、电脑区等毗邻。同时，美工区应设置在光线充足、靠近水源的地方。在安排美工区的空间大小时，可根据本班幼儿对美工活动的兴趣及活动材料等情况来综合考虑。

（二）区域环境设计

设计美工区域环境时，教师应周密地考虑区域内颜色、形状、结构、线条和图案的空间安排，要突出艺术性，做到陈设简洁美观、色彩鲜明和谐、富有吸引力，并符合幼儿的审美情趣，美工区可以悬挂各类美术作品，如绘画、雕塑、剪纸作品等。

（三）材料准备

美工区的材料主要包括欣赏类、绘画类和手工类3类。一般而言，一个美工区同时提供所有种类的材料几乎是不现实的，教师可以根据幼儿的实际水平，配合美术教育活动内容准备区域活动材料，并定期更换、增添新材料。在实际活动中，还要允许和鼓励幼儿自由使用各种材料。

四、阅读区

（一）区域布置

阅读区应选择光线明亮的地方，并尽可能安排在较安静的区域。阅读区一般应设置在教室东南角或西南角靠窗处。阅读区必须与角色扮演区、建构区等区域分开，减少不同活动对幼儿阅读的影响和干扰。

（二）区域环境设计

铺上地毯、准备几个干净漂亮的抱枕或坐垫，放上与教室里桌椅不同的可爱的小桌子、小椅子，提供能够充分展现图书封面且与幼儿身高相符的书架或卡通书袋，根据图书的不同性质与种类选择适合的呈现方式，更容易激发幼儿的阅读兴趣。

（三）材料准备

教师提供的阅读材料，可以有视觉类的、听觉类的、操作类的、表演类的。图书是幼儿开展阅读活动的主要载体，其内容与形式都要符合各年龄班幼儿的特点。

五、自然角

（一）区域布局

自然角在活动室内所占面积较小，所需材料简单、易备，效果直观、易懂，适合各年龄段的幼儿，尤其对于活动面积比较窄小的教室更为合适。教师可根据活动室场地的实际情况，利用窗台、墙角、柜面等空间在一角或多处设置，还可以设在过道、楼梯口等处。

（二）区域环境设计

自然角陈列的物品应高度适宜，便于幼儿随时观察、接触、取用。

（三）材料准备

自然角的活动有观赏、观察、实践等多种形式，提供的材料包括图片、模型、实物等。

模块四第三章　真题回放

第四章

幼儿园与家庭、社区的配合与合作

考点与解析

考点一 幼儿园与家庭的配合

1. 家庭对幼儿教育的重要性
2. 家园合作的主要内容

考点解析

一、家庭对幼儿教育的重要性

（一）家庭教育是奠基性教育

家庭是儿童生命的摇篮，是人出生后接受教育的第一个场所，而父母是孩子的第一任教师。父母的生活习惯、工作作风、兴趣、爱好等个性特征，都将对孩子产生极其深刻的影响，尤其是父母的人生观、道德行为、道德标准以及处世方法，一旦被孩子认可和接受，是很难改变的。因此，家庭教育往往能够影响个体一生的成长。

（二）家庭教育是长久性教育

在人的一生所接受的教育中，家庭教育是长久性教育。家庭教育先于学校教育，并且在学校教育的整个阶段内，都自始至终伴有家庭教育。学校教育结束后，家庭教育仍在继续，并持续终生。

（三）家庭教育是学校教育的有力助手和必要补充

家庭教育、学校教育的协调配合，有利于实现各种教育作用的互补，从而加强对孩子教育的实效性。家长与教师是合作伙伴的关系，只有加强科学管理，提高家庭教育水平，积极构建家庭、学校、社会一体化教育体系，才能全面推进素质教育，促进孩子的健康成长和全面发展。

二、家园合作的主要内容

（一）鼓励和引导家长直接或间接地参与幼儿园教育，同心协力培养幼儿

家长直接参与指家长参与到幼儿园教育过程中，如共同商议教育计划、参与课程设置、加入幼儿活动、深入具体教育环节与教师联手配合、被邀请主持一些教育活动等。家长间接参与指家长为幼儿园提供人力、物力支持，或将有关意见反映给幼儿园和教师，如通过家长会、家园联系簿等途径。

（二）幼儿园帮助家长树立正确的教育观念和教育方法

调查表明，我国城乡家长在孩子教育上还存在不少错误观念，如偏重智力、技能的培养，轻视社会性发展，把幼儿的自我表达、与同伴交往、自我评价等都列为最不重要的项目。家庭教育的方法一般比较简单、盲目，过分溺爱、娇惯孩子的现象十分普遍。

（三）家园合作的方法

如家访工作、上午入园、下午离园、各类活动、家园之窗、家长委员会、家长联系手册、家长学校等。

考点二　幼儿园与社区的合作

1. 社区对幼儿教育的意义
2. 幼儿园与社区合作的方式

考点解析

一、社区对幼儿教育的意义

（一）社区环境对幼儿园教育的意义

幼儿园周围的社区是幼儿十分熟悉的地方。社区的自然环境和人文环境在幼儿的成长，特别是精神的成长中有着特殊的意义。幼儿园教育扩展到社区的大背景下进行，充分利用社会环境中富有教育意义的自然和人文景观、革命历史文物、遗迹等，不仅可以扩大教育的空间，更是教育内容的丰富和深化。

（二）社区资源对幼儿园教育的意义

社区作为一个生产功能、生活功能、文化功能兼备的社会小区，能为幼儿园提供教育所需要的人力、物力、财力、教育场所等多方面的支持。

（三）社区文化对幼儿园的教育意义

社区文化无形地影响着幼儿园教育，优秀的社区文化更是幼儿园教育的宝贵资源。一般来说，文化和文明程度较高的社区，幼儿园的园风相对较好，教育质量也相对较高。其中，社区的影响无疑是一个重要因素。

二、幼儿园与社区合作的方式

①与社区资源共享，发展以幼儿园为核心的社区幼儿教育。
②为社区精神文明的发展服务，共创幼儿发展的良好社会环境。
③利用社区的地域环境优化幼儿园教育。
④利用社区的人口环境优化幼儿园教育。

模块四第四章　真题回放

模块五　游戏活动的指导

【前言】

游戏在学前儿童发展中有着至关重要的地位，以游戏为基本活动不仅是我国教育部反复强调的幼儿园教育基本原则，也是众多专家学者、有识之士的共识。游戏促进幼儿的生理、认知、社会性等方面的发展。不同研究者对游戏理论有多种观点。按照不同维度，游戏有多种分类。教师对于游戏的指导要以观察为前提，在观察基础上适时介入幼儿游戏，真正成为幼儿游戏的合作者、支持者和引导者。

【考纲解析】

考纲要求	1. 熟悉幼儿游戏的类型以及游戏的特点和主要功能。 （1）掌握幼儿游戏的类型。 （2）掌握幼儿游戏的特点。 （3）理解幼儿游戏的功能。 （4）掌握游戏的理论流派及观点。 2. 了解各年龄阶段幼儿的游戏特点，并能提供相应材料支持幼儿的游戏，根据需要进行必要的指导。 （1）了解教师在幼儿游戏中的指导策略。 （2）能根据幼儿园各类游戏的活动特点进行有针对性的指导。 （3）能够运用所学知识对具体的游戏活动案例进行分析
常见题型	单项选择题+简答题+材料分析题+活动设计题

模块五 游戏活动的指导

【内容导读】

第一章

幼儿游戏概述

考点与解析

考点一　幼儿游戏的类型

学前儿童游戏的种类长期以来都未达成定论，不同的研究根据不同的理论各自从不同的角度对游戏进行了分类，因而，出现了各种各样的游戏分类。

1. 依据儿童认知特点分类
2. 依据游戏的社会性特点分类
3. 依据儿童行为表现分类
4. 依据教育目的性分类
5. 以游戏的教育作用为依据的分类

考点解析

一、依据儿童认知特点分类

以皮亚杰等为代表的认知学派倾向于将认知发展作为儿童游戏分类的依据。认为游戏的发展是沿着认知发展的线索而展开的，在不同的认知发展水平上，便会出现不同水平的游戏形式。依据儿童游戏的认知特点，可将游戏分为以下4种：

（一）感觉机能性游戏

感觉机能性游戏又称为练习性游戏或机械性游戏。它是儿童发展中最早出现的一种游戏形式，其动因来自感觉器官所获得的快感，由简单的重复运动所组成，比如，奔跑、跳跃、攀登、拨浪鼓、骑木马、敲打和摆弄物体等。这类游戏往往以独自游戏或各自游戏的形式发生，随着儿童年龄的增长，这类游戏的比例逐渐下降。

（二）象征性游戏

象征性游戏是处于前运算阶段（2~7岁）儿童常进行的一类游戏。它是把知觉到的事物用它的替代物来象征的一种游戏形式。儿童将一物体作为一种信号物来代替现实的客体，这就是象征游戏的开始。象征性游戏的初级阶段就是以物品的替代而获得乐趣，如把一根棍子想象成一匹马来骑。随着儿童年龄的增长和知识经验的不断丰富，儿童的象征性认知功能也在不断发展。他们会通过使用替代物并扮演角色来模仿真实生活。这时的象征性游戏就进入角色游戏阶段，最常见的"过家家""医院""商店""公共汽车"等游戏，都借助了一些替代物品，通过扮演角色并反映种种社会生活、场景和人物。象征性游戏是学前儿童最典型的游戏形式，它对儿童人格和情绪的发展都能发挥一定的功效，基于它的这一功效，现代的游戏治疗也是通过这种游戏形式得以实现的。

（三）结构性游戏

结构性游戏又称建构游戏或造型游戏，是指儿童运用积木、积塑、金属材料、泥、沙等各种材料进行建构或构造，从而创造性地反映现实生活的游戏。这类游戏有3个基本特点：

①以造型为基本活动，往往以搭建某一建筑物或物品为动因，如搭一座公园的大门、建一个汽车的模型等。

②活动成果是具体的造型物品，如门楼、飞机、坦克、卡通形象等。

③它与角色游戏存在着相互转化的密切关系。

一般认为结构游戏的发展呈现了如下的顺序：1.5岁左右，儿童开始简单堆叠物体；2~3岁时，儿童往往先动手后构思，主题不明，成果简单、粗略、轮廓化；3~4岁儿童逐渐能预设主题，成果的结构相对复杂，细节相对精细；5岁以后儿童结构游戏中的计划性有所增强，并可以多人分工、合作完成大型的建构；5~8岁时，结构性游戏的比例达到了顶峰。

（四）规则性游戏

这是一种由两人以上参加的、按一定规则从事的游戏。规则可以是由成人事先制定的，也可以是按照故事情节要求的，还可以是儿童按他们假设的情节自己规定的。这类游戏一般是4~5岁以后发展起来的。研究表明：幼儿中期的儿童能按一定的规则进行游戏，但是也常常会出现因为自己的兴趣或好恶而忘记或破坏规则的现象。幼儿晚期的儿童，不仅能较好地开展这类游戏，还能较好地理解并坚持游戏的规则，并运用规则约束参加游戏的所有成员。幼儿中晚期经常开展的体育游戏、运动竞赛、智力竞赛等都属于规则性游戏，这类游戏可以一直延续到成年。

二、依据游戏的社会性特点分类

社会性发展是儿童心理发展的重要方面，美国心理学家帕登（Parten）根据儿童（2~6岁）在游戏中的社会交往水平，划分为6类行为：

（一）无所用心的行为或偶然的行为

儿童无所事事，独自发呆，或玩弄衣服，东游西荡，偶尔会注意看看他人，或碰到什么东西会随手玩弄两下。

（二）袖手旁观的行为

儿童在近处观看同伴的活动，但不主动参与游戏。

（三）独自游戏

独自游戏指儿童独自玩耍、尚没有玩伴意识时期的一种游戏情形。处于独自游戏阶段的儿童往往旁若无人玩着自己的玩具。独自游戏一般出现在出生后头两年内。儿童摆弄的客体可能反映了客体的功能及社会用途，也可能使客体的外形、位置及其性质等发生变化。随着儿童年龄的增长，以客体为对象的游戏内容和形式越来越复杂。儿童不仅关心引起客体变化的行为，而且对客体本身也发生兴趣，动作的灵巧性与精确性也不断加强，逐渐能将自我与客体区分开来，以至产生好奇心和探究行为。

（四）平行游戏

平行游戏是一种两人以上在同一空间里进行的，以基本相同的玩具玩着大致相同内容的个人独自游戏。在平行游戏中，儿童玩的玩具与周围儿童的玩具相同或相仿，儿童之间相互靠近，能意识到别人的存在，相互之间有眼光接触，也会看别人怎么操作，甚至模仿别人，但彼此都无意影响或参与到对方的活动之中。既没有合作的行为，也没有共同的目的。这类游戏正反映了2~3岁儿童游戏的社会性交往状况。

（五）联合游戏

联合游戏又称为分享游戏。它是由多个儿童一起进行同样的或类似的游戏，没有分工，也没有按照任何具体目标或结果组织活动。儿童行为的社会性仅仅是同伴交往关系，而不是游戏合作关系。儿童相互之间可能交换材料，或进行语言沟通，提供和接受彼此的玩具，对他人的活动表示赞赏或否定，甚至攻击。这种游戏从表面上看，儿童之间产生了相互联系，而实际上在涉及游戏本身的内容时，他们之间却没有共同的意愿，儿童不会使自己个人的兴趣服从小组的兴趣，每个人仍然是以自己的兴趣来游戏的。

（六）合作游戏

合作游戏是幼儿后期出现的较高级的游戏形式，是一种有着共同需要、共同计划、共同协商完成的游戏活动。游戏者之间有分工、协作，有领头者，也有随从者。这种游戏具有组织意味，有明显的集体意识，有共同遵守的规则。这种游戏离不开相互的配合，一般要到3岁以上才会产生，5~6岁得到发展，反映了儿童社会性发展日渐成熟的趋势。

三、依据儿童行为表现分类

从儿童游戏所倚重的行为表现可分为：语言游戏、动作技能游戏、想象游戏、交往游戏、表演游戏。

（一）语言游戏

语言游戏指儿童时期运用语音、语调、词语、字形而开展的游戏，如合着语音、节奏的变化而展开的拍手游戏、绕口令、接龙等。随着儿童对语言规则以及语义的理解，儿童会运用同音、谐音、多义、相关等语言技巧娱乐。这些游戏是以一定的语言元认知为前提的，既是一种游戏，也是一种元语言活动。

（二）动作技能游戏

动作技能游戏指通过手脚和身体其他部位的运动而获得快乐的游戏活动，既可以是一种户外进行的身体大幅度的运动，如相互追逐、荡秋千、滑滑梯、骑三轮车、攀登等，也可以是在室内桌面上进行的串珠、夹弹子、弹弹子、挑游戏棒、拍纸牌等相对精细的活动。这类游戏可以有简单的规则，也有纯机能性的，纯粹满足动作机能的快感。

（三）想象游戏

想象游戏又被称为象征游戏、戏剧游戏、角色游戏、假装游戏、假想游戏。这些名称的含义虽然有细微的差异，但它们常常被互换使用。这类游戏的主要特征就是：儿童将事物的某些方面做象征性的转换，如以玩具或玩物代表实物（用一块积木代表电话、将小板凳当火车等），以某个动作代表真实的动作（张开双臂跑代表飞机在飞、双脚并拢往前跳代表小兔子在跳），以儿童自己或其他儿童代表现实或虚构的角色（扮演妈妈、医生、司机、营业员、小白兔、卡通人物等）。

想象游戏以儿童的想象为转移。随着儿童生活经验和想象力的丰富，社会生活中的各种角色都可能成为儿童游戏中所扮演的角色，爸爸、妈妈、医生、司机、营业员、动画或卡通形象都是儿童在游戏中乐于扮演的角色。

（四）交往游戏

交往游戏指两个以上的儿童以遵守某些共同规则为前提而开展的社会性游戏。这类游戏以参与者之间的行为互动为其特点。在使用游戏材料方面采用协商分配或轮换的形式。交往游戏按交往的性质可分为合作游戏和竞争游戏，对于指导儿童与他人交往方面有很重要的价值。在游戏中儿童常遇到自己与他人的需要或情感相冲突的局面，因而，可以发展他们的言语和非言语的沟通技能，还可培养负责任、耐心、愿意分享、合作等品质。

（五）表演游戏

表演游戏又称为戏剧游戏，它是以故事或童话情节为表演内容的一种游戏形式。在表演游戏中，儿童扮演故事或童话中的人物，并以故事中人物的语言、动作和表情进行活动。这种游戏也是以想象为基础的。但与想象游戏不同的是，在表演游戏中，儿童的想象必须受故事情节的约束，不能过于主观随意。表演游戏是以儿童的语言、动作和情感发展为基础的。一些经典的童话故事往往成为学前儿童常玩不衰的表演游戏，如《拔萝卜》《小兔子乖乖》《三只小猪》《彼得与狼》等。

四、依据教育的目的性分类

游戏可以是一种儿童自发、自愿的活动，没有任何的功利和目的，但同时，游戏也可以成为一种有效的教育手段，利用游戏的手段，达到教育的目的和功效。因此，依据游戏中的教育目的性成分，可以将儿童的游戏分成自发游戏和教学游戏。

（一）自发游戏

自发游戏是儿童自己发起的、自愿参加的、自主支配的游戏。它一方面反映了儿童的认知特点和社会性等方面的发展水平，另一方面也反映了儿童的兴趣爱好。儿童的自发游戏对于儿童创造性的发展是极有价值的。游戏的主题、材料、规则都是儿童自己规定、自己确立的，这些都源于儿童创造性的萌芽和发展。儿童的自发游戏是儿童的权利，应得到尊重。当然儿童的自发游戏有时也需要成人加以适当的引导，使游戏的题材和内容更加健康、有趣、积极。

（二）教学游戏

教学游戏是指在学前教育机构中，游戏被作为一种教育手段和教育组织形式而加以运用。教学游戏就是根据幼儿园教育大纲和课程的要求，有目的、有计划地进行设计和开展的游戏。它是以预先编好了主题情节、预先规定了规则的形式介绍给儿童的。教学游戏追求一定的教育目的。教学游戏一般包括4部分，即游戏的目的、玩法、规则和结果。游戏的目的是完成一定的教学任务或发展儿童某方面的能力。游戏的玩法是指在游戏中对儿童的要求，玩法要紧密围绕和服从游戏的目的，同时，要有趣味性并能吸引儿童。游戏的规则是游戏中关于被允许和被禁止的规定和说明。游戏的结果是儿童在游戏中努力达到的目标。幼儿园的教学游戏有智力游戏、体育游戏和音乐游戏等。

学前教育机构在运用教学游戏时，应注意维护游戏的纯正性和趣味性，同时，不应剥夺儿童自发游戏的权利和机会。对此，美国学者弗罗斯特曾经提醒过人们："一般大众对儿童游戏的误解已渐渐形成一种趋势，使得一些自然、活泼、迷人的游戏被过度重视科技导向、利用艺术手法和注重结构的游戏所取代。儿童的生活也逐渐被'成就论'这种错误的观念所操控。成人认为成人可行的事，对儿童也一样可行，这些过度忧心的父母以及误入歧途的行政官僚，正在剥夺儿童游戏的权利，连带也剥夺了他们的乐趣和惊奇感。"

关于学前儿童游戏的分类还有很多种。无论哪一种分类，都有一定的标准和依据，以上游戏的分类并不是绝对的，它们之间可能是相互包容的。

五、以游戏的教育作用为依据的分类

游戏依据教育作用或功能可以分为创造性游戏和规则性游戏。

1. 创造性游戏

创造性游戏是幼儿主动而创造性地反映现实生活的游戏，包括角色游戏、结构游戏、表演游戏3种。

（1）角色游戏

幼儿通过扮演角色，运用想象，创造性地反映周围生活的一种游戏，如娃娃家、小医院等游戏。

（2）结构游戏

结构游戏又称建构游戏，是指幼儿利用各种结构材料（积木、积塑、泥等）和玩具进行建构活动的游戏，如幼儿搭积木造房子。

（3）表演游戏

儿童按照童话或故事中的情节扮演某一角色，再现文学作品内容的一种游戏形式，如幼儿一起表演《白雪公主》的故事。

创造性游戏是幼儿主动地、创造性地反映现实生活的游戏，是学龄前儿童典型的、特有的游戏。

2. 规则性游戏

教师根据一定的教育目的，按照一定的目标设计的游戏，包括体育游戏、音乐游戏、智力游戏等。

（1）体育游戏

体育游戏可以发展儿童的走、跑、跳、爬、投掷、攀登等基本能力，增强身体素质。

（2）音乐游戏

音乐游戏是在音乐伴奏或歌曲伴奏下进行的游戏，有一定的规则，游戏时的表情必须符合音乐的节拍、内容、性质等。

（3）智力游戏

智力游戏是根据一定的智力任务而设计的一种有规则的游戏，其目的是增进儿童知识，发展儿童智力。

这类游戏一般都有游戏的目的、玩法、规则和结果4个部分，其中游戏的规则是游戏的核心。

考点二　幼儿游戏的特点

1. 游戏是幼儿自愿、自主的活动
2. 幼儿游戏具有趣味性
3. 幼儿游戏具有虚构性
4. 幼儿游戏具有社会性
5. 幼儿游戏具有具体性

考点解析

游戏是幼儿最喜欢的活动，也是幼儿一日活动中不可缺少的环节。

一、游戏是幼儿自愿、自主的活动

幼儿从事游戏，是出于自己的兴趣和愿望，由于游戏形式、材料和过程符合幼儿身心发展要求，使他们对游戏产生兴趣，主动去进行游戏。在游戏中，幼儿的各种活动几乎没有什么限制，他们可以自由地充分活动，从中得到快乐并得到发展。在幼儿游戏中，自愿和自主是两个重要条

件，游戏的形式、材料以及游戏的开始、结束都应由幼儿自己掌握，按照他们自己意愿、体力、智力来进行。正因为游戏是幼儿自主的活动，幼儿在游戏中的态度是积极主动的，反之，如果游戏失去了自主性这一特征，而是由教师来精心安排的，幼儿只是在不得已的情况下，被动地参加游戏，担任某一角色，从表面上看，幼儿是在参加游戏，实际上幼儿并没有真正地玩游戏，他们认为是在完成教师布置的任务，也就失去了游戏的积极性。所以，只有充分尊重游戏者的心愿，发挥游戏者主动性的游戏，才是真正的游戏。

当然，从另一方面来看，幼儿在游戏中，会受到环境条件以及成人和同伴的影响，出自完全的主动是比较少的。但是在游戏过程中，这些影响要求易于为幼儿所接受，易于转变为幼儿自己的愿望和动机。

二、幼儿游戏具有趣味性

趣味性是游戏自身固有的特征，每种游戏都含有趣味性，正是游戏的这一特征，给幼儿的精神和身体带来舒适、愉快，使他们喜欢游戏。

游戏与其他活动不同，它不是强制性的社会义务，也没有实用的社会生产价值，它是一种娱乐活动。它以本身的趣味性，激起幼儿良好的情绪和积极从事活动的力量。趣味性是游戏的必要条件，因为，有趣味才能吸引幼儿主动参加，并在游戏过程中获得愉快和发展。在幼儿那里，首先吸引他们的是饶有趣味的游戏过程，随着年龄的增长，幼儿逐渐对游戏的结果感兴趣。教师可根据幼儿的这种特点，正确地进行指导。

三、幼儿游戏具有虚构性

游戏是在假想的情景中反映真实的活动，具有明显的虚构性。游戏的成分、角色、情节、行动以及幼儿玩具或游戏材料，往往是象征性的，比如，把棍子当马骑、把树叶当菜吃、让小朋友假装成医生、骑在椅子上一动不动假装开火车等。

四、幼儿游戏具有社会性

幼儿并不是天生就会做游戏，游戏不是幼儿的本能活动，只有当他们的体力、智力发展到一定水平、积累了一定的知识经验，才会做游戏。时代、文化、地区、习俗以及人与人之间的关系都会影响幼儿的游戏，幼儿的游戏归根到底是周围生活的反映。但幼儿的游戏并不是周围生活的翻版，而是通过想象，将日常生活中的表象形成新的形象，用新的动作方式去重演别人的活动。幼儿的游戏在某种程度上可以说与戏剧反映现实生活相近似。

五、幼儿游戏具有具体性

幼儿的游戏是非常具体的，表现在游戏一般都有角色、有游戏材料和游戏动作，有游戏内容、情节和语言。游戏角色本身就是具体的形象，如孩子当妈妈时，她头脑中的形象可能就是妈妈。离开了这些具体的角色、内容、情节、动作、语言及玩具或者材料，幼儿的游戏就无法顺利进行。

考点三 幼儿游戏的功能

游戏是幼儿最喜爱的活动，幼儿在游戏中学习和成长，游戏对幼儿的身体、智力、创造力、情感、社会性的发展都具有重要的积极作用。

1. 游戏能够促进幼儿身体的发展
2. 游戏能够促进幼儿认知和语言的发展
3. 游戏激发了幼儿的想象力
4. 游戏能够促进幼儿创造力的发展

5. 游戏能够促进幼儿情感的发展
6. 游戏能够提高幼儿意志力
7. 游戏能够促进儿童社会性的发展

考点解析

一、游戏能够促进幼儿身体的发展

（一）游戏可以满足幼儿身体活动的需要

由于骨骼肌肉和神经系统发展的特点，幼儿在生理上要求不断地变换活动。好动是幼儿的特点，长时间呆坐不动或保持同一动作、姿势会使他们感觉疲劳和厌烦，所以，我们总看到幼儿在跳跳蹦蹦。在游戏中，幼儿可自由地变换动作、姿势，可以多次重复他们所感兴趣的动作而不会受到限制。

（二）游戏能够锻炼幼儿的身体，增强体质

游戏对幼儿的体能发展和各方面的协调有着很大的影响。当幼儿进行跑跳、攀爬、推拉、骑三轮车等需要大肌肉活动的游戏时，可以加快血液循环，促进新陈代谢，并且增强体力，使他们更为结实、更为健康。而当幼儿进行拼图、绘画、玩沙、玩水等需要小肌肉活动的游戏时，可以训练手腕、手掌、手指的灵活性，手与眼的协调性，使幼儿更为灵巧。此外，在游戏中，幼儿与外界环境进行多方面的接触，接受更多的刺激，因此，能迅速地做出反应，从而变得更加敏捷。实验表明，游戏有利于提高儿童体能，增强机体的适应能力。游戏还可以使中枢神经系统的机能状态调整到最佳水平、使肌体感到舒适和愉快。

二、游戏能够促进幼儿认知和语言的发展

（一）游戏丰富了幼儿的知识

游戏是幼儿学习知识最有效的途径，幼儿在游戏中通过使用材料和器械，从中习得了许多关于周围世界的基本知识和主要概念。幼儿通过游戏，能更好地认识物体的颜色、形状、大小等特性。在游戏中幼儿无形中会学到很多概念，例如，爬攀登架时他会体会到空间和高低，玩水时他会感觉到干和湿的对比，玩积木时他会认识到大小和形状等。

（二）游戏是幼儿智力发展的动力

游戏对幼儿智力的发展有重要的影响。通过游戏，幼儿开始认识世界，了解事物之间的关系，知识、技能、能力都得到了相应的发展。游戏时，幼儿会不断地移动、触摸、聆听、观察，这些感官刺激有助于培养幼儿的注意力、观察力和判断力。

三、游戏激发了幼儿的想象力

象征（假装）、模拟、联想是儿童游戏的普遍特征，游戏为儿童提供了想象的充分自由。因此，想象是构成儿童游戏活动不可缺少的心理成分。游戏时，玩具或材料可以通过以物代物在想象中使用，幼儿本身也以游戏角色通过以人代人在想象中活动，游戏的情节和场景更是充满了想象的内容。幼儿可以把一个物体不断变化地代替另一个事物，一个人也可以根据想象不断变化地代替另一个人。在游戏活动中，特别是角色游戏和造型游戏，能够巩固和加深幼儿对周围事物的认识，随着扮演角色和游戏情节的发展变化，游戏内容越丰富，想象也就越活跃。角色游戏在发展想象力的同时，有助于发展幼儿的记忆力和思维能力，从而发展幼儿的智力。

（四）游戏发展了幼儿的思维能力

游戏能推动幼儿去思考和创作，例如，在堆积木、绘图画或做手工时，幼儿自然而然会去思考、去想象，再根据已有的知识和经验，进行一些创作活动。在游戏中，幼儿也会不断地探索。

如果你给他一件新玩具，他可能会做多方面的尝试，去找出玩具的特点，设计出不同的玩法。这些经验都有助于他去认识环境、去解决问题。在游戏中，幼儿要对自己的行为做出决定：玩什么？怎么玩？和谁一起玩？用什么样游戏的材料和玩具来玩？使幼儿有机会去进行分析、判断、推理、概括和总结，发展抽象逻辑思维能力。

（五）游戏培养了幼儿的语言能力

幼儿在游戏中，产生了交往的需要，几个幼儿共同游戏，互相之间会有语言的沟通和交流。通过交谈，促进了幼儿语言的发展。通过游戏，幼儿扩大了词汇量，加深了对词义的理解，语言表达能力也随之得到了发展。

四、游戏能够促进幼儿创造力的发展

（一）游戏有助于幼儿创造个性和创造性思维品质的形成

游戏对于幼儿创造力的发展具有重要作用。幼儿对游戏充满了兴趣，在游戏中，幼儿能够无拘无束地玩耍，产生许多新颖的想法和独特的行为，激发了创造性的萌生和发展。

（二）游戏为幼儿提供了自由想象的空间

尤其是以幼儿自己的意愿和想象来进行的创造性游戏，让幼儿拥有自由想象的空间，能够无拘无束地玩耍，在愉悦的游戏环境中按照自己的兴趣和经验与周围环境发生相互作用，引发出多种联想，产生许多新颖的想法和独特的行为，从而促进了幼儿创造性思维的发展。游戏可以激发幼儿的好奇心和探究欲，而好奇心和探究欲是幼儿创造性的"火花"，游戏则是点燃"火花"的最佳"引信"，可以使之"熊熊燃烧"。

（三）游戏可以激发幼儿的发散性思维

发散性思维是幼儿创造性的重要表现，在游戏中，幼儿能变换各种方式来对待物体，通过对同一游戏材料做出不同的设想和行为，或对不同的物体做出同一种思考和动作，就能扩大幼儿与游戏材料相互作用的范围，增加相互作用的频率，使求异思维得到充分的训练。

（四）游戏提高了幼儿的创造性水平

象征游戏是学前期儿童的典型游戏，也是幼儿最喜爱的一种游戏。幼儿进行这种游戏，对其创造力水平的提高有直接的影响，这已被一些研究（如邓斯克等人的研究）所证明。

五、游戏能够促进幼儿情感的发展

（一）游戏使幼儿有机会表现自己的情感

儿童的喜、怒、哀、乐等各种情感，都能在游戏中完全、妥当地表现出来。在日常生活中，幼儿可能遇到不高兴或不顺利的事情，又或者感到束缚，未能自由地表达个人的意愿。但在游戏中，幼儿表达个人的内心情绪是社会所能接受的。游戏对儿童的情感发展至关重要，可以说，儿童获得游戏的机会，甚至就是一种心理保健的机会。游戏能使儿童进行情感宣泄。"游戏治疗"的理论和实践已经表明，游戏是幼儿发泄自己不良情绪的一种重要形式，通过游戏，使幼儿的情绪变得平静、缓和，有利于抑制、降低消极情绪的负面作用。

（二）游戏能够使幼儿体验成功的愉悦

幼儿喜欢游戏，游戏是由快乐原则所支配的，游戏能使幼儿充分体验到快乐之情。游戏时，幼儿按照自己的意愿自由自在地活动，在快乐的气氛中，通过自己的努力完成游戏任务，从而产生成功的愉悦和满足，给幼儿带来极大的欢愉。

六、游戏能够提高幼儿意志力

游戏有助于幼儿自制力的增强，磨炼幼儿的意志。在游戏中，幼儿能够克服困难，坚持把事情做到底，毅力、耐心、坚持性得到了发展。加拿大心理学教授戴蒙德说，像儿童经常出现的抢夺别人玩具的冲动性行为，就属于自控力缺乏。这类问题通过游戏这种训练方式，可以改善和避免。比如，"西蒙说"游戏。首先用"石头、剪子、布"的方法选出一人扮演西蒙，然后，西蒙给其他人下命令，当他说"西蒙说，摸摸膝盖"时，小朋友们就必须按照指令摸膝盖，当他说"摸摸膝盖"而没说"西蒙说"时，就不能照做，做错的淘汰出局。通过这样的游戏，可以提升幼儿的自制力。

七、游戏能够促进幼儿社会性的发展

（一）游戏提供了幼儿社会交往的机会，发展了幼儿的社会交往技能

游戏是幼儿进行社会交往的起点。游戏大多需要他人的配合，这就为幼儿提供了大量交往的机会，使幼儿逐步学会了认识自己和同伴，并能正确地处理自己和同伴之间的关系，社会交往能力得到提高，加快了幼儿的社会化进程。在游戏中幼儿作为集体成员，需相互适应，服从共同的行为规则。掌握和学习轮流、协商、合作等社交技能。

（二）游戏有助于克服幼儿的自我中心

自我中心是幼儿的一种非社会行为，有效地控制这种行为是幼儿与同伴进行交往的基础。游戏对于幼儿学习克制自我中心有明显的效果。

（三）游戏有助于幼儿行为规范的掌握，形成良好的道德品质

在游戏中，幼儿作为集体的一员，要受到集体规则的制约。按照集体的意志去行动，否则，他就会被这个游戏集体所淘汰。特别在社会性角色游戏中，幼儿有机会学习扮演社会角色，使自己处于他人的地位，体验别人的情感和态度，学习成人社会各类社会角色应有的行为方式，从而理解成人世界，理解社会角色之间的关系和学习并遵守社会生活准则。

考点四　幼儿游戏的理论流派

1. 经典游戏理论
2. 精神分析学派的游戏理论
3. 认知发展学派的游戏理论
4. 社会文化历史学派的游戏理论

> **考点解析**

一、经典游戏理论

（一）剩余精力说

德国思想家席勒（F. Schiller）和英国心理学家斯宾赛（H. Spencer）将游戏看作是剩余精力的发泄和运用，儿童可以从中获得愉悦和满足。

（二）生活预备说

19世纪末德国生物学家格鲁斯提出练习说，也叫生活预备说。他认为，儿童有天生的本能，但本能不足以适应将来复杂的生活，因此，要有一个准备生活的阶段，游戏即是准备生活阶段练习本能的一种手段。

（三）成熟说

在20世纪初期，荷兰生物学家、心理学家拜敦尔克提出游戏成熟说，认为游戏不是本能，是个体适应环境，寻求自由主动的欲望的表现。

（四）复演论

美国心理学家霍尔提出游戏复演论，认为人类的文化经验是可以遗传的。游戏是个体呈现祖先的动作、习惯和活动，是重演史前的人类祖先到现代人进化的各个阶段。游戏中所有的动作和态度都是遗传下来的。

二、精神分析学派的游戏理论

（一）弗洛伊德的游戏思想

以奥地利著名精神病学家、精神分析学派的创始人弗洛伊德为代表的精神分析学派则提出"游戏发泄论""游戏补偿论"，认为人的欲望常受压抑不能随意表现，游戏则可促使儿童发泄他的内在的抑郁和坏的情感，从而摆脱和消除它，发展自我力量，以应付现实环境，补偿现实生活中不能满足的欲望和要求，得到正常发展。

（二）埃里克森的掌握论

埃里克森从精神分析的角度解释游戏，认为游戏是情感和思想的一种健康的发泄方式，在游戏中，儿童可以"复活"他们的快乐经验，也能修复自己的精神创伤。

三、认知发展学派的游戏理论

皮亚杰认为，"游戏是指不断重复一些行为，而主要是希望从中得到快乐"。

皮亚杰认为，游戏是思维的一种表现形式，实质是同化超过了顺应。儿童早期认知结构发展不成熟，不能够保持同化与顺应之间的协调或平衡。这种不平衡有两种情况：

一是顺应大于同化，表现为主体忠实地重复范性的动作，即模仿；另一种是同化大于顺应，表现为主体完全不考虑事物的客观特性，只是为了满足自我的愿望与需要去改变现实，这就是游戏。游戏的发展水平与儿童智力发展水平相适应，在智力发展的不同阶段，游戏的类型也不同。感知运动阶段——练习性游戏，前概念思维阶段（2~4岁）——象征性游戏处于高峰期，直觉思维阶段（4~7岁）——象征性游戏下降，形式正常阶段（7~12岁）——规则游戏和结构性游戏。皮亚杰认为儿童需要游戏，游戏可以帮助他们解决与外部世界的冲突。游戏的主要功能就是通过同化作用在想象中改造现实，获得情感方面的满足。

四、社会文化历史学派的游戏理论

（一）维果茨基的游戏学说

苏联心理学家维果茨基认为游戏是社会性活动，是在真实的实践情况之外，在行动上再造某种生活现象。游戏的本质是以物代物进行活动，在这种活动中，凭借语言的功能，以角色为中介，了解、学习和掌握基本的人与人的社会关系。

（二）埃里康宁的游戏理论

苏联心理学家埃里康宁认为游戏是一种社会性活动，反映人们的生活，内容是社会性的，主题来自儿童的生活条件。角色游戏是儿童的主要游戏，是较发达的一种游戏形式。游戏的特点是反映人们的活动和相互关系，不在于学习某种技能和知识。

模块五第一章　真题回放

第二章

幼儿游戏指导

考点与解析

考点一 教师对幼儿游戏的指导策略

1. 指导应以观察为依据
2. 确定指导的方式方法
3. 确定指导的时机
4. 把握好指导的对象范围
5. 把握好互动的节奏

考点解析

《幼儿园教育指导纲要》指出,"幼儿园为幼儿提供丰富的生活和活动环境,满足他们多方面发展的需要,使他们在快乐的童年中获得有益于身心的经验""幼儿园教育应尊重幼儿的人格和权利,尊重幼儿身心发展的规律和特点,以游戏为基本活动……""教师应成为幼儿学习活动的合作者、支持者、引导者"。这就要求教师转变教育观念,在指导幼儿游戏之前,做一个善于观察的人,同时改善指导方法,发挥教师在幼儿游戏中的特殊作用,让幼儿在游戏中真正获得发展,成为游戏的主人。

一、指导应以观察为依据

幼儿游戏既是幼儿认知经验、个性情绪、社会交往等发展的途径手段,也是幼儿发展的真实写照,更是教师观察和了解幼儿多方面发展水平和内心世界的最佳窗口。通过对幼儿游戏行为的观察,为教师的教育提供依据,同时,也提供游戏指导的依据。

教师可以根据观察幼儿的游戏情况(幼儿喜欢的游戏主题、内容和玩具材料,幼儿在游戏中说些什么、做些什么、游戏中遇到了什么困难,解决没有,是怎样解决的,幼儿通常和谁一起玩等)来对幼儿游戏行为加以分析:给幼儿提供的游戏时间、空间是否合适,材料的投放有没有问题,幼儿近来的兴趣是什么,认知经验和社会性水平哪些方面有了进步,还存在什么问题等。通过观察分析,教师再决定指导的对象和方式,在什么时候或用什么方式参与幼儿的游戏过程,哪些幼儿需要帮助,需要什么样的帮助,等等。观察可以是对游戏的全面观察,也可以是对具体对象的重点观察，可以有即刻观察的分析调整，也可以是过程后的分析调整。观察可以通过站在旁边看、听或与幼儿交谈来进行，也可以通过与幼儿共同游戏进行。通过观察，教师可以判断幼儿行为的意义，确定指导的必要性和针对性。教师还可设计一些简单的观察表格做观察记录，便于分析总结，及时调整教育或游戏方案。

二、确定指导的方式方法

教师在通过细致观察幼儿的游戏并确定了指导的必要性之后，就要考虑用什么样的方式方法指导幼儿。

教师可采取的指导方式方法大致可分为以下3种：

（一）以自身为媒介

教师以自身作为影响媒介指导幼儿的游戏，首先要考虑以什么身份介入幼儿的游戏。一般来说，教师可以游戏者和旁观者的两种身份介入幼儿的游戏。以游戏者的身份介入是内部干预，以旁观者的身份介入是外部干预。

1. 游戏者

这是教师以与幼儿同样的游戏者身份，通过游戏的语言和行为对幼儿游戏进行指导。当教师投入幼儿的游戏活动中，往往能够吸引幼儿玩得更有兴趣，因为，幼儿年龄小、能力弱，游戏的玩法技能相对比较缺乏，教师的参与往往使游戏有更多的变化和情节的深化。教师可通过模仿幼儿的游戏来对幼儿游戏施加影响。如小班的康康小朋友，在用积木搭"大高楼"，但他把小块积木放在下面，大块积木放上面，因此，"大高楼"总也搭不高，站不稳。在这种情况下，教师可坐到他身边，也拿一堆积木搭"高楼"，一边搭一边说："我把大积木放在下面，小积木放在上面，这样我的大高楼就能搭得很高，很高。"教师所采用的这种平行游戏的指导方式可以传递成人对幼儿游戏关注的态度，增进幼儿游戏的兴趣，同时，成人的行为本身已成为幼儿可参照的范例或榜样，便于幼儿掌握游戏技能。

教师还可直接参与到幼儿游戏中，与幼儿一起共同游戏，如和幼儿一起下跳棋，和幼儿一起捉迷藏，到娃娃家作客等，在有角色扮演的共同游戏中，作为游戏参与者的教师可以扮演适宜的角色加入幼儿游戏。在和幼儿共同游戏的过程中，进一步了解幼儿想法，调动和激发幼儿的主动性和创造性，帮助他们发现和解决问题或扩展情节，丰富幼儿游戏的内容，提高幼儿游戏的能力和水平。如到公共电话亭打电话的人很多，教师可扮演打电话的人到邮局询问：有手机卖吗？帮助幼儿拓展了"手机商店"这一主题；教师扮演的客人到娃娃家假装发现娃娃发热，并劝"爸爸妈妈"应带娃娃到"医院"看病；教师扮"顾客"到"商店"买商店里没有的东西，引发幼儿自己寻求代替物，发挥了幼儿的积极性和创造性。

2. 旁观者

教师以旁观者身份对幼儿游戏进行指导，是指教师站在幼儿游戏外，以现实的教师身份干预幼儿的游戏。它能更明确、直接地向幼儿传递教育的意图，而且也便于教师同时影响更多的幼儿。但教师须特别注意尊重幼儿的游戏兴趣和愿望，切忌以成人意志代替幼儿意志。

教师以旁观者身份影响幼儿的游戏，可采取多种方式方法，包括言语的方法、非言语的方法。

（1）言语的方法

言语是教师作用于幼儿的重要影响手段。作为旁观者的言语指导可分两种，一种是直接方式，它表现为教师对幼儿的明确指导，直接教授，具体指挥。当游戏中出现不安全倾向，如娃娃家的妈妈把从菜场买回来的萝卜一个劲地往装扮娃娃的幼儿嘴里塞，或游戏中出现过激行为，如幼儿为了争取游戏、争演角色、争夺玩具打起来了，有些幼儿专门干扰别人游戏，破坏别人的玩具，影响了其他幼儿游戏的正常开展时，教师应及时介入阻止并加以协调，对幼儿行为的调整能避免或阻止可能产生的不安全后果。

另一种就是间接指导方式，重在启发，暗示幼儿如何去做，它具有普遍的适用性。在间接指导方式中，教师的语言具有鼓励、启发、肯定、引导等作用。主要包括询问、提问、建议、评论等具体策略。

询问：是指教师鼓励幼儿用言语描述自己的行为或所发生的事情。例如，"你在做什么？""发生了什么事？"等。询问可以帮助教师了解幼儿的想法，同时，也鼓励幼儿用言语整理、表达自己的想法与做法。

提问：是指教师采用问题的形式，鼓励和引导幼儿探索、思考与表达。所提问题以开放性问题为宜。例如，"我们怎样才能知道这里有多少块积木呢？""为什么红车比蓝车跑得快呢？"等。

评论：教师通过言语评论或与幼儿共同评论游戏中的幼儿及行为，表扬和肯定正确的，也可以指出不足或提出建议。这也是影响幼儿游戏的一种重要方法。评论以鼓励、表扬为主。教师可对正在进行着的幼儿游戏进行个别式的评论，也可在游戏结束时进行总结性地评论。例如，"这个房子是你建的吗？真漂亮！""今天兵兵扮的警察真能干，真神气！"等。评论不能面面俱到，宜点到为止。

建议：教师通过言语试探性地或协商性地要求或暗示幼儿去做什么和如何做，重在对幼儿游戏行为的引导。例如，"你们想玩过节的游戏吗？""娃娃家的娃娃是不是饿了？做饭了吗？"等。建议可以帮助幼儿确立游戏的主题、明确自己的角色、扩展游戏的内容，从而开拓幼儿的思路。

（2）非言语的方法

除了言语的方法以外，教师可充分利用自己的表情、眼神、手势、动作、体态语等非言语的手段来支持和帮助幼儿在游戏过程中的学习。如老师让幼儿做头饰，做好了以后可以戴到头上玩。婷婷按照纸带上现成的印子粘好头饰后，戴到头上，发现头饰太大了。这时，她看着别的孩子已戴着头饰玩起来了，显得很着急；她用眼睛看老师，希望得到老师的帮助，但老师只是对她笑着点点头。老师的动作和表情使婷婷明白老师希望她自己解决。婷婷低下头继续摆弄头饰，她不时地抬头看一眼老师，老师每次都报以微笑。老师的关注使婷婷坚持探索。她尝试着用各种办法来使头饰适合自己，摆弄了许久，还是没有找到解决问题的办法，小脸憋得通红，她求助般地看老师。这时，老师在远处用手对她做了一个"折叠"的动作，婷婷马上明白了，她把头饰的带子折叠了一段，弄短了，高兴地把它戴在了头上。老师在远处朝婷婷笑着点点头。在这个例子中，老师并没有说一个字，但是她很好地帮助幼儿解决了问题。可见，"教"不一定要用"说"的办法。

在游戏过程中，教师无论是以游戏者身份，还是旁观者身份，都应当根据实际情况，灵活地综合运用言语和非言语的方法进行指导。

（二）以游戏材料为媒介

除了以自身为媒介去指导幼儿游戏以外，教师还可通过提供游戏材料的方法来影响幼儿，支持和引导幼儿在游戏中的学习和发展。游戏材料泛指在幼儿游戏活动中所有一切可以被用于游戏的材料。游戏材料是幼儿表现游戏、发展游戏的重要物质支柱，它不仅丰富了幼儿游戏的内容和形式，还激发了幼儿的游戏动机和游戏构思，引起幼儿的游戏联想和游戏行为。游戏材料的本质特性和多样多变特征，能使幼儿通过游戏活动，发挥出幼儿各种探索行为与周围生活环境之间互为推进发展的积极作用。

1. 多提供有转换性的游戏材料

开放性的、能转换的游戏材料隐含着多种玩法，幼儿通过试验物体的运动或观察物体的变化，可以了解物体和自我行为之间的互动关系，获得直接经验。同时，游戏材料本身具有暗示性，能诱发幼儿主动地去使用、去接触。

2. 多提供自然性的游戏材料

自然性的游戏材料一方面可以让幼儿自幼就以独特的方式多接触自然、认识自然；另一方，这些直观、生动的集内容和手段为一体的自然性材料，既能激发幼儿的求知欲、培养幼儿丰富的情感以及思考力、表现力、想象力，又能有效地增进幼儿热爱自然、感受美、理解美的情感和态度。

自然界的每一物体都会引起幼儿的兴趣，成为他们的宝贝。教师要有意识地和幼儿一起采集自然界中一切可利用的材料和资源，包括各种石块、贝壳，各种树皮、树叶，还有各种果实以及野花、野草，等等，并及时将这些材料在活动室里陈列出来，充分利用幼儿对这些材料的兴趣，指导其通过多种途径、多种感官去感知它们的形态、色彩、用途，启发幼儿利用各种材料进行不同的探索。如对于不同颜色、形状的石块，引导幼儿按颜色、形状、触摸的感觉分类；按大小、重量排列；敲击石块、听撞击后发出的声音；将石块放置于放大镜下，观察它在镜下变大的形状；将小石块组合成精美的小玩意儿……凡此种种，既能给活动室带来一份大自然的气息，尽可能地满足幼儿"返璞归真、回归自然"的喜好，又能很好地促进幼儿的身心发展。

3. 新旧玩具和材料之间应保持一定的比例

有了大量的游戏玩具和材料，接着就有一个如何呈现、如何提供的问题。保持适度的新奇能引起认知的不平衡，激发幼儿良好的行为动机；相反，若一阶段或一次活动中所呈现给幼儿玩具和材料全是新的，或全是旧的，均不能促使幼儿保持良好的知识兴趣和操作动机。因此，要经常注意保持新旧玩具和材料的适当的动态性的比例。一方面，留下部分原有的玩具和材料，让幼儿带着新的想法使用以前使用过的玩具和材料，持续地发现、探索、游戏；另一方面，也可将旧的玩具和材料移至新的位置，以激发幼儿想出新的玩法；再一方面，为适应不断变化的动态性的游戏过程，可以及时呈现新的更复杂的玩具和材料，以丰富幼儿游戏的情节和内容，鼓励不同层次、不同需要的幼儿更好地参与活动，获得社会情感和认知水平的提高。

（三）以交流体验为媒介

教师应引导幼儿自发地进行交流，积极地表达情感，相互体验，共享快乐，共解难题，进一步为幼儿提供表现和交往学习的机会。

自发交流是游戏同伴间对自己游戏的交流，是教师和幼儿共同参与的交流。自发交流可以是教师与幼儿之间的交流，但更多的是幼儿之间的交流。幼儿可以接受教师的建议，但更关注的是同伴的建议和看法，改变了过去交流只是教师对幼儿的自上而下的片面做法，凸显了幼儿在整个游戏过程的主体地位，更有利于幼儿自主独立创造的个性和社会性人格情感的培养发展。

因此，教师要善于营造有利于幼儿自发讨论的环境氛围，引导幼儿自发地交流、体验。其基本内容和方法是：

1. 启发交流，共同分享游戏的体验

游戏中幼儿有成功、满足的快乐或失败、不如意的情绪体验。教师应鼓励幼儿把自己在游戏中的所见所闻、情绪体验与同伴相互交流共享。这样不仅能够增添游戏的兴趣，也提供了幼儿表现和发展的场所，同时，也使幼儿间有更多的双向交流、平行学习的机会。通常，教师引导幼儿互相交流的指导语可以是"把你在游戏中最快乐、有趣的事情讲给大家听一听，好吗？""你有什么好的经验要向大家介绍？"等。

2. 自发交流，共同探讨游戏中的问题，提高幼儿游戏的水平

幼儿在游戏中常常会遇到困难或出现问题，有的解决了，有的没解决。引导幼儿评论、发表

各自的意见,是一个语言发展的过程、情感表现的过程、思维创造的过程、社会交往与人格实现的过程。通常可以采用"游戏中有什么困难问题需讨论吗?""谁能帮助解决他们的问题?""为了使下次游戏玩得更开心,还需要做什么?"等导语。

当然,是否需要交流,以何种形式交流应视需要而定,形式方法是灵活多样的。教师切忌把幼儿对游戏的自发讨论变成教师对幼儿游戏与行为好坏的评价判断。同样,评论不要面面俱到,更不能变成是一种说教。

三、确定指导的时机

教师在幼儿游戏中的指导,除了要注意方式方法的适宜性之外,还要注意指导的时机。幼儿游戏活动开始时的兴趣和愿望的激发、启动,结束时的总结性评论,都是游戏指导的重要环节。

另外,这些情况下教师应该适时介入指导:

①当幼儿游戏出现困难时介入。
②当必要的游戏秩序受到威胁时介入。
③当儿童对游戏失去兴趣或准备放弃时介入。
④游戏内容发展或技巧方面发生困难时介入。

四、把握好指导的对象范围

教师对幼儿游戏过程的指导往往是以个别教育方式来进行。教师须立足于对全体幼儿的游戏活动全面掌握和关注的基础之上,做到个别指导和对全体幼儿游戏的一般性影响相结合。教师应注意避免单一性集体指导和整齐统一的要求,同时,又需注意指导范围不能局限于某个幼儿身上,做到对指导对象范围的科学、合理地把握。如教师依据上次游戏"积木区"和"娃娃家"游戏存在的问题,确定这两个区域为指导的重点,在游戏进行过程中,教师就应既关注各区游戏的全面开展,同时,深入这两个活动区,给予具体的和更有针对性的影响。

教师对幼儿游戏过程的指导对象范围上是重点与一般、个别与集体、局部与整体的结合,这需要教师针对具体情境去灵活把握。

五、把握好互动的节奏

节奏是有关速度的问题,在教师与幼儿的互动过程中也存在着节奏的问题,正如成人和小孩子在一起走路,成人一步顶小孩子两步,如果成人不放慢自己的步速,小孩子就会在后面跑得气喘吁吁。所以,当我们和孩子说话,一起走路时,我们都会自觉不自觉地放慢自己的速度以适应幼儿的速度。

要把握好幼儿互动的节奏:第一,教师要站在幼儿的角度,以"假如我是孩子"的心态体验幼儿可能的兴趣与需要,不要仅仅从"我想怎么教"来设计活动;同时,教师还应在实际活动过程中,敏感地观察到幼儿真正的兴趣、需要是什么,能够及时地调整自己的活动目标以及步骤。第二,教师要给幼儿时间和空间去探索、思考。要提供条件,鼓励支持幼儿去验证自己的想法,哪怕是错误的想法。要允许幼儿犯错误,不要急于用成人认为正确的方法或观点去框住幼儿的头脑。第三,教师要把学习看作是一个发生在内部的,需要一定时间的渐进的过程,即使是成人也不一定通过听一次课就能全部掌握和理解教师所讲的内容,成人可以通过"复习"来整理,帮助自己深化认识,但幼儿的理解发生在活动过程中,这个过程需要时间,需要重复。第四,教师要以幼儿"学"的速度为标尺定出自己"教"的速度,要注意幼儿的个别差异以适应每个幼儿的学习速度。

考点二　幼儿园各类游戏活动的特点及指导

1. 角色游戏的指导
2. 建构游戏的指导
3. 表演游戏的指导
4. 规则游戏的指导

考点解析

一、角色游戏的指导

角色游戏是幼儿通过扮演角色，运用想象，创造性地反映个人生活印象的一种游戏，通常都有一定的主题，如娃娃家、商店、医院等，所以，又称为主题角色游戏。角色游戏是幼儿期最典型、最有特色的一种游戏。

（一）小班幼儿角色游戏的特点与指导

1. 小班幼儿角色游戏特点

①小班幼儿出于独自游戏、平行游戏的高峰期。
②角色意识差，游戏内容主要是重复操作、摆弄玩具，主题单一，情节简单。
③儿童之间交往少，主要是玩玩具，与同伴玩相同或相似的游戏。

2. 小班幼儿角色游戏指导

①教师要根据儿童的生活经验为其提供种类少、数量多且形状相似的成型玩具，避免其为争抢玩具而发生纠纷，满足其平行游戏的需要。
②以平行游戏法指导游戏，也可以游戏中的角色身份加入游戏，在与儿童游戏的过程中达到指导的目的。
③注意规则意识的培养，让儿童在游戏中逐渐学会独立。

（二）中班幼儿角色游戏的特点与指导

1. 中班幼儿角色游戏特点

①游戏内容、情节比小班丰富，处于联合游戏阶段。
②想尝试所有的游戏主题，游戏主题不稳定。
③有了与别人交往的愿望，但还不具备交往的技能，常与同伴发生纠纷。
④有较强的角色意识，有了角色归属感。

2. 中班幼儿角色游戏指导

①教师应根据儿童需要提供丰富的游戏材料，鼓励儿童玩多种主题或相同主题的游戏。
②注意观察儿童游戏的情节及发生纠纷的原因，以平行游戏或合作游戏的方式指导。
③通过游戏讲评引导儿童分享游戏经验，以丰富游戏主题和内容。
④指导儿童学会并掌握交往技能及规范，促进儿童与同伴交往，使儿童学会在游戏中解决简单问题。

（三）大班幼儿角色游戏特点与指导

1. 大班幼儿角色特点

①游戏主题新颖，内容丰富，能主动反映多种生活经验和较为复杂的人际关系。
②处于合作游戏阶段，喜欢与同伴一起游戏，能按自己的意愿主动选择并有计划地游戏。

③在游戏中自己解决问题的能力增强。

2. 大班幼儿角色游戏指导

①教师应根据儿童游戏的特点，引导儿童一起准备游戏材料和场地，多用语言指导游戏，在游戏中培养儿童的独立性。

②观察儿童游戏的种种意图，给儿童提供开展游戏的练习机会和必要帮助。

③允许并鼓励儿童在游戏中的点滴创造，通过讲评让儿童相互学习，拓展思路，不断提高角色游戏水平。

二、建构游戏的指导

又称结构游戏，是指利用各种结构材料或玩具（如积木、积塑、沙石、泥、雪、金属材料等）进行建构活动的游戏。这种游戏对幼儿手的技能训练和发展思维能力有十分积极的作用，被称为"塑造工程师的游戏"。

（一）小班幼儿建构游戏的特点与指导

1. 小班幼儿建构游戏特点

（1）材料选择的盲目性和简单性

小班幼儿在选择活动材料时比较单一，没有目的性。

（2）结构技能简单

小班年龄段幼儿在建构时一般都喜欢用的技能是铺长和垒高。

（3）易中断，坚持性差

小班幼儿的无意注意占明显优势，新奇、强烈，以及活动着的刺激物都能很容易地引起他们的注意，但不是很稳定。例如，幼儿正在"搭建房子"的游戏中，当他看到其他幼儿正在搭建一座"城堡"，他的注意力便一下转到"城堡"，而又去搭"城堡"了。

（4）主题建构的无计划性

小班年龄段幼儿在建构游戏时，还不会预先想好所要塑造的形象，然后有目的地建构，他们往往对结构材料、结构动作感兴趣。幼儿建构游戏形式更多的是自由和模拟构造，往往喜欢独自或平行游戏。

2. 小班幼儿建构游戏指导

①引导幼儿认识建构材料，引发活动兴趣。

②为幼儿安排游戏场地和足够数量的建构游戏材料。

③在游戏中指导幼儿学习建构技能，鼓励其尝试独立建构简单物体。

④引导幼儿理解和明确建构的目的，发挥其想象力，使主题逐渐稳定。

⑤建立游戏规则。

⑥教会幼儿整理和保管玩具最简单的方法，让其参与部分整理工作，培养其爱玩具的习惯。

⑦提供小型木质积木、大型轻质积木和小动物玩具、交通工具模型、平面板、小筐等辅助材料。

（二）中班幼儿建构游戏的特点与指导

1. 中班幼儿建构游戏的特点

①能够根据建构物体的特性来选择材料。如中班年龄段幼儿在建构游戏"搭房子"时，幼儿能够根据房子的特点来选择材料。

②建构技能主要以架空为主。叠高和架空是中班幼儿的两种主要技能。

③愿意与同伴交流，坚持性增强。
④建构主题，但易变化。中班孩子经过幼儿园一年的教育，无意注意已进一步发展，注意范围扩大，比较稳定，对于感兴趣的事情可以保持长时间的注意，而且集中的程度也较高。在教师的引导下，幼儿的结构活动逐渐有了主题，但还不稳定。

2. 中班幼儿建构游戏指导

①设法丰富幼儿的生活经验，为建构活动打下基础。
②培养幼儿设计建构方案，学会有目的地选材，看平面结构图。
③着重指导幼儿掌握建构技能并运用其塑造各种物体。
④组织幼儿评议建构活动，鼓励其独立、主动地发表意见和有创意地搭建。
⑤提供大积木、中小型积木和人偶、小动物、交通工具模型、废旧材料、橡皮泥等各种建构材料及辅助材料。

（三）大班幼儿建构游戏特点与指导

1. 大班幼儿建构游戏特点

①建构的目的性、计划性和持续性增强。
②能合作选取丰富多样的材料进行建构。
③能综合运用各种建构技能：平铺、垒高、架空、围合、封顶、对称、转向、穿越等。
④能根据游戏情节需要，不断产生新的建构主题。

2. 大班建构游戏指导

①培养幼儿独立建构的能力，要求其按计划、有顺序地建构。
②让幼儿围绕一个主题进行建构时，学习表现物体的细节和特征，能准确表现游戏的构思和内容，会使用建构材料和辅助材料。
③引导幼儿在欣赏自己和同伴作品的过程中，逐渐具有发现和评价他人的能力。
④鼓励幼儿集体进行建构活动，共同设计方案，确定规划，分工合作，开展大型建构游戏。
⑤提供大积木、中小型积木、平面板和更多形状的辅助材料。

三、表演游戏的指导

儿童按照童话或故事中的情节扮演某一角色，再现文学作品内容的一种游戏形式。

（一）小班幼儿表演游戏的特点与指导

1. 小班幼儿表演游戏的特点

①目的性强，表演欲强。
②角色意识不强，交往欲望较低，表演能力弱。

2. 小班幼儿表演游戏指导

①选择能够引起幼儿兴趣的作品。作品情节应当简单明了，语言和动作有重复性。
②小班幼儿缺少主见，教师可以直接分配角色，但也要尊重幼儿的选择，分配角色时要使用讨论、建议的语气。
③游戏时，教师要做示范表演，幼儿逐渐学会后，就可以自己进行表演，教师再适当给予帮助。

（二）中班幼儿表演游戏的特点与指导

1. 中班幼儿表演游戏的特点

①能独立进行角色分配，但进入游戏过程较慢。

②嬉戏性强，目的性弱，需要教师提醒才能坚持游戏主题，往往因准备道具、材料而忘了游戏的最终目的。

③一般性表现为主，以动作为主要表现手段，较少运用语言、表情等来表现角色。这一方面说明中班幼儿的表演游戏受到他们的言语表达能力和移情能力的限制，另一方面他们对动作也更有兴趣。

2. 中班幼儿表演游戏指导

①为幼儿准备封闭或半封闭的空间，且最好在一定时间内是固定的。
②保证幼儿有不少于 30 分钟的游戏时间。
③提供简单易配的材料，以 2~4 种为宜。
④最初开展阶段帮助幼儿做好分组工作，讲解角色更换原则，不急于示范，耐心等待幼儿协商、讨论，提醒其坚持游戏主题。
⑤在游戏展开阶段，应提高幼儿的角色表现意识，可参与游戏，为幼儿提供适当示范。

（三）大班幼儿表演游戏的特点与指导

1. 大班幼儿表演游戏的特点

①目的性、计划性强，有较强的角色扮演意识。
②具备一定的表演技巧，能灵活运用多种表现手段。

2. 大班表演游戏指导

①可为幼儿提供较多种类的游戏材料，鼓励和支持他们进行多样化探索。
②在游戏最初阶段应尽可能少地干预。
③随着游戏的展开，及时给幼儿提供反馈，提高其表现故事、塑造角色的能力，侧重点放在帮助幼儿运用语气、语调、生动的表情、夸张的动作来塑造角色上。
④通过反思性谈话和小组讨论来帮助幼儿丰富游戏情节。

四、规则游戏的指导

规则游戏开始是由成人发起的，幼儿能够独立自主地开展这类游戏，需要先学会游戏的玩法。因此，规则游戏有一个教与学的过程，教师的正确指导能更好地发挥规则游戏的价值。

（一）做好游戏的准备工作

①选编适合幼儿的规则游戏。
②熟悉游戏的玩法及规则。
③准备游戏场地和所需材料。

（二）规则游戏过程中的指导

1. 集中幼儿注意力，引发幼儿的游戏兴趣

教师可以通过设置情境，用生动的语言、夸张的动作营造游戏氛围，激起幼儿游戏的愿望。如"摸箱"游戏开始，教师一边把手伸到箱子里，一边故作神秘地说："这个箱子里装着什么好东西，谁想摸一摸？"这样一下引起幼儿的好奇心。再如，玩音乐游戏"小花猫和小老鼠"时，教师从环境设置入手，布置了一个夸张的老鼠洞和一些可以藏身的物件，如蘑菇、草丛、小树，还有形象滑稽可笑的头饰，幼儿立刻被这童话般的场景吸引住了，想马上开始游戏。

2. 帮助幼儿了解游戏的玩法、规则

教师的讲解与说明要简练、清楚、通俗易懂。有的游戏需要教师示范游戏动作，使幼儿明确游戏的动作顺序和要求。如体育游戏"跳水运动员"，教师示范系列动作：小小运动员（直立），

跳水真勇敢（两腿半蹲、两臂后摆），一、二、三跳（双脚同时跳下、轻轻落地）。教师还可以和个别幼儿一起示范玩一遍游戏。在中大班，也可让个别幼儿试玩游戏，教师根据幼儿掌握的情况做进一步说明，达到使幼儿了解、掌握游戏规则、玩法的目的。

3. 组织幼儿进行游戏活动

当幼儿明确游戏的玩法和规则后，就可以自己游戏了。此时，教师应观察幼儿的游戏情况并适当指导，如指导游戏动作、教育幼儿遵守规则、处理游戏中的意外事件及对游戏结果进行适当评价。有时教师也可参与到游戏中去，以自己的动作、行为、良好的情绪影响幼儿，推动游戏发展。

遵守、执行规则是规则游戏最突出的特点，在规则游戏进行的过程中，教师要关注幼儿执行规则的情况。如发现幼儿不遵守规则，要分析原因，但是不要打断幼儿的游戏，可在下一次游戏前提醒幼儿或把问题提出来让幼儿讨论。使幼儿明确规则的内容，了解具体的行为要求，并使幼儿明白为什么要遵守规则，使规则的遵守成为幼儿内在的需要。

规则游戏的结果是幼儿完成游戏任务的标志。每一遍游戏结束，教师应和幼儿共享游戏的快乐。竞赛性游戏需要判定胜负，可以由幼儿集体讨论，做出公正的评价。

4. 做好游戏结束工作

规则游戏进行时可以重复多次，教师要注意让幼儿在愉快的情绪下结束游戏。教师总结评价时，要侧重评论幼儿获得的游戏技能和得到的快乐，评论幼儿在游戏过程中的表现。如引导幼儿思考赢者为什么获胜，使幼儿意识到别人的想法和观点。避免一味用语言和物质刺激强化竞争结果。

以上谈的是教师组织幼儿集体玩新的规则游戏的组织与指导策略。需要明确的是，除了教师组织集体玩规则游戏外，幼儿在户外活动、区域活动时也喜欢以小组、结对的形式玩已掌握的规则游戏。如户外活动时，几个幼儿自发玩起了"老鹰捉小鸡"这个体育游戏；区域活动时，两个幼儿玩起了打牌的智力游戏。这时教师的任务更多的是观察幼儿玩的情况，进行个别性指导。

模块五第二章　真题回放

模块六　幼儿园教育活动的组织与设计

【前言】

　　幼儿园教育活动的组织与设计是作为一名幼儿教师必须掌握的教学基本功。在掌握基本理论的前提下，熟悉《幼儿园教育指导纲要（试行）》《3~6岁儿童学习与发展指南》中对幼儿在五大领域活动的基本要求，能结合幼儿特点，恰当地选取教育活动内容、确立活动目标、选用合适的方法、设计教育活动的方案。

　　活动方案的设计体现了教师的正确教育理念、人生观、世界观、价值观，教师在活动时才能更好地引领幼儿的正确认知。如《战斗英雄董存瑞》的故事，就是一个既可以向幼儿介绍董存瑞不怕牺牲、英勇杀敌的事迹，激发幼儿热爱革命英雄的情感从而珍惜今天幸福生活的语言活动教材，同时也是向教师们进行爱英雄、爱祖国的情感教育的素材。因此，其他领域在设计活动方案时应时刻注意思想教育目标的确立。

【考纲解析】

考纲要求	正确理解五大领域活动的基本特点，明确五大领域中各年龄班的要求，掌握五大领域的活动设计基本方法
常见题型	选择+问答题+材料分析+活动方案设计

模块六　幼儿园教育活动的组织与设计

【内容导读】

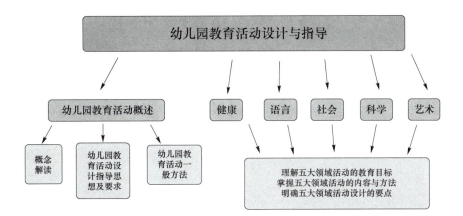

第一章

幼儿园教育活动概述

考点与解析

考点一　幼儿园教育活动的概念

幼儿园教育活动是教师有目的、有计划地引导幼儿主动活动的，多种形式的教育过程。教育活动的设计与组织是教师创造性地开展工作的过程。

考点解析

从教育活动的定义来看，幼儿园教育活动具有以下特点：第一，幼儿园教育活动是一种有组织的活动，而不是幼儿自发的活动。强调幼儿活动的重要性，强调幼儿活动的过程。第二，明确幼儿园教育活动不是以传授系统知识为主要目标，而是以促进幼儿身心和谐发展为目的。第三，根据3~6岁幼儿身心发展特点，实施保育和教育相结合的原则，倡导幼儿园教育活动的多样性。第四，寓教育于游戏之中也是幼儿园教育活动的一大特点。《幼儿园教育指导纲要》中指出："尊重幼儿身心发展的规律和学习特点，以游戏为基本活动，保教并重，关注个别差异，促进每个幼儿富有个性的发展。"因此，幼儿园教育活动应体现以适合幼儿身心发展的——游戏成为基本活动，使幼儿在轻松、愉悦的游戏活动中得以发展。

考点二　幼儿园教育活动设计的指导思想及要求

1. 指导思想
2. 要求

考点解析

幼儿园教育活动设计是教师依据一定的教育目标、幼儿的年龄特征、选择一定的教育内容和方式，在一定的时间内对幼儿施加教育影响的活动方案。这个方案是教师组织幼儿园教育活动的先决条件，是学前教育理论与教育实践的纽带，是实现教育目标的依据，使幼儿园教育活动的开展更加有目的性、计划性、针对性，更有利于幼儿主动性的发挥，有利于幼儿身心和谐健康地发展。

幼儿园教育活动的设计不是随心所欲、任意设计的，它必须受到一定的理论思想的支配和指导。因此，我们在设计教育活动方案时必须遵循以下内容：一是《3~6岁儿童学习与发展指南》，它是教育活动设计的前提条件。二是幼儿园教育目标，是教育活动设计的出发点。三是课程模式，影响着教育活动设计的内容选择。四是遵循幼儿身心发展的客观规律，是教育活动设计的归宿。

教育活动设计的要求是指在设计教育活动时具体应遵循的基本要求和条件，它体现了一定的理论观点，同时又反映了教育活动自身的特点。

幼儿园教育活动设计的要求有：时代性——指在设计教育活动时要考虑到所处时代的政治、经济的发展等。可接受性——是指设计教育活动要符合幼儿的年龄特征和个性差异，活动的难易度是幼儿经过努力能够达到并完成。科学性——是指在教育活动设计时要符合社会、自然发展的客观规律，对幼儿进行科学的启蒙教育，保证引导幼儿正确地感知周围事物以及它们的变化与发展。综合性——就是强调在活动的内容、活动的形式、活动的过程中以主题形式建构设计教育活动，从而体现整合的教育理念，促进幼儿全面、整体的和谐发展。

考点三　幼儿园教育活动指导（设计）的一般方法

幼儿园教育活动指导方法是指教师在教育活动指导过程中为实现教育目标而采用的手段。活动实施的方法是多种多样的，教师在组织活动时采用的方法必须从教育目标出发，以目标为核心，以活动教育为主要形式，以保教相结合为原则，以环境创设为条件，选取恰当的方法，促进教育活动有效地开展。

1. 观察法
2. 操作法
3. 口授法
4. 游戏法
5. 发现法
6. 直观法

考点解析

一、观察法

观察法是指在自然条件下，有目的、有计划、比较持久地直接感知客观事物的方法。幼儿在直接接触客观事物的过程中运用多种感官，直观、生动、具体地认识自然、认识社会，能为发展幼儿抽象概括的思维能力，形成概念提供丰富的感性经验，是幼儿园教育教学活动的基本方法。常见的观察法有：间或性观察、比较性观察、长期系统性观察、日常生活观察和参观旅行。在运用此方法时要注意：

①根据活动的目标与要求做好观察的准备工作，包括观察的目的、选择观察的对象、拟订观察计划、创设观察的环境和条件。

③观察开始时，向幼儿提出观察的目的，引起幼儿观察的兴趣。

③观察过程中，注意引导幼儿运用多种感官做到有序、认真、仔细地观察。

④观察结束时，要及时地总结与评价，使幼儿零碎的经验和印象得到系统的整理和巩固。

二、操作法

操作法是指活动中引导幼儿按照一定的要求和程序通过自身的实践活动进行学习的方法。动手操作是幼儿认识世界的重要实践活动，是幼儿巩固新知识、形成技能技巧、提高幼儿手脑并用能力发展的重要方法。操作法在运用时要注意：

①幼儿操作前，教师要进行预实验与操作。
②检验为幼儿准备的材料是否妥当与安全。
③明确操作的目的与要求。
④教给幼儿操作的基本方法。
⑤操作的方式要多种多样。
⑥结束时幼儿能讲述操作的过程及结果。

三、口授法

口授法也是言语指导法，它是教师运用语言进行指导教育教学活动的一种方法。包括讲解、讲述、提问谈话、评论等方法，是幼儿园教育活动中应用最为经常和普遍的一种方法。这种方法不仅便于发挥教师的主导作用，也便于幼儿在较短时间内获得系统、完整的知识。运用口授法时应注意：

①要求教师语言生动、形象、清晰、准确、富有感情，简明扼要、易于幼儿理解和接受。
②运用提问谈话法时，提问应围绕主题，具体明确，富有启发性和逻辑性，由浅入深，引导幼儿思维。
③教师组织评价时，要及时引导幼儿自由发表看法，对每一位幼儿的细微进步给予鼓励、肯定。对于幼儿出现的错误千万不要重复强化，以免引起幼儿错误的模仿。

四、游戏法

游戏法是指教师在组织活动时采用游戏或游戏的口吻进行教育教学的方法。运用游戏的方法易使幼儿的生理机能活跃起来，在轻松愉快的娱乐气氛中集中注意力、认识事物。游戏是幼儿阶段的主要活动形式，运用游戏法时应注意：

①根据活动内容、幼儿年龄选择不同的游戏，使教学活动游戏化。
②注意与其他教学方法的配合使用，切忌盲目追求兴趣。
③各班运用游戏法的分量也应有所区别，小班游戏可以多些，随年龄增长，游戏形式可以相对减少，而采用其他方法。

五、发现法

发现法由美国心理学家布鲁纳所倡导，是指教师提供给幼儿进行发现活动的材料，使他们通过自己的探索，尝试解决问题的方法。这种方法益于幼儿主动地去学习、探究，引起幼儿学习的兴趣，有利于幼儿智力、创造力和独立能力的发展。运用发现法时应注意：

①要为幼儿创造良好的学习环境和物质条件。
②在幼儿已有的经验基础上，确立合理的活动目标，引导幼儿去发现、去理解。
③注意引导幼儿及时总结发现成果，促进幼儿间相互交流，鼓励幼儿再学习的欲望。

六、直观法

直观法是教师在教学活动中配合讲述、讲解向幼儿显示实物、教具或做示范性实验和表演，借以说明和印证所讲授的知识的一种方法。这种方法可以使幼儿直接获得感性认识，形成清晰而深刻的表象，便于理解和记忆，有助于集中幼儿注意力，引起幼儿兴趣。运用这种方法时要注意：

①演示和示范要正确、清楚，动作不可太快，要让全体幼儿都能看到。
②使用直观教具必须与语言指导密切配合，边讲边做。
③教师的示范是幼儿掌握技能的主要方法，有完整示范和分解示范两种，可以帮助更准确

地把握知识的要点。

教学有法，教无定法，贵在得法。在幼儿园教育教学活动过程中，应灵活选择运用各种方法，以达到最佳的教育效果。

考点四　幼儿园教育活动的组织形式

幼儿园的教育活动实际上是指幼儿一日各项活动，其组织形式按不同标准可分：
1. 集体活动
2. 小组活动
3. 个别活动（区角活动）

考点解析

一、集体活动

集体活动是全班幼儿共同参与，教师面向全体幼儿进行有目的、有计划、有组织的学习活动。它能使幼儿在短时间内获得相应的教育信息；教师能在一定的空间和时间里，充分利用教育资源，促进所有的孩子在原有水平上得到一定发展。集体活动的优点是幼儿要学会倾听，遵守活动规则，对幼儿社会性的发展和知识的获得有积极的帮助。其缺点在于，同一时间内全班幼儿以同样的速度学习相同的内容，教师难以关注幼儿的个别差异，因为每个幼儿的发展水平是不一样的。

二、小组活动

小组活动是指部分幼儿一起进行的活动形式。教师提供环境和材料，发挥间接指导的作用。幼儿自主探索、协作的机会更多，可以充分表现自己，有利于独立、自主、协作精神的培养。小组活动为幼儿提供了更多交流与操作的机会，减少了等待的时间。

三、个别活动（区角活动）

个别活动是指幼儿的自我学习活动或教师对幼儿的个别教育活动。这种活动有利于因材施教，发挥幼儿的主体性，满足幼儿的个人需要和兴趣。

总之，这3种教学形式的划分不是绝对的，在开展活动的过程中，教师可以根据教育内容灵活地运用，可以先集体后小组，或先小组后集体；也可以先集体后个别（区域）；或先个别（区域）后集体。适合才是最好。

考点五　幼儿园教育活动计划

幼儿园教育活动计划是指为实现幼儿教育的目的任务，由幼儿园教师根据《幼儿园教育指导纲要（试行）》所规定的内容和要求，结合幼儿园的实际和幼儿的特点，设计安排向幼儿进行全面发展教育的工作方案和实施规划。
1. 幼儿园教育活动计划的种类
2. 具体活动计划（又称"课时计划"或"教案"）

考点解析

一、幼儿园教育活动计划的种类

幼儿园教育活动计划可以按照不同的角度分类：

按指导范围分：全园性计划和班级计划。

按具体内容分：领域教育计划、游戏活动计划、日常生活计划、家长工作计划等。

按时间分：学年计划、学期计划、月计划、周计划、日计划和具体活动计划。

二、具体活动计划（又称"课时计划"或"教案"）

具体活动计划指具体的教学活动方案——备课。它阐明在一定的活动时间内要做什么、怎么做、完成什么目标等。主要包括：

（一）活动名称

（二）活动目标

活动目标是通过本次活动所期望获得的某些具体的发展。根据幼儿的年龄特点、现有的发展水平和能力，从幼儿的认知经验、情感态度、技能等方面去考虑与设计。

1. 活动重点、难点

活动重点是教师按照活动的目标，通过有计划地开展教育活动必须让幼儿掌握的重要知识和经验，是教师教育活动反思必须首先考虑的因素之一。

活动难点是教师按照活动目标，通过有计划地开展教育活动必须让幼儿掌握的重要知识和经验，它是幼儿认知经验范围内难以理解或掌握的知识经验，是针对幼儿现有经验和水平的理解和能力而言的。

2. 活动准备

活动准备指的是教师对很多内容和活动方式进行初步思考后所做的准备工作。一般包括知识经验准备和物质准备。

3. 活动过程

活动过程设计包括导入设计，基本部分中的活动安排、提问设计、线索设计，以及结束部分的设计等。导入（开始部分）：教师应集中幼儿的注意力，引起幼儿的学习兴趣，向幼儿提出学习任务。基本部分：活动过程的主要部分，教师的任务是有步骤地组织幼儿学习，完成活动任务。结束部分：教师要小结活动的内容和幼儿学习的态度，提出新要求，激发幼儿再学习的欲望。

4. 活动延伸

活动延伸既是对前面活动的巩固，也是继续开展下一个活动的联结，起着承上启下的作用，要交代清楚延伸的具体活动是什么、其指导要点是什么。

5. 活动评价

活动评价即教师的教学小结，它包括教师对本次活动内容的总结，突出重难点，也包括对活动中幼儿的行为表现的小结。活动评价是教师教学活动必不可少的一个重要环节，教师可以进行教学反思，自我诊断，通过对幼儿活动情况的分析，找到自己设计或组织过程中的优势和不足，以便及时调整和改进工作，促进每一个幼儿发展，提高教学质量。

模块六第一章　真题回放

第二章

幼儿园健康教育活动

考点与解析

考点一 学前儿童健康教育活动的特点

1. 情感体验和习惯养成
2. 环境的渗透性
3. 教育内容的全面性
4. 健康教育的生活性
5. 活动的参与性
6. 教育效果评价的过程性

考点解析

一、情感体验和习惯养成性

学前儿童健康教育中的情感体验就是根据学前儿童的特点，采取相应措施，运用一定的教育教学手段，激发学前儿童的健康情感，使其"乐意、自愿"接受健康和卫生知识，改变不正确的健康和卫生态度，形成良好的情感品质。

二、环境的渗透性

环境是重要的教育资源，应通过环境的创设和利用，有效地促进幼儿的发展；幼儿园应为幼儿提供健康、丰富的生活和活动环境，满足他们多方面发展的需要，使他们在快乐的童年生活中获得有益于身心发展的经验。

三、教育内容的全面性

幼儿园必须把保护幼儿的生命和促进幼儿的健康放在工作的首位。树立正确的健康观念，在重视幼儿身体健康的同时，要高度重视幼儿的心理健康。

四、健康教育的生活性

幼儿离不开生活，生活离不开健康教育；儿童的生活是丰富多彩的，健康教育也应把握时机。学前儿童健康教育就是生活教育，渗透在儿童的日常生活中，具有生活性。

五、活动的参与性

教师直接指导的活动和间接指导的活动相结合，保证幼儿每天有适当的自主选择和自由活动的时间。教师直接指导的集体活动要保证幼儿的积极参与，避免时间的隐性浪费。

六、教育效果评价的过程性

学前儿童健康活动教育效果的评价，不能只注意结果，更要重视过程，重视学前儿童身心的发展过程。

考点二 学前儿童健康教育活动设计的原则

1. 系统性原则
2. 程序性原则
3. 经济性原则
4. 可行性原则
5. 主体活动性原则
6. 发展性原则
7. 趣味性原则
8. 创造性原则
9. 整合性原则

考点解析

一、系统性原则

教师设计学前儿童健康教育活动需将教学活动涉及的诸要素进行有序、优化、合理的安排，形成教学活动方案。

二、程序性原则

在某一活动设计时，应适应学前儿童的发展水平，对于内容丰富的同一主题的活动，可以按儿童发展的程序，设计成系列活动在3个年龄阶段分别进行，但要注意各年龄段侧重点和分量的分配，以便活动能够按儿童发展的程序不断深化，螺旋式上升。

三、经济性原则

学前儿童健康教育活动设计要充分挖掘生活中各种教育资源，注重合理地运用。比如，广泛收集各种废旧材料，与儿童一起制作玩教具，调动家长积极性，共同对儿童进行健康教育等。

四、可行性原则

教师必须根据实际具备的和经过努力可以具备的条件来进行教育活动设计，使学前儿童健康教育活动有开展和取得预期成果的可能。要考虑教师本人的知识、能力等素质；要注意本班幼儿的知识经验能力基础；要充分考虑幼儿园具备的相应教育资源情况；要考虑活动的开展需要家庭、社会的哪些配合与支持，努力争取到他们的帮助。

五、主体活动性原则

学前儿童健康教育活动设计应该体现学前儿童的主体性，而主体性又是在活动中表现出来的。教师应该根据儿童的兴趣和身心发展特点来设计目标，编排内容，选择方式方法，精心设计活动过程，将教师的"教"转化为儿童的"学"，变"要我学"为"我要学""我爱学"。教师要设计更多儿童自主活动的内容，给予儿童充分的活动时间，为儿童提供丰富的操作材料，创造儿童与同伴、教师交往的机会。教师要设计对儿童自主活动的必要指导，以鼓励儿童的积极性、主动性、创造性。

六、发展性原则

发展性原则要求学前儿童健康教育活动要使每一个儿童在原有基础上得到最大限度的发展。教学不应当跟在发展的后面，不应当在儿童已经达到的水平上进行。

七、趣味性原则

在设计活动时，教师应该努力使健康活动的每个环节充满趣味，以引起学前儿童浓厚的学习兴趣，激发学前儿童强烈的学习欲望，使学前儿童在愉快的气氛中，带着愉悦的心情，全身心地投入活动中。

八、创造性原则

学前期是个体最富有创造力的时期，开发和培养学前儿童的创造力，是学前教育的重要任务，当然也是学前儿童健康教育的目标之一。教师要树立创造的信念，激发、保护、发展学前儿童的创造性。

九、整合性原则

教育活动内容的组织应充分考虑幼儿的学习特点和认识规律，各领域的内容要有机联系，相互渗透，注重综合性、趣味性、活动性，寓教育于生活、游戏中。幼儿教育是以3~6岁幼儿作为对象的教育，幼儿的身心发展特点和学习特点决定了幼儿教育必须是整体性教育，幼儿教育需要高度的整合。

考点三　学前儿童健康教育活动设计的基本要求

1. 明确指导思想，细化教育目标
2. 活动准备充分
3. 教育内容全面科学，可有所侧重
4. 组织形式灵活多样
5. 教学方法丰富多样

考点解析

一、明确指导思想，细化教育目标

明确指导思想要求保教结合，树立正确的健康观，尊重儿童的主体地位，细化教育目标，要求结合年龄特点细化，结合具体活动细化。

二、活动准备充分

全面充分的准备是学前儿童健康教育活动成功的基础。全面充分的准备应当体现在各个方面，包括教师的准备、学前儿童的准备、环境资源的准备等。

三、教育内容全面、科学，可有所侧重

学前儿童健康教育的内容是教师对儿童传递的主要信息，是儿童健康认知的原料，也是完成健康教育目标、促进儿童健康发展的中介。教师所选择的活动内容合适与否，直接影响到健康教育目标的实现程度。

四、组织形式灵活多样

学前儿童健康教育活动应根据不同的教育内容，针对儿童的不同特点，合理地利用各种环境资源，调动儿童的感官，灵活地运用集体、小组、个别活动的形式，为学前儿童提供充分的主动活动的机会，并注重活动的过程，促进每个儿童在不同程度上的发展。

五、教学方法丰富多样

学前儿童健康教育要根据健康教育的目标、内容，以及学前儿童的年龄特点、身心特点和发展水平，灵活选择适当的教学方法，使其具有针对性、多样性、趣味性的特点。

学前儿童健康教育活动一般可以采用游戏法、动作与行为练习法、讨论法、情境表演法、感知体验法、模拟训练法、实验法、讲解示范法等。

考点四　学前儿童身体生长发育教育

1. 学前儿童身体生长发育教育的目标
2. 学前儿童身体生长发育教育的内容
3. 学前儿童身体生长发育教育应注意的问题

考点解析

学前儿童身体生长发育教育就是帮助他们争取认识自己的身体，逐步理解身体由小到大直到功能消失的自然规律，初步认识疾病对身体及其发育的消极影响，了解男女两性的基本差异，掌握初步的身体保健技能和方法。

一、学前儿童身体生长发育教育的目标

（一）终极目标

①了解人体主要器官的名称、形态、结构与功能。
②学习保护身体的基本方法。
③帮助幼儿逐步树立关心、保护身体健康的意识和习惯。

（二）年龄阶段目标

年龄阶段	教育目标
0~3岁	1. 能用手指出口、鼻、耳朵、眼睛、脚等人体外部器官，能初步认识自己的身体。 2. 初步懂得身体不舒服时要主动告诉成人，生病时愿意接受医生的治疗，懂得打针、吃药能预防或治疗疾病

续表

年龄阶段	教育目标
3~4 岁	1. 了解身体的外部结构，认识并学会保护眼睛、嘴、鼻子、耳朵等器官。 2. 初步了解治疗疾病的简单知识，乐于接受预防接种和疾病治疗，不随意吃药
4~5 岁	1. 进一步认识身体的主要外部器官及功能，并知道为什么要保护它们。 2. 初步懂得疾病预防和治疗的重要性，逐步形成接受疾病预防与治疗的积极态度和行为。 3. 学习处理常见外伤的简单方法
5~6 岁	1. 初步认识人体主要器官的功能及相关的一些知识。 2. 学会保护牙齿、眼睛等重要器官的方法，并知道如何预防相应的常见疾病，学会科学用脑

二、学前儿童身体生长发育教育的内容

（一）认识自己的身体及保护常识

①认识眼睛、口、鼻、耳朵、手、脚等外部器官及脑、心脏、肺等内部器官的名称、形态特征与功能。

②探索身体的奥秘，以儿童换牙的经历或科教片等诸多形式帮助其探索机体的奥秘。

③学习保护身体、维护健康的方法、常识与技能。

（二）疾病防治常识教育

①了解预防接种的作用及相关注意事项。

②了解生病时吃药、打针的作用。

（三）生长发育常识教育

①观察身体由小到大的变化。

②体验身体功能逐渐完善的感受。

③接受健康的早期性启蒙教育。

三、学前儿童身体生长发育教育应注意的问题

（一）科学解释与艺术解释相结合

所谓的科学解释是指教给学前儿童的身体知识是科学的、符合实情的，不应对学前儿童撒谎；所谓艺术解释，是指由于学前儿童的认知水平和情感接受程度有限，所以，有时必须要求教育者对身体知识以隐喻的方式加以说明。

（二）讲解与体验相结合

教育者可以通过让学前儿童定期体检，体验身高与体重等变化，感受长大的乐趣。

（三）抽象与直观相结合

学前儿童对纯抽象的知识讲解难以理解或记忆，而讲解过程中结合直观的图像或实物会事半功倍，所以，在实施生长发育教育过程中应以直观教育为主。

考点五 学前儿童生活常规教育

1. 学前儿童生活常规教育的目标
2. 学前儿童生活常规教育的内容
3. 学前儿童生活常规教育应注意的问题

考点解析

学前期是个体发展的关键时期,处于这一时期的儿童接受能力强,行为可塑性大,是儿童养成良好生活自理能力的最佳时机。在这一时期养成良好习惯容易成为动力定型;反之,如果养成了不良的习惯也难以纠正。

一、学前儿童生活常规教育的目标

(一)终极目标

让学前儿童获得生活的基本知识、规则和技能,形成乐观的生活态度,培养良好的生活习惯以及生活自理的初步意识和能力,形成健康的生活方式,从而提高生活质量,促进身心的健康发展。

(二)年龄阶段目标

年龄阶段	教育目标
0~3岁	1. 生活卫生习惯:睡眠习惯方面,懂得上床后要闭眼入睡,醒来情绪好。个人卫生习惯方面,懂得每天洗脸、洗脚,饭前便后要洗手,懂得手脏了要及时洗干净,能配合成人洗头、洗澡,不吃脏东西。 2. 生活自理能力:初步懂得自己的事情自己做
4~6岁	1. 生活卫生习惯:按时入睡,初步养成良好的作息习惯;初步养成正确的坐、立、行、卧姿势;养成勤洗澡、理发、剪指甲的习惯;形成良好的排便习惯;保持衣服整洁;养成愉快安静地进餐的习惯;养成主动喝水的习惯。 2. 生活自理能力:懂得自己的事情自己做;学会脱穿衣服,整理衣服、叠被;学会自己吃饭,饭后擦嘴;学会自己大小便;学会洗脸、洗脚、洗手、刷牙等;东西用后放还原处,学会收拾、整理玩具等个人物品;参加一些力所能及的家庭或幼儿园劳动

二、学前儿童生活常规教育的内容

(一)进餐

(二)盥洗

(三)如厕

(四)午睡

(五)喝水

(六)着装

(七)环境卫生

三、学前儿童生活常规教育应注意的问题

(一)适时进行

教育者可以采取生动有趣的方式,亲切鼓励的语言和目光,使幼儿在其解剖生理达到一定水平、具备某种心理需求时,适时地接受正确的生活常规教育。

(二)注重年龄及个体差异性

同一年龄的儿童发育水平有所差异,所以,根据不同的教育环节、内容对个别儿童要给予耐

心细致的帮助。

（三）要求应具体而规范

学前儿童的认知与操作能力较差，所以，对于生活常规的要求应具体且易操作，从而使儿童逐渐形成良好的生活习惯。

（四）保育与教育相结合

幼儿园生活常规教育应以保育与教育相结合的方式，通过保育的辅助手段以更好地实现教育的目的。

（五）持之以恒

由于学前儿童的发育特点，导致健康教育的效果常常是潜在的，或者已建立某种健康行为很快又改变了，可见良好的生活习惯及自理能力的形成是一个日积月累的过程，只有持之以恒才能真正达到预期的效果。

（六）一致性

在培养儿童行为习惯的过程中，对儿童有统一的要求十分重要。它体现在教师之间的一致性、教师与保育员之间的一致性以及家园之间的一致性等方面。

（七）注重榜样的作用

儿童的模仿性极强，所以，教育者不仅要注意自身的素质，同时，还要为儿童选择合适的人文环境，促进儿童的健康成长。

考点六　学前儿童饮食与营养教育

1. 学前儿童饮食与营养教育的目标
2. 学前儿童饮食与营养教育的内容
3. 学前儿童饮食与营养教育应注意的问题

考点解析

一、学前儿童饮食与营养教育的目标

（一）终极目标

让学前儿童获得饮食与营养的基本知识，掌握饮食的方法和技能。帮助形成有关饮食与营养的正确观念，创建合理的饮食环境，培养良好的饮食习惯，促进学前儿童营养的获得和吸收，保护和增进学前儿童的身体健康。

（二）年龄阶段目标

年龄阶段	教育目标
0~3岁	喜欢吃各种食物，不挑食、不偏食、少吃零食，有良好的饮食习惯，3岁儿童学习使用勺子，自己主动试着吃饭
3~4岁	1. 知识：认识几种食物；知道不干净的食物不能吃；懂得饭前洗手、饭后漱口、擦嘴；知道健康的身体需要营养，营养食物有多种多样。 2. 情感：爱吃富有营养的几种常见的食物；愉快进餐。 3. 习惯与技能：初步养成安静并愉快地独立进餐的习惯；在老师的帮助下，将饭菜吃干净；初步形成良好的饮食习惯；学会用勺子吃饭；初步养成饭前洗手、饭后漱口的习惯；主动饮水

续表

年龄阶段	教育目标
4~5岁	1. 知识：认识多种常见的食物；了解吃多种食物有利于健康；好吃的东西不宜多吃，少吃冷饮多喝水有利于健康；认识消化器官胃的名称和作用。 2. 情感：能轻松愉快进餐、爱吃多种食物，对了解营养知识感兴趣。 3. 习惯与技能：养成安静进餐、不吃汤泡饭、细嚼慢咽、不偏食、吃饭专心的习惯；不剩饭菜，学会自己收拾餐具；饭前主动洗手，饭后刷牙；在老师的督促下肥胖儿童或消瘦儿能控制或增加饭量；熟练地用勺吃饭，并学习用筷子吃饭
5~6岁	1. 知识：初步了解不同的食物含有不同的营养素，健康需要多种营养素；偏食、暴饮暴食都是不良的饮食习惯，会影响健康；懂得少吃零食多喝水的好处；能初步分辨食物的好坏，懂得冰冷的食物不能吃，知道有的食物不能多吃；懂得进餐时应愉快安静，饭前饭后做剧烈运动影响健康；懂得肥胖、消瘦都属于营养不良。 2. 情感：进餐时主动保持愉快和安静；有意识克服偏食等不良习惯，喜欢吃各种食物；感觉到集体进餐的愉悦。 3. 习惯与技能：能主动摆放和收拾餐具，认真做好值日工作；主动做到饭后刷牙或漱口，饭前饭后不做剧烈运动；掌握正确使用筷子吃饭的技能；肥胖儿或消瘦儿能自觉地控制或增加饭量；运用已知的营养知识，主动拒绝非健康食品

二、学前儿童饮食与营养教育的内容

（一）学习粗浅的食品营养和饮食卫生知识

（二）建立良好的饮食行为习惯

（三）形成平衡合理膳食的积极态度

（四）掌握饮食方法与技能

（五）了解民间饮食文化及风俗习惯

（六）了解简单的食物处理及烹饪方法

三、学前儿童饮食与营养教育应注意的问题

（一）教育内容应结合学前儿童的饮食现状

（二）营造良好的饮食教育环境

（三）家园保持一致

（四）注重榜样的作用

（五）教育应结合学前儿童的生理及心理发育特点

考点七　学前儿童安全生活教育

1. 学前儿童安全生活教育的目标
2. 学前儿童安全生活教育的内容
3. 学前儿童安全生活教育应注意的问题

考点解析

学前儿童安全生活教育就是根据学前儿童动作发展、认知发展及生活经验积累等方面的特

点,加强学前儿童对周围环境中潜在危险的认识,提高其预见性和保护技能,减少意外伤害发生,提高生命质量教育。

一、学前儿童安全生活教育的目标

(一)终极目标

①获得有关安全和促进健康的基本知识。
②具有自我保护和自我防护意识。
③提高自我防护和自我保护能力,从而保障儿童身体健全和心理愉悦。

(二)年龄阶段目标

年龄阶段	教育目标
0~3岁	懂得危险的东西不能乱动;懂得药品不能乱吃;懂得不跟陌生人走,不拿陌生人的玩具
3~4岁	了解并遵守日常生活中的安全常识与规则;认识有关安全标志,形成自我保护意识;了解对付意外事故和伤害的常识;能接受成人有关的提示,学习避开活动中可能出现的危险因素
4~5岁	在小班基础上,认识多种安全标志,有自我保护意识;在活动中学会保护自己,对危险的标志与信号能做出及时的反应
5~6岁	在中班的基础上,除了自己不到危险的地方去以外,学会提醒别人不到危险的地方去;学习沉着地处理日常生活中可能出现的紧急情况

二、学前儿童安全生活教育的内容

(一)培养学前儿童的安全和自我保护意识

(二)安全知识教育

(三)安全技能教育

(四)培养儿童遵守安全规则的习惯

三、学前儿童安全生活教育应注意的问题

(一)创设良好的人文和设备安全环境

(二)内容与形式应针对儿童生理、心理发育特点

(三)促使学前儿童树立安全第一的观念

(四)给予正面教育

(五)选择适宜的教育时机

(六)加强体能训练,提高学前儿童的行动反应力

(七)加强儿童对危险情境及事故原因的认识

(八)加强家园联系,发挥教育合力

考点八 学前儿童心理健康教育

1. 学前儿童心理健康教育的目标

2. 学前儿童心理健康教育的内容
3. 学前儿童心理教育的实施

考点解析

一、学前儿童心理健康教育的目标

(一) 总目标

①积极关心周围世界的各种事物和现象,有良好的观察、注意、想象、概括、分析能力,有着较强的求知欲,能认识自己与周围世界中各种事物、现象的关系,具有良好的自我意识和社会性意识。

②帮助幼儿形成良好的情绪和情感,初步学会表达和控制自己的情感,能和同伴积极友好地相处,善于表现自己,懂得控制自己的言行,能听取父母及老师的教导。

③知道必要的心理健康常识,学习保护自己,有爱心,懂得帮助他人,有恒心、遇到困难能坚持或想办法解决。

④培养幼儿的生活自理能力、学习能力,初步养成良好的卫生习惯。

(二) 学前儿童各年龄段心理健康教育的具体目标

年龄阶段	教育目标
0~3 岁	1. 家庭与托幼机构密切配合,给婴幼儿以母亲般的护理、照顾,使婴幼儿情绪愉快,使他们对周围人产生信任感,能逐步适应集体生活。 2. 伴随与周围环境接触日渐增多,促使婴幼儿情感、想象等心理活动逐渐发育,促使语言发展。 3. 与幼儿通过语言交流,使幼儿生活在轻松、愉快、亲切的环境中,促进幼儿语言、思维、想象力以及性格的正常发育
3~4 岁	1. 培养幼儿的生活自理能力,初步养成良好的卫生习惯。 2. 引导幼儿用适当的方式表达情绪,初步学会排解自己的不愉快,喜欢与别人分享快乐。 3. 愿意与同伴合作玩玩具和游戏,能勇敢地玩一些户外大型玩具。 4. 知道男女在外形上的不同,知道并认同自己的性别角色
4~5 岁	1. 喜欢幼儿园的集体生活,能与小朋友互相合作、团结友爱,愉快地与同伴一起进行各种活动。 2. 能自觉遵守活动的规则和要求,初步形成良好的日常行为习惯。 3. 培养求知欲望,初步形成良好的学习习惯。 4. 关心周围人、事、物,学会爱亲人、朋友、老师
5~6 岁	1. 学会与人合作、分享的能力,学会用积极的心态去理解别人、帮助别人。 2. 学会思考问题,培养独立学习、生活的能力。 3. 正确对待挫折、困难,勇敢坚强;能体验到成功的快乐,对力所能及的事情有自信心,具有较强的竞争和合作意识

二、学前儿童心理健康教育的内容

(一) 帮助学前儿童学会表达自己的情感和调整情绪

①认识各种表情脸谱,知道表情与情绪感受的联系。

②尝试引导幼儿用语言表达自己的情绪和心理感受,学习调整情绪的方法。

③正视自己、他人身体上、能力上的缺陷和不足,能用积极的心态去面对。
④掌握常用的情绪转移方式,学会调整自己的心态。

(二) 帮助学前儿童学习社会交往技能

①认识老师、同伴、周围的邻居,知道怎样有礼貌地称呼和打招呼。
②学会与人分享食物、玩具等好东西。
③游戏时,能与同伴友好合作。
④用积极的心态理解、关心和帮助他人,学习处理与同伴之间的矛盾。
⑤学习与陌生人交往的一些技巧与方法。

(三) 帮助学前儿童形成良好的行为习惯

①爱清洁、讲卫生,养成一些好的卫生习惯。
②按时作息,养成生活、学习规律。
③纠正幼儿一些不良的行为习惯。

(四) 锻炼学前儿童独立生活和学习的能力

①学习自己的事自己做,培养幼儿的独立生活能力。
②为幼儿创设学习条件,让幼儿尝试自主、探索学习。
③纠正幼儿过分依赖成人的不良行为。

(五) 对学前儿童进行初步的性教育

①对自己及身边的人有一个正确的性别认识,认识家庭里的人,幼儿园里的老师、同伴。
②了解男女不同的外形及穿衣、打扮特点,活动方式特点。
③用表演、角色游戏的方式,模仿、学习与自己同性别的成人的行为、语言方式,加深自己的性别认同。
④纠正幼儿的性角色偏差。

(六) 创设健康的生活环境

①幼儿园、家庭要以平等、尊重的方式对待幼儿。
②创设自由、宽松的生活和活动氛围。

三、学前儿童心理健康教育的实施

(一) 学前儿童心理健康教育的原则

①注重发展,强调预防,防重于治的原则。
②注重活动性的原则。
③注重常规教育与随机性教育相结合的原则。
④强调家庭、幼儿园、社会合作共育的原则。

(二) 学前儿童心理健康教育的途径

①班级开设心理健康活动课,系统而科学地进行心理健康教育。
②发现问题,班级教师进行随机教育。
③家园配合,做好幼儿心理健康的预防和矫正工作。
④开设家长学校,定期就学前儿童的心理健康问题进行研讨。
⑤幼儿园设置心理健康教室。

(三) 学前儿童心理健康教育的方法

①和解谈话法。

②亲身体验和情景表演法。
③事例分析法。
④操作法。
⑤图表法。

(四) 学前儿童心理健康教育应注意的问题

①提高幼儿教师心理健康教育的水平。幼儿教师首先应提高自己的心理健康水平,合理安排和处理教学以外的事务,保证在教学中以良好、健康的心理进行教学和指导。

②面向全体和照顾个别相结合。幼儿心理健康既要面向全体幼儿进行,又要照顾到个别幼儿,使不同的幼儿得到不同的发展。

③幼儿园与家庭建立密切的联系,为每位入园幼儿设立档案。

④关注留守儿童和父母离异儿童的心理健康,注意突发事件对儿童心理健康的影响。

⑤重视家庭教育环境在幼儿身心发展上的重要作用。

考点九 幼儿园体育教育

1. 幼儿体育课的实施与指导
2. 幼儿早操活动的实施与指导
3. 户外体育活动的实施与指导

考点解析

一、幼儿体育课的实施与指导

①做好活动前的准备工作。包括幼儿的知识储备,活动前的场地、器材和玩具的置备与布置,熟悉活动计划,做好活动前幼儿及场地的安全、卫生工作。

②教师应以积极的态度和高昂的情绪投入活动的组织与指导中去,并有执行活动计划的高度责任心和灵活性。

③灵活运用多种指导方式,既面向全体,又应注意个体差异,做好个别教育。

④控制好活动的时间。一般小班为15~20分钟,中班为20~25分钟,大班为30分钟左右。

⑤重视在活动中发展幼儿的智力,并通过建立活动常规,利用活动的有关内容,培养幼儿良好的品质和个性,促进幼儿身心全面健康发展。

⑥注意做好活动后的复习辅导和检查评价工作,总结经验教训,不断提高自身的组织指导能力和教育质量。

二、幼儿早操活动的实施与指导

①做好活动前的准备工作。
②给幼儿提供足够的活动器材以及自选器材的机会和条件。
③在活动的不同时间,指导幼儿利用同一器材或选用不同的器材开展各种玩法,培养幼儿活动的创造性,全面锻炼幼儿的身体。
④丰富早操活动的内容。早操活动的内容一般都是幼儿基本学会和掌握的内容,一般不进行新内容的学习(除器材的不同玩法外)。基本体操的内容一般应一学期更换1~2次,以提高幼儿做操的积极性和能力。
⑤根据季节和气候,灵活调节早操活动的时间和内容。注意早操活动的安全和卫生,即应保证场地整洁,所用器械的安全和卫生,播放音乐的音量不宜过大,等等。

⑥做好个别教育工作。

三、户外体育活动的实施与指导

户外体育活动与早操活动有一定的相似之处。但由于户外体育活动与早操活动相比，活动的内容和形式灵活性更强，因此，指导时应注意：

①保证幼儿足够的户外体育活动时间。

②提供足够的活动器械和活动内容，提供幼儿充分的自由活动的机会和条件。

③活动前应向幼儿提出活动的具体要求和注意事项。互动中要注意观察了解每个幼儿的具体情况，有针对性地、灵活地加以指导，注意因人施教，做好个别教育工作。

④启发幼儿在活动中积极思考。要鼓励和引导幼儿创造多种玩法，发展幼儿活动的创造性，开发幼儿的智力。同时，应要求幼儿遵守活动规则，爱护活动器材，团结合作，处理好同伴间的相互关系，以促进幼儿社会性和良好品德、个性的形成。活动结束时，要求幼儿整理和收拾好活动的器材。

⑤灵活运用多种活动和指导方式开展幼儿的户外体育活动。尤其应加强对幼儿主选活动的指导，避免活动的失控。

⑥注意户外体育活动的内容与其他形式的身体锻炼互动的密切配合。

⑦保证户外体育活动的安全和卫生。

模块六第二章　真题回放

第三章

幼儿园语言教育活动

考点与解析

考点一　幼儿园语言教育活动概念

幼儿园语言教育是专门研究3~6岁儿童语言发展及其教育的一门应用性学科。幼儿园语言教育活动是有目的、有计划地对幼儿进行语言教育的过程。语言教育活动是实现语言教育目标的有效途径，是组织和传递语言教育内容的实施环节，也是落实语言教育任务的具体手段。

考点解析

教育活动这个概念对于纠正小学化倾向，对于改革那种将幼儿园教育等同于"上课"的看法，显然有积极的作用。使用教育活动这个概念，并不完全否定教幼儿学习知识与技能的"教学"，而是要克服那种将幼儿当作容器的灌输式教学，要改变那种不考虑幼儿特点的小学化教学。语言教育活动也同样，实际上也是一种充分重视幼儿主体活动的教学，整个语言教育活动的过程，也是教幼儿学习语言知识、学习语言形式、学习语言运用技能的过程。无论怎么重视幼儿的活动，都离不开教师"教"的作用。之所以使用教育活动这个概念，而不使用教学这个概念，是因为幼儿园语言教育的任务不仅仅是教幼儿学习一些基本的语言知识和技能，而且要使幼儿获得更全面的发展，不光有认知发展，还有技能的发展和情感的发展。

考点二　幼儿园语言教育总目标

1. 乐意与人交谈，讲话礼貌
2. 注意倾听对方讲话，能理解日常用语
3. 能清楚地说出自己想说的事
4. 喜欢听故事、看图书
5. 能听懂和会说普通话

考点解析

幼儿园语言教育总目标是学前教育阶段教育过程中语言教育领域的总的任务要求，是国家的总体教育目的在学前阶段的具体体现。是学前儿童语言教育年龄阶段目标和学前儿童语言教育具体活动目标制定的依据,为幼儿语言方面的发展指明了方向。学前儿童语言教育目标的结构可以分4个方面,即倾听行为的培养、表述行为的培养、欣赏文学作品和早期阅读行为的培养4个主要部分。

倾听是儿童感知和理解语言的行为表现。只有懂得倾听、乐于倾听、并且善于倾听的人,才能真正理解语言的内容、语言的形式和语言运用的方式,掌握与人交流的技巧。学前儿童的倾听培养,重点在于汉语语音、语调的感知和对语义内容的理解。

表述是以一定的语言内容、语言形式及语言运用方式表达和交流个人观点的行为,是学前儿童语言发展和学习的主要表现之一。儿童表述行为能力发展的重点在于学习正确恰当的口语表达,从语音、语法、语义及语用4个方面掌握母语的表达能力,提高表述水平。

欣赏文学作品是感知理解文学作品,并尝试艺术性的结构语言方式的行为。学前儿童在学习欣赏文学作品中培养起综合的语言功能,增强对语言核心操作能力的不同层次的"敏感性",对不同语境中语言运用的敏感性。

早期阅读行为是指学前儿童从口头语言向书面语言过渡的前期阅读和前期书写准备。其中包括了幼儿阶段知道图书和文字的重要性,愿意阅读图书和辨认汉字,掌握一定的阅读和书写的准备技能等。尽管在学前阶段,儿童尚不需要具备阅读和书写能力,但在口头语言向书面语言过渡的时期,他们有必要认识口语与文字的对应关系,有必要掌握看懂图书的基本技能,有必要初步辨认如自己名字等常见字,有必要做好进入小学的书写姿势、书写技能的准备。

考点三　幼儿园语言教育活动的内容

幼儿园语言教育活动的内容是幼儿园为幼儿提供的语言形式、语言内容和语言运用的基本知识、基本态度和基本行为方式的总和,是幼儿学习语言、获得语言经验的载体。幼儿园语言教育活动内容既包括教师有目的、有计划地组织的专门活动内容,也包括渗透在从幼儿入园的问候到一日生活和其他领域活动中的语言教育内容。

1. 专门的语言教育内容
2. 渗透的语言教育内容

考点解析

一、专门的语言教育内容

专门的语言教育内容,是为幼儿提供与语言进行充分互动的环境,使他们有机会对在日常生活中获得的零碎语言经验进行提炼和深化,达到对语言规则的理解和有意识的运用。专门的语言教育内容分别蕴涵在谈话活动、讲述活动、听说游戏、文学活动和早期阅读这五种形式的活动之中。

(一) 谈话活动

活动创设的是日常口语交往的情景,要求幼儿调动自己已有的经验,围绕一定的话题倾听他人的意见,表达自己的想法。谈话活动的重点目标在于培养幼儿运用口头语言与他人交际的意识、情感和能力,内容涉及两个方面:围绕自己熟悉的人或事进行谈话;就某一熟悉的场景发表个人的观点和想法。

(二) 讲述活动

讲述活动主要为幼儿创设正式的口语表达情景,使幼儿有机会在集体面前表达自己对某一图片、实物或情景的认识、看法等,学习表述的方法和技能。这类活动培养幼儿认真倾听的习惯和完整、连贯、清楚的表达能力,促进其独白语言的发展,内容涉及:用简单明了的语言,把某一实物的特征、功用解说清楚；用比较恰当的语言讲述图片或影片中的主要人物、事件；用生动形象的语言讲述处在某一情境之中的人物的形态、动作。

（三）听说游戏

听说游戏为幼儿提供一种游戏场景，使幼儿在游戏中按一定规则练习口头语言，培养幼儿在口语交往活动中的快速、机智、灵活的倾听和表达能力。听说游戏涉及以下语言教育内容：巩固难发的音和方言干扰音，练习声调和发声用气；扩展、丰富词汇量，练习词的用法；在游戏中尝试运用某些结构的句子，锻炼语感。

（四）文学活动

文学活动从某一具体文学作品入手，为幼儿提供一个全面学习语言的机会，使他们在理解感受作品的过程中，欣赏和学习运用文学作品提供的有质量的语言。文学活动着重培养幼儿欣赏文学作品的能力以及利用文学语言表达想象、表达生活经验的能力。文学活动涉及的语言教育内容包括：在欣赏儿童诗歌、散文的基础上，仿照某一首诗歌或一篇散文的框架，编出自己的诗歌或散文段落；童话故事和生活故事的学习、表演或仿编和续编；通过对话、动作、表情进行故事表演，体验作品的情节变化和人物情感的变化。

（五）早期阅读

早期阅读活动利用图书、绘画，为幼儿创设一个书面语言环境，使幼儿有机会接触书面语言，了解语言的基本文化内涵。早期阅读活动重点培养幼儿对书面语言的兴趣，引导他们逐渐产生对汉字的敏感性，丰富他们前阅读和前书写的经验。早期阅读包括以下内容：
①前阅读图书，学习翻阅、理解和制作图书，了解图书画面、文字与口语之间的对应关系。
②前识字，感受文字的功能、作用，了解识字的基本规律和方法。
③前书写，感受汉字的基本结构，认识汉字的书写特点和工具，学习书写汉字的基本方式。

二、渗透的语言教育内容

渗透的语言教育主要是利用学前儿童的各种生活和学习经验，在真实的生活情景中，为幼儿提供充分而广泛的、多种多样的学习和运用语言的机会，常常出现在以下3种情景之中：
①日常生活中的语言交往。
②自由游戏中的语言交往。
③其他领域活动中的语言交往。

考点四　幼儿园语言教育活动的主要类型

1. 幼儿园文学作品教育活动
2. 幼儿园谈话活动
3. 幼儿园讲述活动
4. 幼儿园听说游戏活动
5. 幼儿园早期阅读活动

考点解析

一、幼儿园文学作品教育活动

（一）概念

幼儿园文学活动，是以文学作品为基本教育内容而设计组织的语言教育活动类型。这类活动从一个具体的文学作品教学入手，围绕这个作品展开一系列相关的活动，帮助幼儿理解文学作品所展示的丰富而有趣的生活，体会语言艺术的美，为幼儿提供全面的语言学习机会。

（二）文学活动设计组织的结构

1. 学习文学作品

这是文学教育活动的首要环节。教师要根据作品的难易程度、本班幼儿的实际情况以及很多环境与材料利用的便利与否，采取不同的形式来组织教学。

首先，创设情境，引出文学作品。这是活动的起点，教师可采用比较直观、形象的多媒体课件、挂图、桌面教具、头饰等辅助教具，运用多种形式开展教学活动。一些浅显易懂的作品，可以直接让幼儿反复诵读。

其次，在学习和欣赏文学作品时，教师应将重点放在帮助幼儿理解作品的主要情节、人物性格和主题、文学语言方面。教师不宜过多重复讲述作品，不能过于强调让幼儿机械记忆背诵作品内容，以免使幼儿对文学作品失去兴趣。

再次，教师应通过提问帮助幼儿对作品加以理解和思考。通过描述性提问帮助幼儿掌握作品的名称、人物、情节、对话、主题等，使幼儿对作品内容有大致的了解。然后再通过思考性提问和假设性提问，让幼儿运用个人经验进行深入的思考和想象。

2. 理解、体验文学作品

在学习和欣赏文学作品内容的基础上，根据作品内容范畴设计相关的活动，帮助幼儿理解作品内容，体验作品人物形象的情感心理，以便幼儿进一步认识作品中展示的生活和精神境界。教师可设计与主题相关的活动，如户外散步观察、围绕作品进行表演游戏等。

3. 迁移作品经验

文学作品向儿童展示的是建立在儿童生活经验基础上的间接经验，这种间接经验让儿童感到既熟悉又新奇有趣。但是，仅仅让儿童的学习停留在理解这些间接经验的基础上还不够，还不能充分地将这些间接经验与儿童的直接经验联系起来。如通过开展与作品主题相关的绘画、手工操作等动手动脑活动，帮助幼儿迁移相关经验，让幼儿在活动中将作品各方面内容纳入自己的经验范畴，有助于加深幼儿对作品的理解，也为进一步扩展想象和语言表述打下基础。

4. 创造想象和语言表述

教师可以进一步创设机会引导幼儿开展创编、续编、仿编等让幼儿大胆扩展想象，尝试艺术性结构语言的活动，并创造性地运用语言去表达自己的认识与想象。

二、幼儿园谈话活动

（一）概念

谈话是运用口头言语与他人进行交流的语言活动，是对话形式的言语交往。在学前教育领域，谈话活动指的是教师帮助幼儿在一定范围内学习运用口头语言与他人进行交流的语言教育活动类型。

（二）谈话活动的基本特征

①有一个具体、有趣的中心话题。
②谈话活动有较为丰富、感性的谈话素材。
③谈话活动具有宽松、自由的谈话氛围。
④谈话活动注重多方信息交流。
⑤谈话活动中注意教师间接的引导。

（三）谈话活动的主要类型

①日常生活中的谈话。
②有计划的专门的谈话活动。
③回忆性谈话和概括性谈话。
④讨论性谈话。

（四）谈话活动设计与实施的基本结构

1. 创设谈话情境，引出谈话话题

这是谈话活动的开端，教师通过一定的情境激发幼儿的兴趣，启发幼儿对话题有关经验的联想，打开言语表达编码的思路，做好谈话的准备，是谈话活动不可缺少的一个环节。

2. 幼儿围绕话题自由交谈

这一步骤的目的在于调动幼儿个人有关对谈话中心话题的知识储备，运用已有的谈话经验交流个人见解。

3. 教师引导幼儿逐步拓展谈话范围

此阶段，教师通过逐层深入的谈话，向幼儿展示并帮助他们学习运用新的谈话经验，使幼儿的谈话水平进一步提高。

4. 教师隐性示范新的谈话经验

教师在此阶段向幼儿展示的新的说话经验不是用显性示范说给幼儿听，或用指示的方法要求幼儿怎么说，而是通过深入拓展的谈话范围将这种经验逐步传递给幼儿。教师用提问、平行谈话的方法，将新的谈话经验引入，让幼儿在谈话过程中不知不觉地沿着新的思路去说，潜移默化地应用新的谈话经验，最终学会新的谈话经验。

三、幼儿园讲述活动

（一）概念

幼儿园的讲述活动，是一种有目的、有计划地培养幼儿语言能力的教育活动。这类活动以促进幼儿语言表述行为的发展为主，要求幼儿积极参与命题性质的讲述实践，帮助幼儿逐步获得独立构思和完整连贯表述的语言经验。

（二）讲述活动的种类

1. 看图讲述

根据图片内容进行的语言活动，包括单幅图、多幅图讲述，排图讲述，拼图讲述，绘图讲述，粘贴讲述等多种变化形式。

2. 情境讲述

根据幼儿经验设计情境，由教师或幼儿扮演角色进行表演或操作木偶进行表演，在引导幼儿观看表演的同时，要求幼儿凭借对情境表演的理解进行讲述的一种活动。

3. 生活经验讲述

幼儿在教师的指导下，根据已有的生活经验，用完整连贯、有条理的语言讲述自己生活中所经历的或见过的，具有深刻印象或感兴趣的事情的一种教育活动。

4. 实物讲述

使用具体的实物作为凭借物，包括真实的物品、玩具、教具，指导幼儿感知理解实物并进行讲述的一种活动。

（三）幼儿园讲述活动的特点

1. 讲述活动需要有一定的凭借物

这里所说的凭借物，是指讲述活动中教师为幼儿准备的或幼儿自己参与准备的图片、实物、情景等。

2. 讲述活动有相对正式的语境

所谓正式的语境，就是要求幼儿根据讲述的凭借物，经过比较完善的构思，有头有尾地说出一段完整的话来。

3. 讲述旨在锻炼一种独白语言

学前儿童讲述活动是儿童语言交际的一个场合，儿童要学习的讲述是一种独白语言。独白，顾名思义，需要说话的人独自构思和表达对某一内容的完整认识。

（四）幼儿园讲述活动设计的基本结构

1. 感知理解讲述对象

主要通过观察的途径进行。大部分是通过视觉汲取信息，但也不排斥从其他感觉通道去获得认识。

2. 运用已有经验讲述

这一步骤的活动组织，要求教师尽量放开让儿童自由地讲述，给他们以充分的机会、时间，运用已有的经验进行讲述。

3. 引进新的讲述经验

新的讲述经验是每次讲述活动的学习重点。在制定活动目标时，教师应考虑上次活动的重点、解决的问题、达到目的的情况，以便在此基础上向幼儿提供新的讲述经验，新的讲述经验主要是讲述的思路和讲述的方式。

4. 巩固和迁移新的讲述经验

幼儿在讲述活动中获得的新的讲述经验也需要经过巩固性练习才能固定下来，因此，教师要在讲述活动的设计和开展中给幼儿提供练习的机会，让他们对新的讲述经验以各种方式进行实际操练。

四、幼儿园听说游戏活动

（一）概念

幼儿园听说游戏活动是由教师设计，用游戏的方式组织的，是以培养幼儿倾听和表达能力为主要目标的教育活动。

（二）幼儿园听说游戏的类型

1. 语音练习游戏

语音练习游戏是以练习正确的发音和提高辨音能力为目的的游戏。

2. 词汇游戏

词汇游戏是以丰富词汇和正确运用词汇为目的的游戏。

3. 句子游戏

句子游戏是以训练幼儿按照语法规则正确组词成句，并学会运用各种句式、句型为目的的游戏。

4. 描述性游戏

描述性游戏主要是以训练用简单、生动、形象的语言描述事物的特征，发展连贯性语言为目的的游戏。

（三）幼儿园听说游戏活动的特点

①语言教育的目标隐含于游戏之中。
②将语言学习的重点内容转化为一定的游戏规则。
③游戏的成分在活动过程中逐步扩大。

（四）幼儿园听说游戏活动设计的基本结构

1. 创设游戏情境，引起幼儿兴趣

在游戏刚刚开始时，教师需要调动一切手段去设置游戏的情境，激发幼儿的兴趣，调动幼儿参与游戏的积极性。

2. 交代游戏规则，明确游戏玩法

在创设游戏情境之后，教师接着要向幼儿交代游戏规则。这一步骤的活动实际上是教师对幼儿布置任务、讲解要求的过程。教师可以通过用语言解释和用动作示范相结合的方式，告诉幼儿游戏的基本规则、步骤和要求。

3. 教师引导游戏

在游戏的这一阶段，是教师带领幼儿活动的过程，教师往往在游戏中充当重要角色，可以主宰游戏的进程，同时，也是幼儿试玩游戏和逐渐熟悉游戏的过程。

4. 幼儿自主游戏

这个阶段，教师可以放手让幼儿自己开展活动。教师已从游戏领导者的身份退出，处于旁观的地位。但教师要创造条件让幼儿充分动脑、动手、动口，使幼儿处于最佳状态，充分发挥幼儿的主体性。

五、幼儿园早期阅读活动

（一）概念

幼儿早期阅读教育是指以幼儿自身经验为基础，在适当情景中，通过幼儿对文字、符号、标记、图片、影像等材料的认读、理解和运用，对幼儿身心所施加的一种有目的、有组织、有计划的影响活动。它不是单纯的看书、识字活动，而是一种结构相对完整、体系相对独立、能促进幼儿全面和谐发展的活动。

（二）早期阅读活动的内容

从幼儿园早期阅读活动的目标出发，我们为幼儿提供的早期阅读内容包含3个方面的阅读经验：
①前图书阅读经验。
②前识字经验。
③前书写经验。

（三）早期阅读活动的类型

①根据阅读训练的不同可分为：认知性阅读、理解性阅读、批判性阅读、浏览性阅读、查阅性阅读、参考性阅读。
②根据阅读在幼儿园一日活动中的不同渗透可分为：生活活动中的阅读、语言活动中的阅读、艺术活动中的阅读、社会活动中的阅读、亲子活动中的阅读、数学活动中的阅读、科学活动中的阅读、游戏活动中的阅读、体育活动中的阅读等。
③根据早期阅读活动所处的空间不同可分为：幼儿园阅读教育活动、户外阅读教育活动、家

庭阅读教育活动。

（四）幼儿园早期阅读活动设计的基本结构

1. 幼儿自己阅读

让幼儿自由地"接近"本次活动的学习内容，观察自己的认识对象，获得有关的信息。

2. 教师与幼儿一起阅读

教师可按照自己的理解和设想，将要求幼儿掌握的书面语言知识信息贯穿到阅读的过程中去。教师的作用在于帮助幼儿明确此次阅读的内容，并正确地掌握书面语言的信息。

3. 围绕阅读重点开展活动

在师幼共同阅读后，教师可以多种形式组织幼儿围绕阅读重点开展活动，着重帮助幼儿深入地掌握学习内容和正确的学习方式，加深对所学内容的印象。

4. 归纳阅读内容

主要在于帮助幼儿巩固消化所学的内容，是活动不可缺少的组成部分。教师在归纳总结时应注意激发幼儿主动参与的积极性，对幼儿未掌握的问题，以巧妙的方式引导幼儿发现它们，并继续思考学习。

模块六第三章　真题回放

第四章

幼儿园社会教育活动

考点与解析

考点一　幼儿园社会教育的概念

幼儿园社会教育是以发展幼儿的情感、社会性为目标，以增进幼儿的社会认知，激发幼儿的社会情感，培养幼儿的社会行为为主要内容的教育。

考点解析

社会领域的课程不同于以往的常识，这是因为，常识中的社会知识，更多地体现了社会内容中的知识层面，而且在以往的常识教育中更多地局限于社会环境中的社会机构、社会成员等方面。因此，它不能完整培养幼儿的社会认知，更不能全面促进幼儿情感、社会性的发展。另外，幼儿社会教育还不同于品德教育。这是因为，品德作为个人依据一定的社会道德行为准则行动时所表现出来的某些稳定的特征，只是社会教育的发展目标中的一部分。社会教育是以情感、社会性为发展目标的，而社会性是指人在形成自我意识、进行社会交往、内化社会规范、进行自我控制及进行其他社会活动时所表现出来的心理特征。由此可见，品德不能代替社会性，品德是社会性中与社会道德有关的部分，社会性比品德有更广泛的内涵。强调幼儿社会性的培养，丝毫没有削弱对幼儿的品德教育，因为，缺少幼儿的品德教育，社会性的培养也只能是不全面的、不完整的。

考点二　幼儿园社会教育的目标、内容、特点及原则、方法

1. 幼儿园社会教育的目标
2. 幼儿园社会教育的内容
3. 幼儿社会学习的特点
4. 幼儿园社会教育活动的原则
5. 幼儿园社会教育活动的方法

考点解析

一、幼儿园社会教育的总目标

①能主动地参与各项活动，有自信心。

②乐意与人交往，学习互助、合作和分享，有同情心。
③理解并遵守日常生活中基本的社会行为规则。
④能努力做好力所能及的事，不怕困难，有初步的责任感。
⑤爱父母、长辈、老师和同伴，爱集体，爱家乡，爱祖国。

《纲要》所确立的社会领域的总目标旨在增强儿童的自尊、自信，培养幼儿关心他人、对人友好的态度和行为，促进幼儿个性健康发展。

二、幼儿园社会教育的内容

学前儿童社会教育的内容可分解成 6 个方面，包括自我意识、社会认知、社会情感、社会交往技能、社会适应能力和个性品质。

（一）自我意识

自我意识指学前儿童对自我及自我周围关系的认识，内容主要包括自我认知、自我情感体验和自我控制等。自我认知包括自我概念、自我形象、自我评价和独立性等；自我情感体验包括自尊心、自信心、自我价值感、成就感和进取心等；自我控制包括自制力、自觉性、坚持性和自我延迟满足等。

（二）社会认知

社会认知是指学前儿童对自我与社会中的人、社会环境和社会规范等的认知，主要包括对社会环境的认知、对社会规范的认知、对他人的认知和对性别的认知等。

（三）社会情感

社会情感是幼儿在社会生活和社会交往中的情感体验。社会情感包括依恋感、愉快感、同情心和责任感等。

（四）社会交往技能

社会交往技能是指学前儿童在与人交往或者参加社会活动时表现出的行为技能。社会交往技能包括亲子交往、同伴交往中的各种技能。

（五）社会适应能力

社会适应能力主要包括幼儿对新环境的适应能力、对陌生环境的适应能力、对陌生人的适应能力、对同伴交往的适应能力、独立克服困难的能力等。

（六）个性品质

个性是在个体的各种心理过程和心理成分发生发展的基础上形成的，是一个人全部心理活动的综合。

三、幼儿社会学习的特点

（一）模仿

有意或无意模仿他人（榜样）行为是幼儿社会学习的基本方式之一。模仿的对象可以是行动类的，也可以是态度类的；模仿的榜样可以是现实生活中的真人真事，也可以是电视、图书、故事中的虚构形象。

（二）同化

社会同化是指个体的态度和行为受他人影响而逐渐变得与其相似的现象。同化效应是指外部环境对个体潜移默化的塑造。

（三）强化

在社会学习过程中，幼儿的行为往往会产生不同的结果，并伴随不同的情感体验，这些结果和体验会对其行为产生一定的影响。也就是说，幼儿会根据结果和情感体验的性质来调整自己的行为。改变幼儿行为的结果可以是直接的，即自己亲身感受，也可以是间接的，还可以是来自内部的自我强化。

（四）体验

体验作为一种活动，是主体在亲历某件事情的过程中产生的真切感受，从而形成某种态度和认识的过程；作为活动的结果，体验是主体在亲身参与实践的过程中，对其中所隐含的道理和意义形成的独特感受和领悟。体验是幼儿重要的学习方式，是认识和态度形成的基础。尤其是情感态度方面的学习都离不开相应的体验。

四、幼儿园社会教育活动的原则

（一）规则意识原则

社会规则和生活规则教育是学前儿童社会教育的主要内容。教师在幼儿的日常生活中，以多种方式引导幼儿认识、体验并理解社会行为规则和生活规则，学习自律和尊重他人，有礼貌。小朋友之间的和谐交往，有助于幼儿民主、平等、公正等社会品质的发展。

（二）正面教育原则

正面教育是一切教育最基本的要求，其核心是在尊重的前提下对儿童提出要求。就是直接告诉他们具体如何做和做什么，而不是告诉他们不要做什么。

（三）行为练习原则

儿童社会知识和生活技能的获得、自我价值的形成以及社会态度和情感的培养不是通过简单的说教所能达成的，而是一个漫长的积累过程。因此，社会教育更应让儿童在与同伴、教师和家长的共同学习和交往中习得社会行为。

（四）环境熏陶原则

社会教育的主要任务是培养儿童主动适应社会环境和内化规则。不同的环境可以诱发不同的社会行为。从社会发展的角度看，一个良好的、积极的环境意味着是一个能够激发、维持、巩固和强化积极社会行为的环境。

（五）一贯性原则

一贯性原则是把零散的、综合的社会教育目标融入日常生活中，借助日常生活的重复性加以形成和巩固。

五、幼儿园社会教育活动的方法

（一）榜样示范法

是指在社会教育中，运用历史名人、英雄人物、时代楷模的故事以及他们的好思想、好品德、好行为影响和教育儿童。

（二）同伴学习法

同伴年龄相近，因为有共同成长的经历和生活经验，同伴中出现的好人好事、好榜样更易被儿童学习、效仿。

（三）情境体验法

情境体验法是指在教师提供或创设的社会环境中，儿童通过表演、模仿、参观和交流活动体验社会行为的方法。

（四）移情训练法

移情训练就是通过故事、情境表演等形式使幼儿理解和分享别人的情绪体验，以使儿童在日后生活中对他人类似的情绪体验会主动地、习惯地产生理解和分享。

（五）价值澄清法

这种方法认为，唯有通过儿童心理内部价值澄清才能建立自己清晰的价值观和恰当的生活方式。

考点三　幼儿园社会领域教育的形式

1. 全班集体教育形式
2. 小组教育形式
3. 个别教育形式

考点解析

一、全班集体教育形式

这种形式可以让幼儿更好地看到同伴的优点，了解他人并能正确地评价自己，有利于教师主导作用的发挥和幼儿集体感的形成。这种方式也有不足的一面，教育内容是统一的，教育要求是一致的，教育方法是相同的，所以，活动中不容易顾及儿童的个别差异。因此，在选择内容时应选取班级幼儿社会性发展共同特点的教育内容，选择那些班级幼儿共同关心的普遍感兴趣的教育内容，选择那些有利于发挥集体精神的教育内容与方法。

二、小组教育形式

小组就是由几位幼儿组成一个集体进行学习或接受教育的单位。这种方式方便了师幼交流，便于教师有针对性指导，便于教师观察幼儿、了解幼儿，便于幼儿以适应自身特点的方式与速度学习，便于幼儿间的合作、交流、评价等。所以，教师利用这种方法时要注意，教育要求要多层，活动材料提供需多层次，学习的内容也不同。

三、个别教育形式

个别教育形式就是对幼儿进行个体教育的形式。个别教育形式在社会领域中适用于那些幼儿社会性水平差异较大，无须固定上课时间的情形，教师可分别对幼儿进行不同的教育。其优点是适应儿童差异，做到因材施教。其不足是：面对一个班级内的幼儿，教师进行个别教育同一个儿童接触时，易造成其他儿童处于自流状态。因此，教师利用此方式时要把握好时机，把握好教育的"度"。个别教育形式往往辅助班集体教育形式、小组教育形式进行。

模块六第四章　真题回放

第五章

幼儿园科学教育活动

考点与解析

科学是关于自然、社会等物质世界的知识体系。幼儿天性喜好探究，而幼儿园科学教育可满足幼儿探索的兴趣，是幼儿认识世界、获取知识与经验的重要途径。

考点一　幼儿园科学教育的含义

幼儿园科学教育是指根据幼儿身心发展的特点，为幼儿提供的各种有计划的科学领域学习活动，以激发幼儿对周边事物的好奇心，提高幼儿探索事物的兴趣，获取与生活经验相贴近的科学常识，培养幼儿的科学思维，为学龄期科学知识和概念的学习打下基础。

考点解析

学前儿童的科学不像成人的科学那么深奥，都是周围世界中经常接触到的各种事物和现象。如人们制造的各种物品和自然界的事物现象，都包含了许多科学的因素，所以，都属于学前儿童科学的范畴。学前儿童对周围事物有着强烈的好奇心和求知欲，他们总是在与周围的环境接触中了解和认识这个世界，他们所感兴趣的是一些成人看来天经地义和浅显的事物。如为什么我是男孩？为什么夏天热，冬天冷？母鸡为什么会生蛋？等等。这些都是儿童科学的内容。因此，学前儿童的科学不同于成人的科学，二者的不同表现在以下3个方面：

1. 学前儿童的科学是一种经验层次的科学知识

学前儿童可以通过观察获得有关事物或现象的具体、个别的经验，却不容易从中进行抽象与概括，更不可能通过概念来进行间接的学习。

2. 学前儿童的科学是一个自我建构的过程

学前儿童随着生活经验的丰富，他们对周围世界的认识也在不断变化。当这些直接的、间接的经验，与学前儿童已有的认识不相一致时，新旧经验之间的冲突、同化、整合就导致了他们认识的变化，这就是知识的建构过程。

3. 学前儿童的科学是对世界的独特见解

学前儿童分不清主观的现实和客观的现实，不能客观地解释自然事物和现象，而往往从主观的意愿出发或赋予万物以灵性。儿童也常常是在这种充满着假象的情境中观察现实、探索科学。

考点二　幼儿园科学教育的目标与内容

1. 幼儿园科学教育的目标
2. 幼儿园科学教育的内容
3. 幼儿园科学教育的方法

考点解析

一、幼儿园科学教育的目标

《幼儿园教育指导纲要（试行）》明确提出了幼儿园科学领域的总目标是：
①对周围事物和现象感兴趣，有好奇心和求知欲。
②能运用各种感官，动手动脑，探究问题。
③能用适当的方式表达、交流探索的过程和结果。
④能从生活和游戏中感受事物的数量关系并体验到数学的重要和有趣。
⑤爱护动植物，关心周围环境，亲近大自然，珍惜自然资源，有初步的环保意识。

《幼儿园教育指导纲要（试行）》中科学领域涉及科学情感和态度方面主要有两条即"对周围事物和现象感兴趣，有好奇心和求知欲"和"爱护动植物，关心周围环境，亲近大自然，珍惜自然资源，有初步的环保意识"。涉及科学方法和技能方面的目标有"能运用各种感官，动手动脑，探究问题"。虽然在《幼儿园教育指导纲要（试行）》中并没有非常明确地提出知识方面的目标，但是作为科学教育的必然结果，知识经验的获得蕴含在科学领域的其他目标中了。

二、幼儿园科学教育的内容

根据幼儿园科学教育的目标，幼儿园科学教育活动的内容主要有：

（一）自然资源，特别是动植物

认识某些动植物，特别是幼儿生活中可以接触到的，或者能引起幼儿兴趣的动植物，了解它们的名称、外形特征和主要结构，了解这些动植物的生活与环境以及它们对人类的作用，体会保护包括动植物在内的自然资源的重要性，表现和表达自己对这些自然现象的认识，等等。

（二）日常生活中常见的自然现象

感知和了解某些自然现象，特别是与幼儿生活中较为常见的，或者是能引起幼儿兴趣的自然现象，如日、月、风、雨、雪、四季特征和变化等，以及这些自然现象与人们生活的关系；表现和表达自己对这些自然现象的认识；等等。

（三）日常生活中接触到的科技产品

接触和运用日常生活中经常使用的科技产品，如电话、手机、电脑、电视等，认识和体验它们与人们生活之间的关系等。

三、幼儿园科学教育的方法

（一）观察法

学前儿童观察的方法一般是指教师有目的、有计划地组织和启发幼儿运用眼、耳、口、鼻等多种感官，帮助幼儿获得事物与现象的具体印象，并在此基础上逐步形成概念的方法。

（二）实验法

利用一些材料、仪器或设备，通过简单演示或操作，对周围常见的科学现象加以验证的一种方法。

（三）分类法

幼儿园科学教育中分类的方法，是指幼儿把具有某一个或几个共同特征的物体聚集在一起，以学习科学的一种方法。分类的类型包括挑选分类、二元分类、多元分类。

（四）测量法

学前儿童科学教育中的测量是指通过观察或运用简单的测量工具，对物体进行简单的、初步的测量。测量的类型有：

①观察测量，是指通过眼睛、手等感官的观察来测量物体。

②非正式量具测量（也称自然测量），是指不采用通用、标准的量具，而是运用一些自然物对物体进行直接测量的方法。

③正式量具测量，是指以通用的标准量具对物体进行测量。

（五）信息交流法

信息交流是指幼儿将所获得的有关周围环境的信息，以语言或非语言的形式来进行表达和交换。信息交流的类型有：

①语言的方式，包括描述和讨论。

②非语言的方式，包括图像记录、手势、动作、表情等。

（六）科学游戏

科学游戏是在老师的指导、启发与组织下，让幼儿借助物质材料以及有关的玩具、图片和声像资料等，按照一定规则进行的、寓有科学知识的游戏。它是对幼儿进行科学启蒙教育的有效方法。科学游戏的类型有：

①根据科学游戏利用的材料分为：利用实物进行的游戏、利用图片进行的游戏、利用科技玩具进行的游戏、口头游戏、情景游戏、多媒体互动游戏。

②根据科学游戏的作用分为：感知游戏、分类游戏。

（七）种植与饲养

学前儿童科学教育中的种植方法是指幼儿通过在园地、自然角种植花卉、蔬菜和农作物等的活动。学前儿童科学教育中的饲养方法是指幼儿在饲养角里喂养和照管习性温顺的动物的活动。种植与饲养的类型有：

①常见植物的栽培管理。

②常见动物的饲养管理。

（八）早期科学阅读

早期科学阅读是指幼儿通过阅读寓有科学知识的作品，包括科学故事、儿歌、谜语等，以学习科学的一种方法。早期科学阅读的类型有：科学诗、科学童话、科学故事、谜语、科普画册、录像与 CD-ROMs。

考点三　学前儿童科学活动分类设计与指导

1. 观察认识活动的设计与指导
2. 实验操作活动的设计与指导
3. 科学制作活动的设计与指导
4. 讨论探究活动的设计与指导
5. 科学游戏活动的设计与指导
6. 种植饲养活动的设计与指导

考点解析

一、观察认识活动的设计与指导

(一) 定义

观察是一种有预期目的的感知。幼儿园的观察活动是教师有目的、有计划地组织幼儿直接接触外界事物和现象,运用幼儿的感觉器官去感知事物、现象,获得具体印象,形成概念的一种教育形式。通过观察,可以加深幼儿对客观世界的认识。

(二) 观察的类型

观察的类型有:个别观察、比较观察、长期系统性观察、间或性观察、偶发性观察、自发性观察、室内观察与实地观察。

(三) 观察认识活动组织设计指导要点

①活动开始集中幼儿注意,引起幼儿兴趣,明确观察目的。
②活动进行中,围绕内容和目标展开观察活动。
指导幼儿观察注意的要点:
第一,要调动幼儿多种感官参与观察活动。
第二,要教给幼儿具体的观察方法,做到有顺序地观察和比较性地观察。
第三,教师善于提出富有启发性的问题,引导幼儿观察、思考。
第四,尽量启发幼儿联系已有的生活经验去进行观察。
③活动结束时,教师可采用不同的方法对观察的内容进行系统的总结,使幼儿对观察的内容有一个完整的印象。也可以在观察结束时向幼儿交代任务,引导幼儿在其他活动时间继续观察。
④教会幼儿做观察记录。

二、实验操作活动的设计与指导

(一) 定义

实验操作是教师根据教学目的,利用简单的仪器设备,对幼儿在日常生活中所接触到的一些事物或现象进行简易的操作和演示的方法。幼儿园的实验操作常常带有游戏的性质。

(二) 实验操作的类型

1. 演示探究

演示探究是指教师演示操作实验的全过程,然后幼儿学习操作,通过自己的观察,获得发现。

2. 引导探究

引导探究是指由教师通过材料引导幼儿,让其先进行自由探究,然后再组织幼儿交流,进而引导幼儿进行有兴趣、有目的的探究。

3. 验证探究

验证探究是指针对某一问题,教师启发幼儿先猜想可能发生的问题,然后让幼儿通过实验探索活动来验证先前的猜想是否正确。

(三) 实验操作活动指导要点

①活动开始可以采用摆放操作材料、创设问题、介绍生活中的某一科学现象、让幼儿猜谜语

等方式导入，引起幼儿对实验操作的兴趣。

②根据实验操作内容的难易与幼儿的实际水平，提出恰当的要求，明确实验操作的顺序、目的；同时，多采用小组活动的组织形式，提出启发性的问题，引导幼儿观察、思考，激发幼儿探究的热情和欲望。

③实验操作结束时，教师可对实验的过程、结果做一小结，使幼儿获得一个清晰而完整的印象。总之，教师要注意保持幼儿对操作实验的兴趣和愿望。

三、科学制作活动的设计与指导

（一）定义

幼儿科学制作活动以真实的科学为基础，以实验性的步骤，逐渐让幼儿获得对科学技术的基础认识，以幼儿的最大参与为目的，让他们充分感受和操作使用简单的科技产品，学习使用工具，设计小制作，把自己投入对科技的探究中，在操作中发现问题，在设计实践中尝试解决问题，从而学会对所见的和所做的事情进行思考。

（二）种类

①感受-操作，是让幼儿充分接触和感受运用技术产品。
②运用-操作，是让幼儿学习使用工具。
③学习-制作，是通过开展小制作活动让幼儿按固定的步骤学习制作。
④设计-制作，是让幼儿独自进行简单的科技创作。

（三）科学制作活动指导要点

①采用多种有成效的方法，引起幼儿兴趣和探究的欲望。
②提供制作材料，鼓励幼儿按照自己的想法大胆实践操作，教师做好启发诱导。
③营造交流、讨论环境，分享成功的喜悦。
④活动结束时，注意对本次活动知识点的总结，并对幼儿学习探究的过程做出评论，以进一步培养幼儿对科学的兴趣和探索的情趣。

四、讨论探究活动的设计与指导

（一）定义

讨论探究活动是指幼儿自己探究与收集信息资料，整理信息、资料，并通过集体交流讨论等方法获取科学知识的一种科学教育活动。

（二）类型

①直接经验型——主要通过实验操作和观察参观两种途径获得。
②间接经验型——主要通过幼儿自己收集资料、教师设疑提问、幼儿集中讨论和科学文艺交流等几种方式获得。

（三）讨论探究活动指导要点

①创设情境，恰当设问，幼儿带着问题去探究，问题最好来自幼儿。
②鼓励、支持、引导幼儿从不同的渠道获取相关知识，并把获取的资料以图片、折纸、绘画等不同的方式保存下来。
③引导幼儿交流讨论、分享探究经验。
④多元评价激发探究兴趣。

五、科学游戏活动的设计与指导

(一) 定义

科学游戏是在老师的指导、启发与组织下,让幼儿借助物质材料以及有关的玩具、图片和声像资料等,按照一定规则进行的、寓有科学知识的游戏,它是对幼儿进行科学启蒙教育的有效方法。

(二) 科学游戏活动指导要点

①开始时,创设游戏的情境,激发幼儿游戏的兴趣。
②教师运用清晰、简明的语言,介绍游戏的玩法、规则。
③教师引导幼儿有秩序地开展游戏活动,时刻提醒幼儿遵守游戏规则。
④游戏结束后,教师要对游戏活动的情况进行讲评小结。

六、种植饲养活动的设计与指导

(一) 定义

幼儿园的种植饲养是教师带领幼儿在园地上或自然角里种植一些当地的、易于照顾的植物,饲养一些易于照顾的小动物。

(二) 种植饲养活动的指导要点

①根据幼儿的年龄特点和动植物的特征,选择适合种植饲养的内容。
②在种植饲养的过程中,注意指导幼儿观察种植饲养的对象,使幼儿的认识更加全面,满足幼儿的好奇心,提高幼儿的认知水平。
③鼓励幼儿学习掌握种植饲养的技能,细心操作,克服困难,感受种植饲养的乐趣和成功的喜悦。
④爱护动植物,关爱生命。

模块六第五章 真题回放

第六章

幼儿园数学教育活动

考点与解析

数学是研究现实世界中的空间形式和数量关系的一门科学。它在日常生活、生产建设和科学研究中有广泛的应用。即使是在幼儿的生活中，也经常遇到有关数和形的问题。幼儿如果没有一点数和形的知识，就会连自己有几只手、有几件玩具，家里有几口人，手帕、皮球、积木等都是什么形状这些简单的问题也弄不清；如果没有一点空间方位的观念，就会分不清上下、前后、左右；如果没有一点时间观念，就会分不清昨天、今天和明天。只有使幼儿掌握一些粗浅的数学知识，才能使他们比较正确地认识周围客观事物，清楚地用语言表达自己的思想。

考点一　幼儿数学教育

1. 什么是幼儿数学教育
2. 幼儿学习数学的心理特点

考点解析

一、幼儿数学教育

幼儿数学教育是指在教师的指导下，幼儿在与周围环境的相互作用中，通过自身的操作和建构活动，获得早期数学素质的过程。

幼儿数学教育既是一种教的过程，也是一种学的过程。幼儿数学教育是幼儿主动建构的过程，是幼儿与环境相互作用的过程，是幼儿全面发展的过程，是幼儿经历"数学化"的过程，是幼儿在教师指导下活动的过程。

（一）幼儿数学教育是幼儿主动建构的过程

幼儿对数学知识的建构不是被动的，而是一个主动的过程，是幼儿通过自己的操作作用于具体的事物，并以自己已有的知识和经验为基础，在自己的头脑中进行加工、分析、处理，最终建构成他们头脑中的数学知识。因此，教师应根据幼儿的需要，创设适宜的环境，提供充足的材料，让幼儿充分感知、观察、探索、交流，去建构他们自己的数学知识经验。

（二）幼儿数学教育是幼儿与环境相互作用的过程

个体的发展是环境作用的产物，环境的性质决定了幼儿学习的效果和学习的方向。幼儿建构数学知识的过程就是幼儿和环境相互作用的过程。为此，教师应根据幼儿感知、探索数学的实际需要，努力为幼儿创设一个有利于他们体验数学经验、发现数学关系、发展数学能力、形成良好的数学态度的环境。

（三）幼儿数学教育是幼儿获得全面发展的过程

幼儿的数学学习是一种综合智慧的活动，它要求幼儿的认知、技能和情感的全面参与，才能保证活动的顺利进行。因此，教师在幼儿的数学活动中，要充分利用幼儿已有的知识经验、认知、情感，去组织幼儿探索数学的知识、发展数学能力、促进幼儿整体数学素养的提高。

（四）幼儿数学教育是幼儿经历"数学化"的过程

所谓的"数学化"过程，是指幼儿从一个具体的情景问题开始，到得出一个抽象数学概念的教育全过程。幼儿的"数学化"也是从"生活"到"符号"，再从"符号"到"概念"的转化过程。这样幼儿才能真正理解数学、热爱数学，使数学能力成为他们生活中有用的本领。

（五）幼儿数学教育是在教师指导下活动的过程

虽然幼儿有了一些关于数学的感性经验，由于幼儿认知能力的发展水平不高，加之数学知识的抽象性特点，所以，幼儿的数学是在师幼双边的活动中不断建构起来的。

总之，对于幼儿数学教育，我们应以全面、科学、辩证的观点看待，既要看到幼儿在整个过程中的主体地位和探索特点，又要重视教师在其中所扮演的重要角色。

二、幼儿学习数学的心理特点

（一）启蒙性

幼儿数学教育应是启蒙的，目的在于使幼儿得到一些最基本的、入门的数学知识。包括对数学知识的探索和对数学知识的理解启蒙。为幼儿入小学学习数学做准备，为幼儿未来数学素养的可持续发展做准备。

（二）探索性

幼儿对数学的学习实质上是一个探索的过程。这个过程与成人探索数学经历大致一样：有猜测、有探索、有验证。

（三）发展性

幼儿学习数学将经历一个不断发展的过程，在这一过程中，幼儿对数学的认知能力经历了一个从简单到复杂、从低级到高级的螺旋式的发展过程。其具体表现是：从具体到抽象，从个别到一般，从外部动作到内部动作，从同化到顺应，从不自觉到自觉，从自我中心到社会化。

（四）社会性

生活是幼儿学习数学的重要场所，幼儿最初的数学学习发生于他们所生活的周围环境，在生活中幼儿积累了最初的现实生活数学经验，这些经验为幼儿以后接受正规的数学教育提供了基础。

（五）差异性

由于每个幼儿先天的生理条件和后天环境的不同，他们在数概念的形成和发展中就表现出明显的个体差异，不仅表现为学习水平和速度上的差异，而且表现为学习风格和方式上的差异。

考点二 幼儿数学教育的目标和内容

1. 幼儿园数学教育的目标
2. 幼儿园数学教育的内容

考点解析

一、幼儿园数学教育的目标

《3~6岁儿童学习与发展指南》对幼儿园的数学教育目标提出来以下3点要求：
①初步感知生活中数学的有用和有趣。
②感知和理解数、量及数量关系。
③感知形状与空间的关系。

目标①主要是有关培养幼儿对数学的情感和态度的目标。就是强调引导幼儿在生活中去体验、感受、发现生活中很多地方都用到数；环境中各种数字的含义；许多问题都可以用数学的方法来解决，体验解决问题的乐趣，培养幼儿对数学活动的兴趣。

目标②、③都是有关幼儿学习数学知识方面的目标。幼儿在大量的生活活动中感知、发现周围事物中的种种数量现象和空间形式，从而积累了丰富的感性知识。但这些知识仅仅停留于表面，如果不能进一步深化理解，是不能揭示数学的本质特征的，对幼儿的思维发展也是有限的。所以，我们要让幼儿深刻体验、理解这些数量关系、空间形式，以促进幼儿思维的抽象能力和推理能力的发展。

二、幼儿园数学教育的内容

依据幼儿园数学教育内容选择的目的性、启蒙性、趣味性、生活性的要求，幼儿园数学教育的内容包括以下主要项目和范围：

（一）物体分类、排序和比较多少

①物体的分类。
②比较两组物体的多少。
③物体的排序。

（二）10以内数的概念

①认识1和许多。
②10以内基数。
③10以内序数。
④10以内数的组成。
⑤认读和书写10以内阿拉伯数字。

（三）10以内的加减

①10以内的加减。
②解答和自编应用题。

（四）简单的几何图形

①认识平面图形：圆形、正方形、三角形、长方形、半圆形、椭圆形、梯形。
②认识立体图形：球体、正方体、圆柱体、长方体。

（五）量与计量

①比较大小、长短、高矮、粗细、厚薄、宽窄、轻重等。
②量的排序。
③量的守恒。
④量的相对性和传递性。

⑤自然测量。

(六) 空间方位
①空间方位：上下、前后、里外、远近、左右等。
②空间运动方位：向前、向后、向上、向下、向里、向外、向左、向右等。

(七) 时间
①早晨、晚上；白天、黑夜。
②昨天、今天、明天。
③前天、后天。
④时钟、整点、半点。
⑤日历。

考点三　幼儿园数学教育的途径、方法

1. 幼儿园数学教育的途径
2. 幼儿园数学教育的方法

考点解析

一、幼儿园数学教育的途径

(一) 专门性的数学教育活动

1. 数学课（正式的数学教育活动）

是指教师在专门的时间里，有目的、有计划地组织幼儿，通过与环境的相互作用，感知数学经验，发展思维的一种专项数学活动。这种教学方式最大限度地保证全体幼儿接受基本的教育。

2. 数学区域活动

是指教师充分利用活动室的某一区角，专门为幼儿设置一个探索数学的环境，让幼儿自由探索、操作和摆弄材料，从而获得数学经验的活动。

(二) 渗透性的数学教育活动

1. 日常生活中的数学渗透

日常生活中的数学渗透，就是在幼儿日常生活中渗透数学教育，引导幼儿发现数学、学习数学、运用数学，实现数学回归生活的过程。

2. 各领域活动中的数学渗透

就是在各领域的教育活动中渗透数学教育，使数学教育内容有机地与其他课程整合起来，帮助幼儿积累数学经验。

3. 主题探索中的数学渗透

主题探索中的数学渗透是指在主题探索活动中有机地渗透数学教育，其目标和出发点是为主题的开展和推进服务。

4. 各种游戏中的数学渗透

是指在各种游戏中有机地渗透数学教育，使幼儿在游戏中既能巩固对数学知识的认识，又可因数学知识的渗透使游戏内容更加丰富。

5. 环境创设中的数学渗透

是指在创设环境中有机地渗透数学教育内容。主要包括两方面内容：一是充分利用幼儿园

周围环境中所蕴含的数学要素，引导幼儿发现、感知数学知识和经验；二是教师在创设环境时，有意识地把数学内容渗透于其中，然后引导幼儿通过与环境的相互作用，获得有关数学经验。

6. 家庭教育中的数学渗透

主要包括两部分内容：一是家长在某一时间里对幼儿进行数学教育；二是家长在日常生活中随机对幼儿进行数学的渗透教育。因家庭生活的特殊性，家庭中的数学教育主要以渗透的数学教育为主。

二、幼儿园数学教育的方法

（一）操作法

1. 含义

操作法是教师创设环境，提供充足的材料，幼儿在摆弄、操作的过程中进行探索、思考、交流，从而获得初步数学经验、知识和技能的一种方法。是幼儿学习数学的基本方法。

2. 类型

①验证性操作——是指教师进行讲解演示，让幼儿初步理解数学知识和技能，然后再让幼儿操作予以体验和验证，以巩固和加深数学知识和技能。这种操作类型经常用在较难的教学内容的学习和新的操作材料的使用上。

②探索性操作——是指幼儿带着一定的意向或根据一定的任务指向，通过操作，独立自主地探索数学知识的过程。这种方法体现了"先幼儿，后教师"的思想，符合当前幼教改革的精神。

③发散性操作——是指幼儿根据教师发散性的要求，依靠想象，采取不同的方法，从不同的角度，对教师提供的材料进行不同方式的操作，以获得多样化或与众不同的操作结果。

（二）感官法

1. 含义

感官法是指教师引导幼儿运用各种感官参与到数学学习活动中，使幼儿积累对同一数学知识的多种感性认识经验，从而帮助幼儿更好地形成某一数学概念的一种方法。

2. 类型

①视觉感知——即通过视觉去发现物体的外部特征，从而感知或抽象出存在于事物之间的数量关系的一种感知形式。是幼儿运用感官感知数学的最基本方法。

②听觉感知——即通过听觉的参与，让幼儿更好地感知数学经验，理解数学知识的一种感知形式。

③触摸感知——即通过运用幼儿的触觉来感知物体的数量特征，从而认识数学知识的一种感知形式。

④动觉感知——即通过运用幼儿的运动感觉直接参与到认识数学活动中，从而使幼儿更好地感知数学经验，理解数学知识的一种感知形式。

⑤综合感知——即综合运用各种感官参与到数学活动中，从而达到全方位、多角度地感知数学知识的一种感知形式。

（三）游戏法

1. 定义

游戏法是指为了学习和巩固数学知识，以游戏的形式开展数学活动的一种方法。它是一种把数学知识寓于游戏之中，让幼儿在玩中学、学中玩的教学方法。

2. 类型

①情节性数学游戏——是通过开展具有一定情节的游戏，让幼儿从中学习数学知识。

②操作性数学游戏——是以幼儿动手操作材料为主要特征的一种数学游戏，是把游戏和操作结合起来的一种形式。

③口头数学游戏——是指师生以口头语言的形式进行的数学游戏，这种游戏对发展幼儿数的抽象能力和思维的敏捷性有较为明显的作用。

④竞赛性数学游戏——是以竞赛的形式进行的数学游戏，对调动幼儿学习数学的积极性有重要的意义。

⑤数学智力游戏——是一种以巩固所学的数学知识和促进幼儿智力发展为主要目的的数学游戏。

（四）比较法

1. 定义

比较法是指通过对两个（组）或两个（组）以上物体的比较，让幼儿找出它们在数、量、形等方面的异同点的一种方法。

2. 类型

根据比较的性质可以分为：

①简单的比较——是指对两个（组）物体的数或量的比较。

②复杂的比较——是指对两个（组）以上物体数或量的比较。

根据比较的排列形式可以分为：

①对应比较——是指将两个（组）的物体一一对应地排列并加以比较。

②非对应比较——是指将两个（组）的物体进行非对应排列并加以比较。

（五）讨论法

1. 定义

讨论法是幼儿在教师指导下就活动中出现的问题、矛盾相互交流意见、探讨解决问题策略的一种教学方法。

2. 类型

根据讨论的时机可以分为：

①课堂随机讨论——是指教师根据课堂的实际情况，随时就一些有价值的问题组织幼儿讨论。

②课后计划讨论——是指在上课结束后，教师针对幼儿活动中的某一问题有目的、有计划地组织幼儿开展的讨论。

根据讨论主体可以分为：

①师幼讨论——是指教师和幼儿就活动中的某一问题共同展开的讨论。

②幼幼讨论——是指幼儿之间就活动中的某一问题共同展开的讨论。

根据讨论的形式可以分为：

①集体讨论——是指全班幼儿就活动中的某一问题共同展开的讨论。

②小组讨论——是指全班幼儿分成若干小组，就活动中的某一问题共同展开的讨论。

（六）寻找法

1. 定义

寻找法是指在直接感知的基础上，引导幼儿从周围环境中寻找数、量、形及其关系的一种方法。

2. 类型

①在周围环境中寻找。
②在已准备好的环境中寻找。
③运用记忆表象寻找。

(七) 讲解演示法

1. 定义

讲解演示法是指教师通过向幼儿展示直观教具并配合以口头讲解,把抽象的数、量、形等知识、技能或规则,具体地呈现出来的一种教学方法。

2. 类型

①知识的讲解演示。
②技能的讲解演示。
③常规的讲解演示。

考点四 幼儿园数学教育活动的设计与组织

1. 幼儿园数学教育活动设计的基本过程
2. 游戏中的数学教育活动指导
3. 日常生活中的数学教育活动指导

考点解析

一、幼儿园数学教育活动设计的基本过程

(一) 活动名称

活动名称也称活动课题,有的则写成活动内容,一般有两种取法:
①用数学术语定名称,如"学习6的组成""认识5的序数"。
②用生活语言定名称,如"小兔拔萝卜""图形宝宝在哪里"。

(二) 活动目标

①活动目标应包括数学经验和知识、数学技能和能力、数学情感和态度等3个方面的内容。
②活动目标强调具体性和针对性。活动目标的具体性是可以由幼儿的具体行为来评估的,是教师可以观察和测量的。活动目标的针对性是指活动目标应针对具体的教学内容和本班幼儿的具体情况,这样的目标才是有效的目标。
③活动的目标表述以幼儿作为行为主体,用幼儿的行为变化来表述。

(三) 活动准备

数学活动的准备一般包括以下3个方面:
①知识经验的准备。
②活动材料的准备。
③空间的准备。

(四) 活动过程

分为3个部分:

1. 活动的开始（活动导入）

此环节目的是激发幼儿的兴趣，集中幼儿的注意力，为此，可采用提问、游戏、操作材料、文学语言等方式。

2. 活动进行的设计

是教学目标实现的关键环节，在活动的环节、层次、目标、方式、方法及材料的使用等方面，设计得越详细、周密，就越有可能使活动的开展所出现的不足减少，活动越能达到预期的目的和效果。

3. 活动结束

此环节的目的在于总结、提升幼儿探索的经验，评价幼儿的活动情况，所以，教师可采用多种方法，使幼儿保持继续探索的欲望。

（五）活动延伸

活动延伸是指将本活动的内容自然地延伸到后面的活动中去，使前后内容紧密联系起来。比较常见的做法是把本次活动的内容延伸到区角活动和日常生活中。

（六）活动建议

活动建议是就本活动在开展过程中所应注意的问题，提出建议。

二、游戏中的数学教育活动指导

数学概念抽象，幼儿学起来容易产生枯燥乏味之感。如果采取游戏的形式，寓数学活动于游戏之中，就能提高数学的趣味性，使幼儿在积极、愉快的情绪下主动地进行学习。因此，在选择和创编游戏时要注意以下几点：

①游戏要有动作性，使幼儿有较多的活动机会。如"拍手对数""摆一摆，说组成"等游戏。

②游戏要有情境性，能吸引幼儿的注意力，使幼儿感到很有情趣，爱玩它。

③游戏还要有一定的竞赛性和猜测的成分，以满足幼儿的求知欲和好奇心，促进形成幼儿生动活泼的学习局面。

三、日常生活中的数学教育活动指导

①教师应有意识地引导幼儿在日常生活中随时注意观察事物的数量变化，运用已学到的数学初步知识解决日常生活中的简单问题。

②注意幼儿平时对于数概念和术语的运用是否准确，对于出现的错误要给予及时的纠正。对于幼儿还不熟悉的事物，教师可在提出问题时提示清楚，引导幼儿正确回答。

③家园配合，使家长也为幼儿提供学习数学的环境和条件。

模块六第六章　真题回放

第七章

幼儿园音乐教育活动

考点与解析

音乐教育是幼儿园整体教育中的重要组成部分，是完成幼儿教育的总任务、实现总目标、促进幼儿全面发展必不可少的教育活动内容和有力的手段。

音乐是以声音塑造形象的听觉艺术。它通过有组织的声音所形成的艺术形象，表达人们的思想情感，反映社会现实生活。它具有巨大的感染人、教育人的力量。优秀的音乐作品，在鼓舞人们奋发向上、促进情感交流、丰富与美化生活、陶冶情操等方面有着独特的作用。幼儿园的音乐教育是按照儿童生理和心理的发展特点，对儿童进行音乐知识、技能的教育和熏陶。更要以全面发展教育为中心，通过音乐的手段、音乐教育的途径促进儿童在身体、智力、情感、个性、社会性等方面的和谐发展，是一种以音乐为手段来进行的人的基本素质教育。在学习中明确幼儿园音乐教育活动的意义、任务和要求，初步掌握幼儿园音乐活动的特点和进行音乐教育的一般理论，学习分析处理教材、选择教学方法和组织设计与实施幼儿园音乐教育活动的能力。

考点一 幼儿园音乐教育的概念和目标

1. 什么是幼儿园音乐教育
2. 幼儿园音乐教育的目标

考点解析

一、幼儿园音乐教育

幼儿园音乐教育是指通过音乐这一媒介对幼儿进行音乐艺术教育熏陶、影响的教育活动，它反映了学前儿童对音乐的感受、理解、表现和创造，也表现了学前儿童对周围世界的认识和情感。音乐艺术的愉悦性、感染性特点在学前儿童的音乐活动中体现得尤为突出，利用这一特点引导幼儿在玩中学、乐中学，把音乐教育寓于愉快的音乐感受和音乐表现之中，学得愉快，学有所得。同时，引导幼儿在愉快、活泼、富有艺术特色的教育活动中受教育，体现了幼儿园音乐教育的教育性特点和潜移默化的教育特性，在选材时多注意爱祖国、爱生活、爱自然等主题音乐素材的歌曲，如《国旗、国旗真美丽》《春天在哪里》等，在教育幼儿的同时，也可以激发教师爱祖国和爱生活的美好情感。

二、幼儿园音乐教育的任务

根据《纲要》和《指南》中艺术领域中的目标、内容与要求、指导要点、建议，幼儿园音乐教育的主要目标有4个方面：

①激发和培养幼儿对音乐的兴趣和爱好。
②重视幼儿音乐能力的培养。
③引导幼儿学习一些简单的音乐知识与技能。
④注意发挥音乐的教育作用。

考点二　幼儿园音乐教育的内容与方法

1. 幼儿园音乐教育的内容
2. 幼儿园音乐教育的方法

考点解析

一、幼儿园音乐教育的内容

幼儿园的音乐教育活动内容包括歌唱活动、韵律活动、音乐游戏活动、打击乐器演奏活动和音乐欣赏活动5个方面的内容。

（一）歌唱活动

歌唱活动是一种需要学习才能掌握的技能。在幼儿园应逐步使幼儿掌握以下基本的、最简单的歌唱技能，主要有：姿势、呼吸、发声、咬字吐字、音准、协调一致、保护嗓音、表情。其特点是：模仿学唱，不选内容；不会分句学唱；大声喊唱。

（二）韵律活动

韵律活动是幼儿喜欢的音乐活动之一，在日常生活中，我们常常可以看到，幼儿听到自己喜欢的音乐，会情不自禁地手舞足蹈，这是幼儿对音乐的直觉的、自然的、即兴的反应，他在用肢体动作表现对音乐特有的感觉和理解。幼儿园的韵律活动是指随音乐而进行的各种有节奏的身体动作，一般包括律动、舞蹈及其他节奏活动。

（三）音乐游戏活动

音乐游戏是在音乐的伴随下进行的一种有规则的、以发展幼儿的音乐能力为目标的游戏活动。音乐游戏是多种多样的，大致有以下两种：一是根据游戏的内容和主题分类，音乐游戏分为有主题和无主题的音乐游戏；二是根据游戏的形式分类，音乐游戏可分为歌舞游戏、表演游戏和听辨反应游戏。

（四）打击乐器演奏活动

幼儿园的打击乐器活动，是在教师的指导下组织幼儿运用各种打击乐器，配合乐曲的旋律进行演奏的一种器乐演奏形式。因为它的音响丰富多彩，演奏形式生动活泼，演奏技术易于掌握，所以深受幼儿喜爱。根据乐器音响特点把打击乐器分为：强音乐器（大鼓、单面鼓、小锣、小镲）；弱音乐器（圆舞板、碰铃、三角铁、串铃、沙锤、棒镲、木鱼）；特色乐器（铃鼓、响板、双音响筒、蛙鸣筒）；旋律乐器（木琴、铝板琴、电子琴、自制乐器）。

（五）音乐欣赏活动

幼儿园的音乐欣赏活动是在教师的组织指导下，以发展幼儿的音乐欣赏能力和审美能力，开阔幼儿的音乐视野，丰富幼儿欣赏音乐的经验，接受音乐作品美的内容和艺术形象的感染和教育的一种活动。欣赏的内容有：优秀的儿童歌曲、短小旋律优美的小曲子、童话音乐作品、中外著名作曲家的优秀作品片段。

二、幼儿园音乐教育活动的方法

教学方法是教师为完成教学任务所采取的各种方法和手段。根据音乐学科的特点，幼儿园音乐教育活动中常用的方法有：

（一）示范法

示范法是指在幼儿园音乐教育活动中，教师通过自己的演唱、演奏或动作表演给幼儿提供模仿和学习的榜样，提高幼儿学习兴趣、优化幼儿学习效果的一种方法。

（二）语言法

语言法是指在幼儿园音乐教育活动中以语言为主要教学方法的总称。音乐活动中常用的语言指导法一般有讲解、讲述、谈话、提问、激励等。

（三）练习法

练习法是通过多次重复，使幼儿熟练地掌握知识和技能的方法，是幼儿园音乐教育活动中很重要的一种方法。

（四）角色变换法

角色变换法是指在幼儿园音乐教育活动中，教师的角色定位除了是支持者、引导者、合作者，更应该是"平等中的首席"，适时地参与和退出。

（五）多通道参与法

在幼儿园音乐教育活动中，教师要调动幼儿的多种感官协同参与，以更好地丰富和强化幼儿对音乐的感受和理解，体验并享受音乐艺术的美。

考点三　幼儿园音乐教育活动的设计与指导

1. 幼儿园歌唱活动的设计与指导
2. 幼儿园韵律活动的设计与指导
3. 幼儿园音乐游戏活动的设计与指导
4. 幼儿园打击乐演奏活动的设计与指导
5. 幼儿园音乐欣赏活动的设计与指导

考点解析

一、幼儿园歌唱活动的设计与指导

（一）导入教学

常用的导入方法有动作导入法、歌词创编导入法、故事讲述导入法、直观教具导入、情境表演导入、游戏导入法、朗诵歌词导入等。

（二）教师范唱

幼儿善于模仿，教师的范唱，应有正确的唱歌技能，如正确的姿势、呼吸，清楚的吐字，准确的旋律与节奏，适当的表情等，给幼儿树立良好的榜样。

（三）学唱新歌

教唱新歌的方法多种多样，教师可以根据歌曲的特点和本班幼儿的年龄特点灵活选用。

1. 解释歌词、理解记忆歌词

教师可以利用提问、有节奏的朗诵等帮助幼儿理解、记忆歌词。

2. 教幼儿学唱新歌

一般采用听唱的教学方法，听唱的教学方法又分为整体教学法与分句教学法。整体教学法是指教师在范唱后，学唱者跟着从头开始唱整首歌。分句教学法是指教歌时教师范唱一句，学唱者模仿一句。在幼儿园多采用整体教唱法，主要是幼儿歌曲本身很短小，不必分句，加之小班幼儿对分句唱法不能理解。

（四）复习歌曲

①在教新歌的过程中有着反复练习的成分，为了避免练习的单调，可采用多种形式与方法。复习歌曲的组织形式有：全体唱、部分儿童唱、单独唱。

②复习歌曲的方法有：边唱边表演、变换演唱形式、边用教具边唱、游戏的方法复习唱等。

（五）创造性歌唱活动

在教唱歌曲的基础上，为培养和发展幼儿的创造性可从创编动作、创编歌词、创编伴奏、创编丰富的演唱形式4个方面展开。

二、幼儿园韵律活动的设计与指导

幼儿园的韵律活动是指随音乐而进行的各种有节奏的身体动作。一般包括律动、舞蹈及其他节奏活动3个方面。

（一）律动方面

①在音乐的伴奏下做简单的节拍动作（拍手、点头、走步、打鼓等动作）。

②在音乐的伴奏下做基本动作或模仿动作（模仿小动物的叫声、各种交通工具的声音等）。

（二）舞蹈方面

①熟悉音乐：在教舞蹈前，首先必须带领幼儿熟悉舞蹈伴奏用的乐曲或歌曲。

②教师示范讲解舞蹈。

③教练动作。

④熟练与复习舞蹈。

三、幼儿园音乐游戏活动的设计与指导

幼儿园音乐游戏是在音乐的伴随下进行的一种有规则的、以发展幼儿音乐能力为目标的游戏活动。基本方法如下：

①介绍游戏的名称及主要内容。

②教师示范。

③幼儿熟悉游戏中的音乐。

④幼儿学习游戏中的歌曲或动作。

⑤带领幼儿游戏。

四、幼儿园打击乐演奏活动的设计与指导

靠打击或碰撞而发声的乐器称为打击乐器。幼儿园的打击乐是指在音乐声中有节奏地敲打某些打击乐器的一种活动。其过程如下：

①熟悉音乐作品。

②分发、介绍乐器。

③空手练习。
④随音乐打击乐器。

五、幼儿园音乐欣赏活动的设计与指导

①介绍作品,提出要求。
②幼儿完整地倾听音乐。
③借助动作感受音乐的性质及表现手段。
④适当讲解、分析作品。
⑤反复倾听欣赏。

模块六第七章　真题回放

第八章

幼儿园美术教育活动

考点与解析

美术是指艺术家运用一定的物质材料，如颜色、纸张、画布、泥土、石头、木料、金属等，在一定的空间内塑造可视的平面或立体的视觉形象，以反映自然和社会生活，表达艺术家的思想观念和情感的一种艺术活动。关于美术的类别，根据不同的标准可以划分为不同的类别和数量。一般认为，根据其表现形式和功能，可分为绘画、雕塑、工艺美术、建筑艺术和工业（与环境）设计美术5种类型。幼儿园的美术教育活动是在教师的指导下，幼儿所从事的造型艺术活动和美术欣赏活动。幼儿的美术作品再现了他们对周围事物的印象，表达了他们的愿望和审美追求。在学习中要明确幼儿园美术教育活动的目标、内容，了解幼儿美术的特点，学习分析处理教材、选择教学方法和组织设计与实施幼儿园美术教育活动的能力。

考点一 幼儿美术能力的发展

1. 幼儿绘画的发展特征描述
2. 幼儿手工的发展特征描述
3. 幼儿美术欣赏的发展特征描述

考点解析

一、幼儿绘画的发展特征描述

绘画是幼儿园美术活动的形式之一。幼儿绘画是指幼儿运用绘画工具在纸等材料上通过造型、设色、构图等手段，表现出可视的平面形象的活动。幼儿的绘画发展经历了以下阶段：

（一）涂鸦期（1.5~3.5岁）

这些涂鸦画不讲究造型、色彩和构图，是一种新的动作练习，没有明确的表现意图，而是把涂鸦作为一种游戏活动，享受这种运动带来的快感。幼儿从涂鸦到脱离涂鸦这一阶段的发展，又可以划分为4个阶段：

1. 未分化的涂鸦（1.5~2岁）

由于动作不协调，画面上是一些随机的点和杂乱的、不规则的线条，线条长段不一，不流畅，互相掺杂在一起，没有方向。

2. 控制涂鸦（2~2.5岁）

能在纸上画出一些重复的、上下左右分布的直线、倾斜线、螺旋线等，但线条长短不一，涂鸦已能控制在整张纸内。

3. 圆形涂鸦（2.5~3岁）

在纸上重复地画圆圈，用这些大大小小的圆形来表现一切事物，有时会注意画面的某些部分。

4. 命名涂鸦（3~3.5岁）

幼儿开始意识到所画的线条与实物和自己的经验之间的联系，已有明显表达意图，画面开始出现一些类似象征符号那样的线条和简单的图形，这些线条和图形"漂浮"在画面上，相互间不联系。

（二）象征期（3.5~5岁）

从造型上来看，幼儿常常用所画的图像来表达自己的意图，但这些图像仅仅是简单的几何图形和线条的组合，只具备了物体的基本部分，多半是粗略的、不完整的，整体性不强，结构有时不太合理，并会遗漏部分特征。

色彩上：幼儿的辨色能力大大提高，对颜色开始有自己的喜好。

构图上：画面形象较多，不太注意物体间的大小比例，但已经开始试图表现物体的空间关系了。

（三）图式期（5~7岁）

图式期是幼儿开始真正地用绘画的方法有目的、有意识地再现周围事物和表现自己经验的时期，也是儿童绘画最充满活力的时期。

造型上：能用较为流畅、熟练的线条表现物体的整体形象，试图将部分与部分融合为整体。并能用一些细节来表现事物的基本特征，其结构合理，各部分之间的关系基本正确。细节描绘是这一阶段绘画的基本特征之一。

色彩上：幼儿辨色能力明显提高，用色彩表现自己的情感，也按照物体的固有色来着色，并能做到均匀涂色。

构图上：画面上所画形象丰富，能注意物体的大小比例，但还把握不住分寸。有时会夸大感知印象较深的东西，基本上能反映主题。

在象征期和图式期这两个主要阶段，还存在一些幼儿绘画的独特形式，主要表现为以下几种：

1. 拟人化

即把无生命的物体或有生命的动植物画得和人一样，不仅赋予它们以生命，而且赋予它们一切人所具有的特点和本领，是他们心理发展中泛灵论的反映。

2. 透明画

即幼儿在绘画表现时，总认为凡是客观存在的东西，都必须都画出来，虽然是重叠的两物，但画面上还是互不遮挡，全然不考虑视觉透视。

3. 展开式

展开式又称异方向同存式或视点游走式。即幼儿把从不同角度观察到的事物在一个画面上表现出来。

4. 夸张法

即幼儿在绘画中常常不自觉地把自己的感觉和情感加以强调和夸张，把自己认为重要的东西和非常关心的部分画得非常仔细、认真，而对事物的整体或其他部分却注意得不够，是幼儿自我中心主义心理在绘画领域中的表现。

二、幼儿手工发展的特征描述

幼儿的手工活动是指幼儿利用手工工具对点状、线状、面状、块状材料进行撕、剪、贴、折、叠、塑等加工改造的创造活动。幼儿的手工发展大致经历了以下几个阶段：

（一）无目的的活动期（1.5~3岁）

这个时期的幼儿由于生理上手部小肌肉的发育不够成熟，认识能力很有限，所以，手工活动并没有明确的目的，只是一种纯粹的玩耍活动。他们不理解手工工具和材料的性质，还不能正确地使用这些手工工具、材料。

（二）基本形状期（3~5岁）

幼儿手工活动的基本形状期相当于幼儿绘画中的象征期。这时的幼儿由无目的的动作逐渐呈现出有意图的尝试，制作出的东西只具备了物体的基本部分，整体感不强。

（三）样式化期（5~7岁）

这一时期的幼儿表现欲望强，他们喜欢用各种工具和材料来制作，以表达自己的愿望。所制作的物体流畅、光滑，还会借助辅助工具来为制作的物体添加一些细小特征。

三、幼儿美术欣赏的发展特征描述

美术欣赏活动是幼儿园美术活动不可缺少的一个部分。幼儿欣赏活动是在其生理、心理发展到一定阶段的基础上发展起来的。幼儿的美术欣赏发展可分为两个阶段：

（一）本能直觉期（0~2岁）

这一时期婴儿的欣赏主要表现为对形式审美要素的知觉敏感性和注意的选择性，是纯表面的和直觉的，还没有真正的、独立的美感反应。

（二）直接感受审美形象的时期（2~7岁）

①对作品内容的感知先于对作品形式的感知。
②在教育的干预下，学前儿童能感知美术作品的某些形式审美特征。
③学前儿童更喜欢感知描绘熟悉的物体和令人愉快的现实主义美术作品，以及色彩明快的美术作品。

考点二　幼儿园美术教育活动的目标、内容、方法

1. 幼儿园美术教育活动的目标
2. 幼儿园美术教育活动的内容
3. 幼儿园美术教育活动的方法

> **考点解析**

一、幼儿园美术教育活动的目标

《幼儿园教育指导纲要（试行）》明确规定了幼儿园艺术教育的目标：
①能初步感受并喜爱环境、生活和艺术中的美。
②喜欢参加艺术活动，并能大胆地表现自己的情感和体验。
③能用自己喜欢的方式进行艺术表现活动。

二、幼儿园美术教育活动的内容

在幼儿园美术教育活动中，绘画、手工、美术欣赏三大内容构成了一个互为联系的整体。

（一）绘画

幼儿园绘画活动从题材内容和形式上可分为命题画活动、意愿画活动、装饰画活动；从工具材料和表现技法上，又可分为很多种，在幼儿园经常进行的有蜡笔画、彩笔画、棉签画、印章画、拓印画、手指画、水墨画、折纸添画、吹画等。

（二）手工

幼儿园手工活动是幼儿在教师引导下，利用各种材料进行的造型操作游戏活动。主要包括泥工、纸工和利用各种其他材料进行的综合性手工活动。

（三）美术欣赏

幼儿园美术欣赏活动的主要内容有绘画、雕塑、建筑艺术、工艺美术、自然环境和环境布置的欣赏。儿童美术欣赏活动的组织形式有专题性欣赏和随机欣赏两大类。

三、幼儿园美术教育活动的方法

（一）幼儿园美术欣赏活动的一般方法

1. 提问法

提问法是教师根据儿童已有的知识经验，向儿童提出问题，引导儿童思考或讨论，并通过正确解答，使儿童获得新知识。

2. 讲解法

讲解法是教师用生动而具有启发性的语言讲解欣赏的内容。

3. 观察比较法

观察比较法是教师引导儿童观察、评价不同作品的教学方法。

4. 体验法

体验法是教师为儿童精心选择和设计与作品有关的环境、场景，让儿童在动手、动脑、动口的操作活动中，丰富自身感性经验，激发儿童审美主动性的一种方法。

（二）幼儿园绘画活动的一般方法

1. 观察法

启发儿童观察物像的形状、颜色、结构以及事物间的空间位置、相互关系等，获得对事物的感性认识，是幼儿园美术教育活动的最基本方法。

2. 实际体验法

是让儿童尽量通过各种感觉器官多通道地去感知各种事物。

3. 联想法

是教师用故事、实物或对事物的"联想"，把儿童引进想象的世界，让他们以实际生活经验为根据，从中记忆、感触、思考和创作。

4. 范例演示法

是一种讲解、演示和范例有机结合的一种综合性的方法。可以有效地调动儿童的视知觉，把握物象特征、结构、构图等，从而达到预期的活动目标。

5. 游戏练习法

游戏练习法就是使幼儿园美术教育活动以娱乐或玩耍的方式进行反复学习和操作的方法。

（三）幼儿园手工教育活动的一般方法

1. 感知

手工活动中让儿童感知教师整个操作的方式、步骤，特别是操作中的关键动作、难点和重点。

2. 模仿

模仿是儿童操作技能的开端。教师要为儿童指出明确、合理的动作要领。

3. 练习

教师引导儿童通过整体练习与分解练习相结合，掌握手工活动的技能。

4. 创造

引导儿童逐渐地表现出与众不同、具有独创性的解决问题的能力，创作出不同的作品。

考点三　幼儿园美术教育活动的设计与指导

1. 幼儿园绘画教育活动的内容与指导
2. 幼儿园手工教育活动的内容与指导
3. 幼儿园美术欣赏教育活动的内容与指导

考点解析

一、幼儿园绘画教育活动的内容与指导

（一）命题画活动（又称"主题画"活动）

命题画活动是由教师指出绘画的主题，明确要完成的某种技巧任务和教育要求，幼儿按照绘画的主题和要求作画。

在命题画中，教师的命题很重要。教师可结合幼儿周围的现实生活命题，选择符合幼儿日常生活见到的、听到的、熟悉的、有经验的和有兴趣的，并在他们心目中留下深刻印象，又有利于启发和创造的题材进行命题。

命题画活动的指导：

①调动幼儿学习的兴趣和主动性。
②引导幼儿观察、把握物体的基本特征以及事物之间的关系。
③通过恰当的方法，让幼儿掌握表现物体画的基本方法及构图、布局特点。
④多启发、鼓励幼儿大胆地进行创造性的表现。
⑤采用多种技法和系列命题的方式，掌握绘画的表现技法，提高幼儿的造型技巧等。

（二）意愿画活动（又称"自由画活动"）

意愿画活动是幼儿根据自己的生活经验，由幼儿依据自己的愿望选择绘画的内容作画，教师不做示范和暗示，对绘画题材、形式和表现手法上没有任何约束。幼儿可以充分发挥想象力和创造力，感受绘画过程的愉快情绪。

意愿画活动的指导：

①结合幼儿生活体验，启发、帮助幼儿确立意愿活动的内容。

②创造宽松的意愿画作画环境，按幼儿不同能力帮助幼儿大胆地进行意愿画活动。

③合理地指导，充分发挥幼儿的主体性，鼓励幼儿大胆创作。

④以幼儿的创造性和丰富的想象力作为评价幼儿意愿画的首要目的。

（三）装饰画活动（又称"图案画活动"）

装饰画活动是指幼儿运用变形的各种纹样、协调的色彩在各种不同的生活用品的纸型上对称地、和谐地、有规则地进行美化、装饰的一种绘画活动。

装饰画活动的指导：

①引导幼儿观察、欣赏大自然和日常生活中美的花纹、图案和形式。

②帮助幼儿掌握简单的装饰画技能。

③充分运用各种材料和手段，在装饰画中更进一步培养幼儿的想象力和创造力。

二、幼儿园手工教育活动的内容与指导

（一）泥工活动

幼儿园的泥工活动可分为无主题的自由塑造和有主题的泥工学习与表达。从简单的形体，到有情节的多个物体的组合，都是贴近幼儿生活、令幼儿喜爱的内容。泥工活动初期幼儿必须通过反复多次的玩泥游戏，才能逐渐熟悉泥工材料的塑造特点。在游戏中教师可选取幼儿熟悉的事物，通过示范、讲解等方式渗透简单的泥工技能，和幼儿一同体验泥工塑造的过程。当幼儿掌握了一些简单的技巧，就可以用泥进行再现与创造了。

1. 泥工活动的工具材料

泥工的材料有：橡皮泥、多彩泥、自制面泥、陶泥等。

泥工活动的工具：泥工刀、竹签、小木棍、牙签等。

2. 泥工活动的基本技能

泥工活动的基本技能有：团圆、搓长、压扁、粘接、捏泥、抻拉、分泥等。

（二）纸工活动

1. 纸工活动的内容

经常开展的幼儿园纸工活动内容有：折纸、剪纸、撕纸、粘贴、染纸。

2. 纸工活动的基本技巧

纸工活动的基本技巧有：撕、剪、折、粘、卷、拼、贴、编等多项技巧。

（三）其他材料的手工活动

除了上述的泥工、纸工活动，还包括许多利用其他材料进行的手工活动。为了完成某一个主题，经常需要同时使用多种材料和技法进行综合表现，涉及的材料多种多样，有自然材料、生活废旧物品等，只要符合卫生和安全标准，都可纳入幼儿的手工活动材料的范围。

（四）手工活动指导要点

①准备精美有趣的范例，引起幼儿操作学习的兴趣。

②提供练习的环境与时间，使幼儿充分体验工具材料的性能。

③教师清楚地讲解演示制作的基本技巧。

④制作过程中给予幼儿耐心的帮助与支持。

⑤对幼儿的作品进行恰当的处置。

三、幼儿园美术欣赏教育活动的内容与指导

（一）绘画欣赏

幼儿园的绘画欣赏一般从内容（画面的形象、情节和主题）和形式（线条、形体、色彩、构图等）两方面进行欣赏，然后启发幼儿用语言、表情、动作表达自己的审美感受，调动幼儿用多种感官来欣赏、感受和充分表达自己对美的向往、喜好和体验。

（二）雕塑欣赏

雕塑一般分为圆雕和浮雕两类。教师在引导幼儿欣赏时，应着重引导他们体验雕塑作品的形体所体现出来的充沛的生命力。

（三）工艺美术欣赏

工艺美术最显著的特点是工艺与美术两者的有机结合，既有审美意义，又有实用意义。通常分为实用工艺美术（或日常工艺）和观赏工艺（或陈列工艺）两类。对工艺美术的欣赏重点放在造型美和服饰美，以及这些形式美所洋溢出的趣味、情调和生活气息。

（四）建筑艺术欣赏

建筑艺术是一种实用和审美相结合的艺术。在幼儿欣赏建筑艺术时，首先引导幼儿观看全貌，使他们知道欣赏的内容是什么，教师和幼儿要站在一定的位置上，和建筑物保持一定的距离，给他们以整体感。然后再用提问的方法让幼儿感受建筑物的造型、色彩和结构，从而说明对称、均衡、规律性和稳定性这些建筑物的特征。

（五）自然景物欣赏

自然界的景物千姿百态，美不胜收。在引导幼儿欣赏时要重点欣赏自然景物的形式美及其所蕴含的生命力，欣赏时可采取边看边讲解和停步欣赏的方法。教师要用形象化的文学语言来描述景物的色彩、形态、特征，将幼儿的注意力吸引到将要欣赏的内容上来。

（六）环境欣赏

环境欣赏主要是针对人工创设的环境和装饰的欣赏。教师在引导幼儿进行欣赏时，应把重点放在整体色调、布局及所烘托的气氛上，体现特定环境展现的情趣，以及人类创设环境的智慧美。

（七）美术欣赏活动指导要点

①做好物质上的准备，包括作品、呈现方式、活动材料的选择和准备。
②做好相关知识经验的准备。
③认真研究活动目标和欣赏内容。
④采用多种方法、手段进行欣赏。
⑤注重启发引导，欣赏要循序渐进。

四、幼儿园美术教育活动设计一般环节

（一）活动内容

（二）活动目标

可以从认知目标、情感目标、能力目标、创造目标几方面来进行描述。要求要明确具体、紧扣教材、文字要简练。

（三）活动重点、难点

重点：指要求幼儿都要掌握的最基本的知识和最基本的技能。

难点：指在活动中大部分幼儿难于理解的、难于掌握的知识和技能。

（四）活动准备

包括物质准备和经验准备。

（五）活动过程

①提出课题、引起兴趣。
②讲解演示，体现目标、内容。
③提出要求、幼儿操作、教师指导。
④欣赏评价。

（六）活动延伸

（七）效果分析与反思

模块六第八章　真题回放

模块七　幼儿园教育评价

【前言】

教育评价是幼儿园教育工作的重要组成部分,是了解教育的适宜性、有效性,调整和改进工作,促进每一个幼儿发展,提高教育质量的必要手段。评价在教育实践中起着有力的杠杆作用;评价是一把双刃剑,评价的理念、目的以及评价的方法和技术等都影响着评价对教育的导向。因此,在幼儿园教育中开展什么样的教育评价,如何评价每个幼儿的发展,便成为一个十分重要的问题。

【考纲解析】

考纲要求	1. 理解掌握幼儿园教育评价的概述、主要内容与类型。 2. 理解掌握幼儿园教育评价的方法与步骤
常见题型	单项选择题

【内容导读】

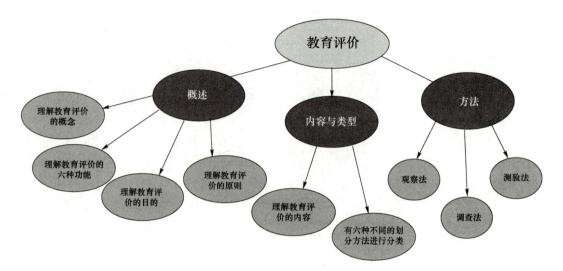

第一章

幼儿园教育评价概述

考点与解析

考点一 幼儿园教育评价的概念

考点解析

幼儿园教育评价是依据一定的标准与程序，有目的、有计划、有组织地对园所各个方面的工作进行科学调查，搜集、整理、处理相关信息，并做出价值判断的过程。

幼儿园教育评价的目的在于获得改进管理和保教质量的依据，促进教育改革，提高保教质量。

考点二 幼儿园教育评价的功能

1. 诊断功能
2. 改进功能
3. 激励功能
4. 反馈功能
5. 导向功能
6. 暗示功能

考点解析

一、诊断功能

"评价的目的不在于证明，而在于改进。"幼儿园教育评价所具有的主要功能就是诊断与改进，诊断与改进同时也是幼儿园教育评价的主要目的。

二、改进功能

这种功能表现在两个方面，一方面是评价者、被评价者协调目标及进程，另一方面是被评价者通过评价了解自己的长短、功过，明确努力方向及改进措施，以实现自我调节。

三、激励功能

评价作为一种促使被评价者转变和发展的方式,在教师日常教育教学评价中具有重要的作用,积极的评价总会给被评价者积极的自我效能感,从而产生一种不断向上的动力。而消极的评价会给被评价者带来自我无力感。

四、反馈功能

教师教学评价是与教学过程甚至幼儿的生活相融合的,评价和教学都是为幼儿的成长服务的,是对幼儿的表现做出反应的方法,都是一种主体性的活动。它们是幼儿做了某件事以后,教师给予的建议、意见或判断。教师的评价能给予幼儿一定的标准,让幼儿有更好的认识。

五、导向功能

幼儿通过教师的积极评价,获得了积极的情感体验,便会对学习等活动产生浓厚的兴趣。可见评价具有积极的导向作用,对整个学前教育事业起到定向作用。

六、暗示功能

教师通过评价的方式,使幼儿建立无意识的心理倾向,激发个人潜力,从而提高幼儿的各种能力,让幼儿充分发展自我。在教师的暗示下,幼儿参与学习的过程不仅有大脑还有身体,这样幼儿通过教师的暗示可以更好进行学习或发展。

考点三　幼儿园教育评价的目的

1. 促进每个幼儿的发展
2. 促进教师的自我成长

考点解析

一、促进每个幼儿的发展

幼儿园教育评价,不是为了对幼儿进行选拔,而是旨在发现每个幼儿的智力潜力和特点,培养他们区别于他人的智能和兴趣,帮助他们实现富有个性特色的发展。

二、促进教师的自我成长

对评价中的反馈信息进行分析,不足、不利之处可立即加以调整、修改,以期重新获得良好的教育教学效果;取得的成绩等有利因素,可鼓励教师再接再厉,形成良好的工作情绪,促进教师成长。

考点四　幼儿园教育评价的原则

1. 方向性原则
2. 可行性原则
3. 目的性原则
4. 发展性原则
5. 定性评价与定量评价相结合原则
6. 单项评价与综合评价相结合原则

考点解析

一、方向性原则

所谓方向性原则是指教育评价必须坚持引导教育工作更好地贯彻国家的教育方针，满足社会和个体发展的需要，保证学前儿童、教师、幼儿园的各项工作都能沿着良性、健康的方向发展。

二、可行性原则

可行性原则是指评价方案在实施时畅通无阻，评价指标和标准符合实际、具体可行，并能被评价者所理解和接受。

三、目的性原则

目的性原则是指在进行幼儿园教育评价时必须有明确目的，不能为评价而评价。只有明确目的才能确定合适的评价标准、评价方法和评价工具。

四、发展性原则

发展性原则是指评价要促进评价者和被评价者的成长和发展，它贯穿于评价的全过程。幼儿园教育评价要以促进学前儿童发展、教师专业发展、幼儿园发展为目标，使被评价者积极上进，主动发扬优点、改正缺点。

五、定性评价与定量评价相结合原则

定性评价和定量评价各有其优点和局限性。定性评价强调观察、分析、归纳与描述，容易出现主观随意性。因此，幼儿园教育评价中要将定性评价和定量评价相结合，使二者互相补充、相辅相成。而定量评价强调数量计算，以教育测量为基础，但它忽略了那些难以量化的重要品质与行为，忽视了个性发展与多元标准。

六、单项评价与综合评价相结合原则

幼儿园教育是一个多边系统，而这些系统又有相对独立性，这就要求幼儿园教育评价要把单项评价与综合评价相结合。

模块七第一章　真题回放

第二章

幼儿园教育评价的类型与内容

考点与解析

考点一 幼儿园教育评价的类型

1. 依据评价的功能划分
2. 依据评价的主体划分
3. 依据评价的参照体系划分
4. 依据收集与分析资料的方式划分
5. 依据评价对象的范围划分
6. 其他分类方式

考点解析

一、依据评价的功能划分

（一）诊断性评价

诊断性评价一般是指在教育活动之前进行的预测性评价或"事实性评价"，目的在于了解评价对象的基础情况，并有效地发现问题，为制订教学计划或解决某些实际问题做准备。

（二）形成性评价

形成性评价是在活动开展的过程中对活动本身进行评价，通过评价对活动过程进行调整，保证活动目标的实现。

（三）总结性评价

总结性评价是在活动过程告一段落之后，以预先设定活动目标为标准，对最终所获得的成果进行评价，判断所获得的成果实现目标的程度。

二、依据评价的主体划分

（一）自我评价

自我评价也称为"内部评价"，被评价者通过自我认识与分析，对照某种标准，对自己的工作、学习状况与成就做出判断。它是一种自己对自己的评价。

（二）他人评价

他人评价也称为"外部评价"，它是除了评价对象自身以外的其他人或组织对该评价对象所进行的评价。在幼儿园中，绝大多数的评价采用的都是他人评价这种类型。

三、依据评价的参照体系划分

（一）相对评价

相对评价是指在评价对象集合之中，选择一个或者若干个对象作为标准，然后将各个评价对象与所确定的标准进行比较，判断其达到标准的程度，或者确定被评价对象在集合总体中所处的位置。

（二）绝对评价

绝对评价是指在被评价对象集合之外，确定一个客观标准，将各个评价对象与所确定的客观标准进行比较，判断其达到客观标准程度的评价。

（三）个体内差异评价

个体内差异评价是指把评价对象集合中的各个评价对象的过去和现在相比较，或者把一个对象的若干侧面相互比较的评价。

四、依据收集与分析资料的方式划分

（一）质的评价

质的评价一般通过自然情景下的调查，或对各种口头的、书面的材料加以细致的分析，全面充分地揭示和描述评价对象的各种特质，揭示其中的意义。

（二）量的评价

量的评价即采用直接量化的方式，对确实存在的量化途径的评价指标进行量的描述，或经统计分析得出某些结论，借此评判其价值，以表明对象的某些特征。

（三）混合型评价

现代教育评价主张采用质和量相结合的评价方式，更为合理地把握有关教育现象的价值。

五、依据评价对象的范围划分

（一）宏观评价

宏观评价指的是以幼儿园宏观管理所涉及的内容为对象的评价。

（二）中观评价

中观评价指的是以幼儿园内部各方面工作为对象的评价。

（三）微观评价

微观评价指的是以儿童发展及儿童指导为对象的评价。

六、其他分类方式

从幼儿园组织层面上来讲，幼儿园教育评价主要是以中观评价和微观评价为主，这是幼儿园自身可控的活动。

依据受评儿童的特征分类，可以分为婴幼儿早期教育评价、残疾儿童教育评价、贫困儿童教育干预计划评价、弱智儿童教育项目评价等；依据学前教育的相关领域，可以分为学前儿童课程评价、社会性教育评价、认知能力教育评价、早期教育的投入与效益评价等；根据评价机构的经济性质，可以分为公共服务性评价和服务营利性评价等。

考点二　幼儿园教育评价的内容

1. 幼儿发展评价的内容
2. 教师发展评价的内容

考点解析

一、幼儿发展评价的内容

幼儿发展评价的内容主要包括身体与运动、认知与语言、社会性与情感3个方面：

（一）身体与运动

身体与运动是幼儿正常发展、健康成长的重要组成部分。

1. 幼儿身体健康生长

幼儿身体生长主要指幼儿在生理方面的发展状况。衡量幼儿身体健康生长通常包括以下几个方面：生长发育形态指标、生长发育生理功能指标、疾病或缺陷。

2. 幼儿动作发展

幼儿动作发展评价涉及两个方面：大肌肉动作和小肌肉动作。

3. 创造性运动能力

幼儿创造性运动能力评价主要涉及对节奏的敏感性、动作表现力、动作创意等方面。

（二）认知与语言

1. 感知能力

对幼儿感知能力的评价主要包括空间、时间和形状3个方面。

2. 思维能力

思维能力是认知的主要部分。幼儿的思维能力主要表现在幼儿认识事物过程中所具有的比较分析、分类概括、判断推理等能力。

3. 探究能力

培养幼儿的探究能力主要表现在培养幼儿的观察能力、好奇心、动手能力等方面。

4. 语言发展

幼儿语言发展评价主要包括输入与输出两个方面内容，前者重在倾听，后者重在表达、对话与描述。

（三）社会性与情感

社会性发展的内容是非常广泛的，比如，幼儿对社会规范的认知、对自我和他人的认知、与社会关系的互动、道德的发展、社会化情绪的发展和变化、交往技能的形成和发展、成就动机和成就行为的发展等。

自我意识是个体对自己的生理和心理特点，自己与周围环境、社会关系的一种认识。在社会性发展评价中，关于自我意识的评价内容有自我认识、自我体验两个方面。

二、教师发展评价的内容

对教师的评价包括对教师教育活动的评价和对教师素质的评价两方面。

(一) 幼儿园教育活动评价指标

①活动计划和活动目标是否建立在本班幼儿现状的基础上。
②活动内容、方式、策略、环境条件能否调动幼儿学习的积极性,能否兼顾群体需要和个体差异,使每个幼儿都有成功感。
③活动过程是否为幼儿提供有益经验和符合其发展需要。
④教师的指导是否有利于幼儿主动、有效地学习。

(二) 对活动目标的评价

①目标要求明确、具体、可操作性强,避免过于笼统、概括和抽象。
②目标定位科学、合理,符合幼儿的认知水平和情感需要。
③目标表述方式统一。
④一个目标要通过多种活动实现,一个活动要指向多种目标(目标与内容的整合性)。

(三) 对活动内容的评价

1. 内容的适宜性、有效性

内容的适宜性、有效性主要指活动内容是否依据教育目标,是否符合幼儿的年龄特点,是否尊重幼儿的学习兴趣和需要,并能从幼儿的角度来选择孩子喜欢的、感兴趣的内容。此外,还体现为教育活动内容选择的难易程度及重点确立等方面是否符合大、中、小班不同阶段幼儿的认知水平,是否能够有利于幼儿更好地获得新的知识经验以及获得适宜性的发展。

2. 内容的针对性、挑战性

内容的针对性、挑战性是指教师能否把握住各领域幼儿的关键经验以及应该获得的基本经验,同时,在关注幼儿现实生活经验的基础上,对幼儿已有的经验进行整合,使教育活动内容更能体现出挑战性、针对性,能促进幼儿在最近发展区的水平上实现经验的提升。

3. 内容的多元性、整合性

内容的多元性、整合性指将各个领域的关键经验进行有机的、自然的整合,或是将某些发展领域中的内容围绕某个领域,结合其他领域整合到某一主题中。整合的内容应是有内在关联并有逻辑主线贯穿的,是一种自然、有效的整合。

(四) 对教育方法手段的评价

①要根据教育目标选择教育方法。
②要依据幼儿心理特征与认知特点。
③根据学习内容,采取适合不同年龄和不同个性幼儿的教学方式。
④教师能激发幼儿的主动性,整合幼儿的多种经验。
⑤教师提问要体现有效性。

(五) 对活动效果的评价

①教学目标达成度高。
②注重面向全体,能满足幼儿个体差异。
③幼儿思维活跃,思路开阔,敢于大胆表现自己;参与活动兴趣浓厚,自信心强。

模块七第二章　真题回放

第三章

幼儿园教育评价的方法

考点与解析

考点一 观察法

1. 观察法的分类
2. 观察法的记录方式

考点解析

观察法是指研究者凭借自身的感官或借助于一定的科学仪器，有目的、有计划地对观察对象的自然活动状态进行系统、深入的观察，以获得评价对象客观资料的方法。

一、观察法的分类

（一）直接观察和间接观察

根据观察时研究者是否借助于仪器，可分为直接观察和间接观察。直接观察是指不借助仪器，依靠自身眼、耳等感官去直接感知、观察对象，从而获取感性材料的方法；间接观察是指借助于各种仪器来进行观察，获得感性材料的方法。

（二）参与性观察和非参与性观察

根据评价者是否直接参与观察对象的活动可分为参与性观察和非参与性观察。参与性观察是观察观察者参与到观察对象的活动之中，系统地收集资料的方法。非参与性观察是观察者不介入观察对象的活动，而是作为一位旁观者置身于他所观察的情境之外。

（三）结构观察和无结构观察

根据观察实施的方式可以分为结构观察和无结构观察。结构观察是有明确的评价目标、对象和范围，有详细的观察计划、步骤和设计。无结构观察是观察者依据观察现场的实际情况，通过文字、声音或影像等手段将自然状态下发生的活动和现象，全面而真实地记录下来的方法。

（四）自然观察和实验室观察

自然观察是指在日常生活的自然状态下，有目的、有计划地对幼儿的行为进行直接观察、记录，从而获得幼儿发展信息的方法。实验室观察是指在实验室有控制条件下观察，需要设置特定的情境，观察特定条件下的特定行为。

二、观察法的记录方式

（一）叙述性观察法

1. 日记描述法

日记描述法是一种记录连续变化、新的发展或新的行为的观察方法。它是一种纵向记录，通常在一较长的时间阶段中重复观察同一被试者或同一组被试者。

2. 轶事记录法

轶事记录法是教师在日常工作中随时记录并积累的、有关幼儿行为和技能表现的简单的事实记录的一种方法。

（二）取样观察法

1. 时间取样观察法

时间取样观察法，是指以一定的时间间隔为取样标准来观察和记录预先确定的行为是否出现以及出现次数的观察方法。

2. 事件取样观察法

事件取样观察法，是指观察前选定所要观察的行为或事件，观察中只注意观察这些选定的行为或事件的一种方法。这种方法是针对幼儿的特殊行为或事件，例如，幼儿的争吵、打架、合作等发生频率较低的行为所设计的。

（三）评定观察法

1. 等级评定观察法

等级评定观察法，是指对观察对象的行为表现的优劣按某种等级加以评定的一种记录方法。这需要观察者事先编制观察量表，观察量表包括预先观察的行为项目、行为表现的等级界定等。

2. 清单检核表法

清单检核表法，由一组与观察者年龄相宜的项目组成，常涉及学习的内容范围或系列技能，用于具体的可观察到的行为表现、能力、态度、过程等，可以是标准化的也可以由教师自己设计。

（四）各种观察记录方法的特点

观察记录工具各有利弊，不能简单地说哪一种最好，只有最适合于观察目的的工具才是最好的。

考点二　调查法

1. 文献调查法
2. 问卷调查法
3. 访谈调查法

> 考点解析

一、文献调查法

文献调查法是一种通过查阅、整理有关评价对象已有的资料来了解事实的一种间接的调查方法。在幼儿园教育评价中，查阅文献资料是一项最基础的工作，也是最重要的信息来源渠道之一。

二、问卷调查法

问卷调查法即通过书面回答的形式，收集有关被评价对象的个人行为和态度的一种评价资料的收集方式。

（一）问卷调查法的一般过程

①设计前的探索。
②设计问卷结构、问题的理论结构和逻辑结构。
③设计问卷初稿。
④试用和修改问卷。
⑤发放和回收问卷。
⑥分析调查结果。

（二）调查问卷的设计和使用

1. 问卷的结构

问卷主要由前言和题目两部分组成。

2. 问卷题目的形式

问卷题目的形式主要有封闭型和开放型两种。封闭型题目是指事先给出几种可能的答案，答卷人在给出的答案中做出选择的题目形式，也可以称作选择回答型。主要有填充题、选择题、排序题。开放型题目是指只提出问题不提供问题答案，由答卷人自由回答的形式，也可称作结果开放型。

3. 问卷问题的设计要求

由于问卷调查可以涉及多项评价准则，且可以面向众多调查对象，因而具有简单易行、效率高的优势。问卷调查能否取得成功，关键在于问卷的编制。

4. 调查题目的编拟语言

采用问卷调查收集评价资料，完全依赖于语言文字传递信息，因此，尤其要注意语言用词，应注意针对调查对象选用适宜的词汇，问题的陈述方式必须有利于调查对象的回答，防止调查对象群体受到"社会认可效应"的影响。

5. 调查问卷的配置和印刷

配置和印刷调查问卷时需考虑到决定实质性调查项目的数量和顺序、设计问卷页面的外观、印制问卷。

6. 问卷的使用与修订

一般而言，调查问卷需经若干次使用和修改，最后才形成一份成熟的问卷，作为评价中例行的调查工具。

三、访谈调查法

访谈调查法是指为收集评价信息与评价对象或相关人员进行的面对面的谈话，是一种直接收集评价信息的方法。

（一）个别谈话

个别谈话，即通过与幼儿本人、幼儿的父母或抚养人及教师进行口头交谈，了解和收集评价对象的有关情况和行为表现资料的一种方法。

(二) 小组座谈

小组座谈是一种非常实用和有效的定性评价研究方法。它从所要研究的目标人群中慎重选择8~12人组成一个小组，由一名经验丰富、训练有素的主持人以一种无结构的自然形式负责组织讨论，从而获取被调查者对所要评价的现象或对象的感知及看法。

(三) 深度访谈

深度访谈是一种无结构的、直接的、个人的访问，即在访问过程中，一个掌握高级技巧的访问员深入与一个被调查者访谈，以揭示其对某一问题的潜在动机、信念、态度和感情。

考点三 测验法

1. 测验法的基本要求
2. 常用的测验量表

考点解析

测验法是通过编制一些试题或设置特定的情景，从测验对象那里获取资料数据的方法。

一、测验法的基本要求

①试题的确定和情景的设置必须与评价目标、评价准则密切相连，即要根据评价目标、评价准则来编制测验的内容。

②所选择的测验方法要符合评价对象的特点，比如，当以儿童发展为评价对象时，测验方法应能适用于儿童。

③要以最大限度地获取评价信息为主要设计目标。

二、常用的测验量表

(一) 智力测验

智力测验又称为普通能力测验，是幼儿教育领域最常用的测验量表之一，它包括个人智力测验、团体智力测验、特殊人口测验、学习能力测验等。

(二) 投射测验

投射测验是比较多地用于不同情境中个人典型行为表现的一类测验，这一方法是向测验对象显示一组意义不明确的刺激，让其加以解释或把这些刺激组建起来，通过这种做法，来获取有关测验对象是如何对那些意义不明确的刺激情境进行解释和组建方面的信息。最常见的投射测验有罗夏墨迹测验和主题统觉测验。

(三) 故事测验

著名心理学家皮亚杰通过一系列的对偶故事与儿童谈话，来测验和研究儿童道德认识的发展水平，根据儿童对故事设置的回答，来测验儿童道德发展的水平。

模块七第三章　真题回放